DER STAMMBAUM DES YOGA

5000 Jahre Yoga – Tradition und Moderne

Mathias Tietke

DER STAMMBAUM DES YOGA

5000 Jahre Yoga – Tradition und Moderne

Theseus Verlag

Besuchen Sie Theseus im Internet: www.Theseus-Verlag.de

Bibliografische Information der Deutschen Nationalbibliothek:
Die Deutsche Nationalbibliothek verzeichnet diese Publikation in der
Deutschen Nationalbibliografie; detaillierte bibliografische Daten sind im Internet über
http://dnb.d-nb.de abrufbar.

ISBN 978-3-89901-449-5

Originalausgabe

Lektorat: Claudia Seele-Nyima

Copyright © 2007 Theseus Verlag
in J. Kamphausen Verlag & Distribution GmbH, Bielefeld 2012
info@j-kamphausen.de

www.weltinnenraum.de

Umschlaggestaltung: Morian & Bayer-Eynck, Coesfeld, www.mbedesign.de unter Verwendung
folgender Abbildungen © Royalty Free/Corbis (links oben), © J. M. Kenoyer/Courtesy Dept.
of Archaeology and Museums, Govt. of Pakistan (links unten), © Harappa Archaeological
Research Project/Courtesy Dept. of Archaeology and Museums, Govt. of Pakistan (rechts)
Gestaltung und Satz: Typografik & Design – Ingeburg Zoschke, Berlin
Druck: KN Digital Printforce GmbH, Stuttgart
Printed in Germany

INHALT

Vorwort von Dr. Christian Fuchs   9

Vorwort   11

Einführung   13

TEIL 1 – BLÜTEN, ZWEIGE UND ÄSTE

1 Yoga in den Medien und in der Werbung   21

   Fitness und Lifestyle – die Ökonomisierung des Yoga   21

   Yoga in den Medien der sechziger und siebziger Jahre des
   20. Jahrhunderts: Erste Öffentlichkeitsarbeit und der Beginn
   systematischer Anleitungen in TV und Radio   23

   Yoga in den Medien der achtziger Jahre:
   Von der Physiotherapie zum »Schönheitsyoga«   25

   Yoga in den Medien seit den neunziger Jahren: Fitnesstrend und
   Kultsport für Prominente   27

   Yoga in spezialisierten Zeitschriften   36

   Yoga in der Werbung und Werbung für Yoga   38

2 Yoga als Therapie   43

   Entwicklung und Ziele der Yogatherapie   43

   Anwendungsgebiete bei körperlichen Beschwerden   45

   Angewandte Yogatherapie in der Arbeit mit Kindern und mit
   Drogensüchtigen   48

3 Yoga und Tanz   57

Chandralekha – neue Impulse für den modernen indischen Tanz   57

Das Tripsichore Yoga Theatre aus London   59

Vielfältige Verbindungen und Assoziationen – Akram Khan,

Virpi Pahkinen und andere   62

Shiva Rea und der Yoga Trance Dance   68

Der tanzende Mahāyogi: Yogeshvara Shiva Natarāja   70

4 Yoga im Indien der Gegenwart   73

Worin sich Yoga in Indien von Yoga im Westen unterscheidet   75

Die Yogahochburg Rishikesh – ein Erfahrungsbericht   78

5 Dreißig Persönlichkeiten, die den Yoga des 20. Jahrhunderts prägten   103

Georg Feuerstein · Bikram Choudhury · T. K. V. Desikachar ·

Amrit Desai · Yogi Bhajan · Vishnu-devananda · Swami Rama

· Dhirendra Brahmachari · Satyananda Saraswati · André van Lysebeth ·

B. K. S. Iyengar ·Selvarajan Yesudian · Pattabhi Jois · Satchidananda

· Sivananda Radha · Muktananda · Theos Casimir Bernard ·

Roger Clerc · Mircea Eliade · Gitananda · Lucien Ferrer · Nil Hahoutoff

· Indra Devi · Boris Sacharow · Yogendra · Paramahansa Yogananda ·

T. Krishnamacharya · Sivananda · Kuvalyananda · Aurobindo

TEIL 2 – DER STAMM

6 Die großen Yogis des Mittelalters   199

Der Hatha-Yoga als Bestandteil des Tantra   199

Svātmārāma (14. Jh. n. Chr.)   205

Yājñavalkya (13. Jh. n. Chr.)   210

Goraksha (Gorakshanātha) (10. Jh. n. Chr.)   213

Matsyendra (10. Jh. n. Chr.)   220

7 Patañjali – Verfasser des klassischen Yogaleitfadens   227

Legenden   229

Die Ikonographie Patañjalis   230

Entstehung eines Standardwerkes   235

Patañjalis Definition des Yoga und das System der acht Glieder 236

Der Umgang mit außergewöhnlichen Fähigkeiten 239

Das Ziel des Yoga 241

Kommentare und Interpretationsmuster 241

8 Die Unterweisungen der Lehrer der Upanishaden 247

Inhalt und Bedeutung der Upanishaden 247

Historische und aktuelle Ausgaben 255

Yoga in den klassischen Upanishaden 257

Die Unterweisungen des ehrwürdigen Maitri 259

Die Unterweisungen des Shvetāshvatara 260

Die Unterweisungen des weisen Katha 263

Die Unterweisungen des Lehrers Tittiri 265

TEIL 3 – DIE WURZELN

9 Die Wurzeln des Yoga 271

Die Industalkultur 272

Hinweise auf Yoga in der Industalkultur – Siegel 280

Hinweise auf Yoga – Plastiken 286

Fazit und Resümee 291

ANHANG

Yogazeitschriften 296

Yoga praktizierende Prominente 298

Auf Yogatherapie spezialisierte Institutionen 302

Anmerkungen 303

Glossar 317

Bibliografie 329

Dank 334

Kontaktadressen 335

Bildnachweis 336

Hinweise zur Schreibweise und Aussprache der Sanskrit-Begriffe

Es wird eine vereinfachte Wiedergabe der Sanskrit-Begriffe verwendet, die weitgehend auf Diakritika verzichtet.

Die einzigen verwendeten Diakritika sind die Längenzeichen für die Vokale ā, ī und ū.

e und o sind im Sanskrit immer lang zu sprechen,
c wie tsch in Kutsche (z. B. cakra; sprich: tschakra),
j wie dsch in Dschungel (z. B. jīva; sprich: dschiva).
Die Schreibweisen kh, ch, jh, dh, bh kennzeichnen eine deutliche Aspiration der Konsonanten.

Bei Eigennamen zeitgenössischer Personen oder allgemein bekannten Termini wird dem Wiedererkennungswert Vorrang gegeben und auf Diakritika verzichtet (z. B. »Kundalini«, nicht Kundalinī).

VORWORT

Von Dr. Christian Fuchs

Seit Jahrzehnten erfreut sich der Yoga im Westen – und besonders in Deutschland – einer wachsenden Popularität. Mittlerweile ist hierzulande ein stattlicher »Yoga-Baum« herangewachsen. Daher wurde es höchste Zeit, diesen Baum, der heute auch manche seltsame Frucht hervorbringt, zu seinen Wurzeln zurückzuverfolgen. Das jedenfalls ist das Anliegen des vorliegenden Buches.

Mathias Tietke beginnt seine Ausführungen bei den modernen »Blüten« des Yoga-Baumes, wie sie uns fast täglich in den Medien und in der Werbung begegnen, und führt uns von dieser Alltagserfahrung Schritt für Schritt zurück zu den »Wurzeln« des Yoga im prähistorischen Indien. Diese Vorgehensweise in seinem gleichermaßen spannend zu lesenden wie fundiert recherchierten Buch macht Sinn. Denn auf diese Weise kommt – endlich – der ganze »Yoga-Baum« in den Blick. Zu viele Bücher und Veröffentlichungen über Yoga zeigen nur einen begrenzten Ausschnitt: Da sind auf der einen Seite die bald unzähligen Hatha-Yoga-Übungsbücher, die alle möglichen Yoga-»Blüten« beschreiben, ohne zu erklären, aus welchem tieferen Hintergrund sich die beschriebenen Übungen entwickelt haben. Und da sind andererseits – meist für ein akademisches Fachpublikum – geschriebene Abhandlungen über die indische Yogaphilosophie, die häufig gar nicht so recht zu der heutigen westlichen Übungspraxis zu passen scheinen.

Das vorliegende Buch zeigt Yoga in seiner organischen Ganzheit, die sowohl Raum für die Betrachtung einzelner Blüten lässt als auch die notwendige »Anbindung« (Sanskrit: »Yoga«) der Zweige und Äste an den Stamm und an die Wurzeln sichtbar macht.

Dezember 2006   Dr. Christian Fuchs

VORWORT

Meine erste Begegnung mit Yoga liegt bereits etliche Jahre zurück, aber ich erinnere mich noch sehr gut daran: Ich entdeckte ein in bulgarischer Sprache verfasstes Yogaübungsbuch. Es enthielt zahlreiche Abbildungen von Yogis in schwierigsten Haltungen, die vor allem zwei Reaktionen bei mir auslösten: Einerseits war ich fasziniert, andererseits fragte ich mich, warum manche Menschen alles daran setzen und jahrelang dafür üben, ihre Füße hinter den Kopf zu bringen oder möglichst lange Atempausen einzulegen. Was mochte hinter dieser ausgefeilten Körperbeherrschung und der kontrollierten Atmung stecken, vor »deren Nachahmung ausdrücklich gewarnt« wurde, wie der bulgarische Klassenkamerad meines Bruders einen mehrfach wiederkehrenden Satz aus dem Buch übersetzte?

Diese Ambivalenz der Eindrücke setzte sich fort und hält im Grunde bis heute an – Faszination und eigene positive Erfahrungen auf der einen Seite, gleichzeitig aber stets auch das Bedürfnis, das allseits Bekannte, Anerkannte und Etablierte zu hinterfragen, ganz im Sinne des im Kālāma Sutta, Anguttara-Ni-kāya 3, 65 festgehaltenen Credo Buddhas:

»Glaubt an nichts, nur weil ihr es gehört habt. Glaubt nicht einfach an Traditionen, weil sie von Generationen akzeptiert wurden. Glaubt an nichts allein aufgrund der Verbreitung durch Gerüchte. Glaubt nie etwas, nur weil es in heiligen Schriften steht. Glaubt an nichts bloß wegen der Autorität der Lehrer oder älterer Menschen.

Wenn ihr jedoch selbst erkennt, dass etwas heilsam ist und dass es dem Einzelnen und allen zugute kommt und förderlich ist, dann mögt ihr es annehmen und stets danach leben.«

Die hier zum Ausdruck gebrachte Haltung erlaubt nicht nur Fragen und Kritik, sondern sie befürwortet beides sogar ausdrücklich als Mittel zur Selbsterkenntnis, die in aller Regel das Wohl anderer wie auch das eigene Wohl im Blickfeld hat. Auch das vorliegende Buch setzt sich in diesem Sinne kritisch mit Fragen auseinander, die mich teilweise schon während meiner vierjährigen Ausbildung zum Yogalehrer[1], während mehrerer Indienreisen, bei der Lektüre von Yogaliteratur und auf Seminaren oder Workshops begleitet haben: Warum nennen sich geschäftstüchtige Akrobaten Yogis, und was macht ihre Übungsräume zu Yogainstitutionen? Lässt sich mit Yoga praktisch jede Krankheit heilen? Wodurch werden tänzerische Bewegungen zu Yoga, und wie wird Yoga zum Tanz? Unterscheidet sich Yogaunterricht in Indien von indischem Yoga in Europa? Ist das, was ein Yogaphilosoph sagt, immer weise? Und sind jene, die den Yoga gemeistert haben, heilig, unfehlbar und ohne Schwächen? War Patañjali tatsächlich der Begründer des Yoga? Wie können Geheimlehren zu Bestsellern werden? Und: Wo liegen eigentlich die Wurzeln des Yoga?

Aus all meinen Fragen formten sich in den letzten Jahren unter anderem die Yogaratgeber-Parodie *Yoga für Bad & WC*[2], eine Vielzahl von in Yogazeitschriften veröffentlichten Essays und Porträts, Interviews und Rezensionen und – ein Exposé für einen Stammbaum des Yoga, der bei den aktuellen Trends und den prominenten Botschaftern des Yoga beginnend Generation für Generation die Entwicklung zurückverfolgt, wer die Lehrer unserer Lehrer und wer wiederum deren Lehrer waren. Die Geschichte des Yoga vom Hier und Jetzt, den »Blüten, Zweigen und Ästen« des Stammbaums, bis zum Stamm und zu den Wurzeln nachzuvollziehen und dabei möglicherweise auch zu neuen Erkenntnissen, neuen Perspektiven zu gelangen – das war (und ist) die Grundidee des Buches. Erfreulicherweise ließ sich Frau Richard vom Theseus Verlag von dieser Idee überzeugen, und so konnte *Der Stammbaum des Yoga* realisiert werden.

Sie, liebe Leserin, lieber Leser, sind nun eingeladen, mich auf dieser Zeit- und Forschungsreise zu begleiten.

Mathias Tietke
Berlin, im Dezember 2006

EINFÜHRUNG

Erkenne also: Selbst ein großer Feigenbaum ist gewachsen,
und genauso hat auch der Durst bestimmt eine Wurzel.
Wo anders aber könnte er seine Wurzel haben als im Wasser?
So sollst du forschen und immer auf die Wurzel zurückgehen,
mein Lieber.

(Uddālaka Āruni zu seinem Sohn Shvetaketu)[3]

Die Entwicklung des Yoga über fünf Jahrtausende – von den Yogis und Yoga-haltungen auf den Siegeln des Industals über Geheimlehren, Yoga-Sūtra und Hatha-Pradīpikā bis hin zu Yoga-DVDs und Unterricht am PC per Internet-Livestream – ist ein an Brüchen und Reformen reiches Geflecht von Wegen. Dies führte in verschiedenen Epochen und Kulturkreisen zu unterschiedlichen Interpretationen, Ausprägungen und Schulrichtungen.

Im Westen ist Yoga im Verhältnis zur gesamten Zeitspanne seiner Geschichte ein relativ junges Phänomen, das zunächst eher auf Ablehnung stieß und partiell sogar bekämpft wurde. Inzwischen ist Yoga jedoch als Methode zur Entwicklung von Körper und Geist weltweit anerkannt. Kritiker aus den Kreisen der Sekten-pfarrer und pietistischen Missionare, die hinter dem Yoga eine heimliche Ver-schwörung fanatischer Hindus oder eine »Sterbekunst alter Männer«[4] vermuten, lassen sich mittlerweile an einer Hand abzählen – hier hat sich in den letzten Jahren ein Wandel in Richtung Toleranz, Verständnis und Differenzierung voll-zogen.

Bei vielen Praktizierenden und Yogainteressierten entsteht im Verlauf der Zeit das Bedürfnis, sich mehr und intensiver mit der yogischen Weltanschauung zu befassen – oder, um im bildhaften Sinne der Struktur dieses Buches zu sprechen: den Weg über einen Zweig und den entsprechenden Ast hin zum Stamm und zu den Wurzeln, den Ursprüngen des Yoga, anzutreten und zugleich von der Oberfläche, der Rinde, in die Tiefe, ins Mark, vorzudringen. Die enorme Vielfalt der Yogatraditionslinien und -schulen macht dies jedoch nicht immer leicht. Daher ist ein wesentlicher Punkt, an dem mir mit diesem Buch gelegen ist, in dieser Fülle der Ausprägungen die Einheit und die gemeinsame Basis aufzuzeigen. Andererseits sollen natürlich die feinen Nuancen und Unterschiede erkennbar sein und jeweils herausgearbeitet werden.

Ich bin zuversichtlich, dass einzelne Facetten des faszinierenden Yogaspektrums manch einen dazu anregen werden, selbst zu praktizieren. In anderen wiederum mag der Wunsch aufkommen, die bereits eingeschlagene Übungsmethode (*sādhana*) zu vertiefen oder zu variieren, sich als Bestandteil der vielfältigen Yogaformen und -aspekte, als »dazugehörig«, zu erleben und zugleich das Gesamtbild des Yoga als Basis und Hintergrund des eigenen Weges wahrzunehmen. Denn einer der Vorzüge des Yoga ist es, dass es von Anfang an um die Frage geht: Was hat dieses Problem, dieser Hinweis, diese Erkenntnis mit mir zu tun? Denn Yoga ist in all seinen verschiedenen Prägungen durchaus kein abstraktes Denkkonstrukt, kein Konvolut von Thesen, sondern es gilt, den theoretischen Impuls in praktische Erfahrung umzusetzen bzw. diesen Impuls in die Praxis zu integrieren.

Das Buch als Inspirationsquelle und Orientierungshilfe zu nutzen, den eigenen Standort oder Weg ins Verhältnis zu setzen zur Fülle der Wege und Standorte, zu den verschiedenen Vernetzungen – dies ist das Angebot an Sie, liebe Leserin, lieber Leser. Dass diese »Landkarte« in keiner Weise die Landschaft oder die Reise durch die Landschaft ersetzen kann, liegt auf der Hand. Auch das beste Yogabuch ersetzt nicht die eigene Praxis.

Von der Gegenwart in die Vergangenheit –
das Stammbaum-Prinzip

Die Beschreibung der Entwicklung des Yoga in der Gegenwart zu beginnen schien mir von Anfang an sinnvoll, denn die Praxis des Yoga bezieht sich stets auf den gegenwärtigen Augenblick und die persönliche Erfahrung. Wobei gerade hier die Charakterisierung der Gegenwart von Aurelius Augustinus (354–430 n. Chr.) zutrifft: »Die Zeit besteht aus einer dreifachen Gegenwart: der Gegenwart, wie wir sie erleben, der Vergangenheit als gegenwärtiger Erinnerung und der Zukunft als gegenwärtiger Erwartung.«[5]

Das Konzept dieses Yogastammbaums entspricht der Vorgehensweise einer Person, die sich mit dem eigenen Stammbaum auseinandersetzt: Bei der Gegenwart und dem eigenen persönlichen Umfeld beginnend, geht sie Generation für

Generation zurück in die Vergangenheit, hin zu den Wurzeln der eigenen Herkunft.

Bei einem Familienstammbaum mag es für die eigene Entwicklung und Erfahrung letztlich unerheblich sein, wie sich die Urahnen profilierten. Bei einem Stammbaum, der die verschiedenen Traditionslinien des Yoga zurückverfolgt, ist es dagegen aus meiner Sicht durchaus von Bedeutung, über die Mitglieder der Yogafamilie, über die vorherigen Generationen und die jeweilige Herkunft Bescheid zu wissen und so das Wesen und die Grundlagen des eigenen Tuns besser zu verstehen.

Dadurch, dass im Begriff »Stammbaum« die Symbolik des Baums enthalten ist, ergeben sich zudem direkte Bezüge zum Yoga: zum einen zur Gleichgewichtshaltung *vrikshāsana* (Baumhaltung), ein klassisches *Āsana*, das bereits auf dem im 7. Jahrhundert entstandenen Flachrelief »Herabkunft der Gangā« (Mamallapuram, Südindien) dargestellt wurde; zum anderen zu B. K. S. Iyengars primär philosophischem Werk *Der Baum des Yoga*.

Entsprechend der Vorgehensweise, die Entwicklung von den aktuellen Trends bis zu den im Neolithikum liegenden Wurzeln zurückzuverfolgen, ist das erste Kapitel dem Thema »Yoga in Medien und Werbung« gewidmet. Die wachsende Verbreitung des Yoga innerhalb verschiedener sozialer Schichten in Ost und West lässt sich nicht nur an der steigenden Anzahl von Personen ablesen, die an Yogakursen teilnehmen, sondern auch an der Fülle entsprechender Veröffentlichungen und in der Verwendung von Yogasymbolen oder -elementen in der Werbung.

In den weiteren Kapiteln werden Teilaspekte behandelt, die zum positiven Ruf des Yoga beigetragen haben: zum einen der Einsatz des Yoga bei hyperaktiven Kindern, zum anderen in der Therapie von (Drogen-)Süchtigen (Kap. 2). Auch die Verwendung von Yogaelementen im Tanz wird zunehmend populär (Kap. 3).

Dem vierten Kapitel liegen persönliche, auf vier Indienreisen gewonnene Erfahrungen zugrunde, die einen Einblick in die dortige Yogapraxis ermöglichen und veranschaulichen, worin sich die Übungspraxis im Westen von den Gepflogenheiten im Indien der Gegenwart unterscheidet und welche Gemeinsamkeiten bestehen. Nach diesem Erfahrungsbericht widmet sich das nachfolgende fünfte Kapitel, das zugleich das umfangreichste des Buches ist, den Persönlichkeiten des 20. Jahrhunderts, die zum heutigen Verständnis des Yoga maßgeblich beigetragen haben: durch Vorträge, durch Forschung, durch Veröffentlichungen und durch ihre Lehrtätigkeit, aus der wiederum neue Stile und Schulen hervorgingen.

In den Kapiteln 6, 7 und 8 geht es um die Verfasser und Inhalte jener Schriften, auf die sich nahezu alle ernsthaft Yogapraktizierenden seit Jahrhunderten beziehen; Klassiker, die bis heute immer wieder kommentiert und interpretiert werden. In diesem zweiten Teil, der dem Stamm des Yogastammbaums zuzurechnen ist, geht es neben dem Blick auf das Wesentliche dieses Zeitraums um neue Aspekte, wie zum Beispiel um die Ikonographie Patañjalis, die in vergleichbaren Publikationen nicht oder nur am Rande behandelt werden.

Das letzte Kapitel schließlich legt im wahrsten Sinne des Wortes die Wurzeln des Yoga frei, denn es handelt sich bei den hier größtenteils erstmalig veröffentlichten Belegstücken um archäologische Funde, die Jahrtausende im Erdreich des Industals verborgen lagen und seit 1921 kontinuierlich freigelegt werden. Bei näherer Betrachtung und nach Auswertung der Funde hinsichtlich ihres Bezugs zum Yoga tritt eine weit fortgeschrittene Yogapraxis zutage, die zusammen mit anderen Eigenheiten von einer hoch entwickelten Kultur zeugt.

Mir geht es in meiner Darstellung stets primär um Menschen, die Yoga lehren, lernen, künstlerisch darstellen, anwenden und vermitteln, also weniger um Theorien und philosophische Konzepte als um Gurus und Meister, Rishis und Asketen, Yoginis und Yogis, um Forscher, Wegbereiter und Institutsgründer verschiedener Stile, Nationalitäten und Ansprüche.

Was sie alle verbindet, ist das Innehalten und die Ausrichtung nach innen, ein gewisses Maß an Selbstbeherrschung und die Fähigkeit, die Zügel selbst in die Hand zu nehmen.

»Es ist von größter Wichtigkeit, das gemeinsame Ziel zu ehren, das Yogis durch die Jahrhunderte vereint hat: die Suche nach dem Erwachen. Seit Tausenden von Jahren trachteten Yogis danach, die leuchtende Quelle allen Seins zu erreichen. Und insbesondere für Hatha-Yogis ist das Medium, um den unbegrenzten Geist zu berühren, der begrenzte menschliche Körper. Jedes Mal, wenn wir die Übungsmatten betreten, können wir die Tradition ehren, indem wir unsere Ziele und Intentionen an die Weisen der alten Zeit ›anjochen‹ – dies ist die ursprüngliche Bedeutung des Wortes ›Yoga‹.«[6]

Mit diesen Sätzen bringt die Journalistin Anne Cushman zum Ausdruck, in welcher Weise wir in die Geschichte des Yoga eingebunden sind und uns dessen bewusst sein sollten.

Wenn wir etwas vertiefen, erlangen wir eine solide Basis wie auch Klarheit über die Zusammenhänge. Und im Erkennen der Verbindungen und Gemeinsamkeiten der verschiedenen Wege und Ziele lernen wir zugleich zu unterscheiden. Es geht also um beides: um Erkennen und Erfahren von Einheit sowie um genaues Differenzieren. Im Yoga-Sūtra 3.53 heißt es dazu: »Höchste Klarheit ermöglicht es, deutlich die Verschiedenheit von Dingen zu erkennen, die scheinbar gleich sind und sich nicht einmal nach den üblichen Unterscheidungskriterien wie Gattung, Merkmal und Ort voneinander trennen lassen.«

Dies ist der Anspruch aller, die ernsthaft suchen und Yoga praktizieren, und ihre gemeinsame Aufgabe.

Teil 1

BLÜTEN, ZWEIGE UND ÄSTE

1
YOGA IN DEN MEDIEN UND IN DER WERBUNG

Fitness und Lifestyle – die Ökonomisierung des Yoga

Yoga »boomt«, Yoga ist »in« – so verkünden Zeitungen und Magazine, Fernsehen und Radiosender den »Mega-Trend« nahezu unisono. Und obwohl es den Meldungen und Berichten oft an Kompetenz und kritischer Distanz mangelt, trifft doch die Grundaussage zu: Yoga liegt im Trend.

Das, was unter Yoga subsumiert wird, entspringt allerdings in weiten Teilen einem auf Fitness und Gesundheit reduzierten Verständnis. Ein Indiz für den Vormarsch einer solchen begrenzten Yogaauffassung sind auch Meldungen wie die, dass Stephen Case, der Begründer von AOL, zwanzig Millionen US-Dollar in den erfolgreichen, auf Yoga- und Pilates-Videos und -DVDs spezialisierten Gaiam-Verlag investiert hat.[7] Allein in den USA werden durch diesen Trend jährlich Einnahmen von rund drei Milliarden Dollar erwirtschaftet. Auch in Deutschland deuten Initiativen wie die 2006 von Rechtsanwälten und einem Bankier gegründete W+W Yoga GmbH KG, die ein von der Industrie- und Handelskammer des Saarlandes erstelltes Yogalehrer-Zertifikat anbietet, auf eine prosperierende Branche und die fortschreitende Ökonomisierung einer ursprünglich spirituell ausgerichteten Lebensweise hin.

Prominente als Impulsgeber für die Verbreitung des Yoga

Als Blüten am Yogastammbaum könnte man jene in den Medien dargestellten Trends und als »Lifestyle« charakterisierten Tendenzen bezeichnen, bei deren Darstellung gern Prominente – Models, Sportler, Schauspieler, Politiker – in den Mittelpunkt gerückt werden. Nicht von ungefähr spricht man jetzt, zu Beginn des 21. Jahrhunderts, von der »promifixierten Gesellschaft«.

Selten ist zu erkennen, was an diesen Schlagzeilen und Offenbarungen auf Showeffekt ausgerichtet und was ernsthaftes oder zumindest ernst gemeintes Praktizieren ist. Sind es Empfehlungen der Image-Berater, des Managements, der Künstlerkollegen aus der Szene, oder entscheiden die Stars selbst und bewusst, was ihnen guttut und wie sie ihre freie Zeit strukturieren? Doch selbst wenn dieser »Boom« nur ein temporärer Publicity-Rummel ist, so bleibt der Kern dessen, was da vermittelt wird, doch positiv in seinen Ergebnissen, denn die Wirkung insgesamt ist positiv – sowohl für diejenigen, die Yoga bereits praktizieren, als auch für jene, die durch solches Tun der Prominenten dazu angeregt werden, selbst mit der Yogapraxis zu beginnen. Für diese Entwicklung typisch, wenn auch für die Einzelnen, die sich gerade auf Yoga einzulassen beginnen, unerheblich ist der Umstand, dass fast immer auf der dritten und vierten Stufe des achtgliedrigen Yogaweges begonnen wird, also mit der Praxis der Āsanas und der Atemübung (*prāṇāyāma*).

Wenn Stars ihr Interesse an indischer Philosophie öffentlich bekunden und ihre positiven Erfahrungen mit Yoga bekannt machen, führt das zu einem verstärkten Interesse der Medien an Yoga und bewirkt letztlich auch entsprechende Impulse und eine Nachahmungswelle enthusiastischer Fans, was wiederum eine größere Aufmerksamkeit in der Öffentlichkeit nach sich zieht.

Diese Aufmerksamkeit, wie sie sich gegenwärtig in westlichen Ländern mit all ihren prominenten- und fitnesszentrierten Auswüchsen darstellt, hat sich jedoch erst in einem jahrzehntelangen Prozess der Verbreitung und Interpretation des Yoga bis zu ihrer jetzigen Form herausgebildet. So waren die Reaktionen hierzulande in den sechziger Jahren – und noch in den folgenden Jahrzehnten – im Großen und Ganzen ablehnender als jetzt, und je nach Zeitgeist und Informationsstand variierte auch der Fokus der Berichterstattung in den Medien.

Yoga in den Medien der sechziger und siebziger Jahre des 20. Jahrhunderts: Erste Öffentlichkeitsarbeit und der Beginn systematischer Anleitungen in TV und Radio

Ende der sechziger und Anfang der siebziger Jahre expandierte die bundesdeutsche Yogaszene kontinuierlich und wurde zunehmend von der Presse wahrgenommen. Diese Kenntnisnahme bezog sich im Allgemeinen auf die exotische Herkunft des Yoga und die verschiedenen Übungen des Hatha-Yoga. Die Kommentare waren oft von einer gewissen Distanz geprägt.

Mit der Gründung des Berufsverbandes der Yogalehrenden in Deutschland e. V. (BDY) im Jahre 1967 und dem »Ersten deutschen Yoga-Kongreß« im Mai 1970 begann die kontinuierliche Öffentlichkeitsarbeit bestimmter Yogakreise. Mit dieser Entwicklung einhergehend kam es in den Medien zur ersten Auseinandersetzung mit Yoga, primär in Zeitungen und in einigen Zeitschriften. Artikel, die Anfang der siebziger Jahre erschienen, waren überwiegend von distanziertem Infragestellen und Befremden geprägt. So titelte die *Frankfurter Allgemeine Zeitung* vom 23.5.1970 zu jenem Ersten deutschen Yoga-Kongreß in Willingen:

»Mit Tempelhall und Schlangenkraft«, und die Autorin des Artikels charakterisierte die um Anerkennung ringenden Yogalehrerinnen und -lehrer als »Weise, Spinner, Gymnastikmeister, Atemkünstler und gelenkige Schwestern«.

Auch vor dreißig Jahren schon fand das Reduzieren des Yoga auf den Aspekt einer Körperertüchtigung, das im Grunde heute noch andauert, seinen Niederschlag in entsprechenden Veröffentlichungen. So befasste sich beispielsweise *Der Spiegel* im Februar 1975[8] mit dem »Volkssport« Yoga. Auf der Titelseite war die TV-Yogalehrerin Kareen Zebroff mit einem ringförmig eingefassten OM-Zeichen an der Halskette im halben Lotossitz abgebildet. In der neunseitigen Titelgeschichte wird sie als »TV-Vorturnerin« bezeichnet, und auch sonst ist der Artikel von den üblichen Klischees und Vereinfachungen geprägt. Im Grunde handelt es sich mehr um eine Sammlung von Vorurteilen und zynischen Kom-

mentaren als um eine kritische Auseinandersetzung. Etwa ein Drittel des Textes bezieht sich auf den »multinationalen Konzern« TM (Transzendentale Meditation) und den »zottelhaarigen Friedensfürst« Maharishi Mahesh Yogi, »eine Mischung aus Heiland und Rübezahl«, der ein Zeitalter der Erleuchtung ausgerufen hatte. Im Weiteren geht es um »Zen-Trance«, Swami Lakshmans peinlich gescheiterten Versuch, vor Publikum über das Wasser in einem Pool zu wandeln, und um Fakirtum. Was dies im Einzelnen mit Yoga zu tun hat beziehungsweise eher nicht zu tun hat, wird nirgendwo beschrieben. Auf diese Weise wurde nicht einmal ansatzweise der Versuch unternommen, angemessen zu differenzieren.

Trotz dieser zunächst eher ablehnenden Haltung in den Medien gab es ab 1973 die ersten systematischen Anleitungen zur Yoga- oder besser Āsana-Praxis in Fernsehen und Rundfunk: Einmal wöchentlich gab es im ZDF eine Sendung mit Kareen Zebroff, und ab 1975 nahm der Südwestrundfunk Anneliese Harf, Gründerin einer der ersten Yogaschulen Nachkriegsdeutschlands, in sein Radioprogramm auf. Die Sendungen im Radio wurden zehn Jahre lang ausgestrahlt und führten allmählich zu wachsender Popularität und Rezeption des Yoga in der Bundesrepublik Deutschland.

Yoga in den Medien der achtziger Jahre: Von der Physiotherapie zum »Schönheitsyoga«

In den achtziger Jahren wurde die geäußerte Distanz zum Thema Yoga immer häufiger durch regelrechte Sympathiebekundungen und das Propagieren der positiven gesundheitlichen Wirkungen von Yogaübungen ersetzt. Yoga wurde zunehmend zum wiederkehrenden Thema in Frauenzeitschriften und Gesundheitsmagazinen.

Yoga in den Medien der DDR

Die Präsenz des Yoga in den Medien der DDR war vergleichsweise gering, das Angebot an Magazinen und Zeitschriften insgesamt beschränkt. 1984 veröffentlichte die monatlich erscheinende Zeitschrift *Deine Gesundheit* eine ganze Serie über Yoga, die 1986 in erweitertem und verändertem Nachdruck als 48-seitige Broschüre im VEB Verlag Volk und Gesundheit erschien.

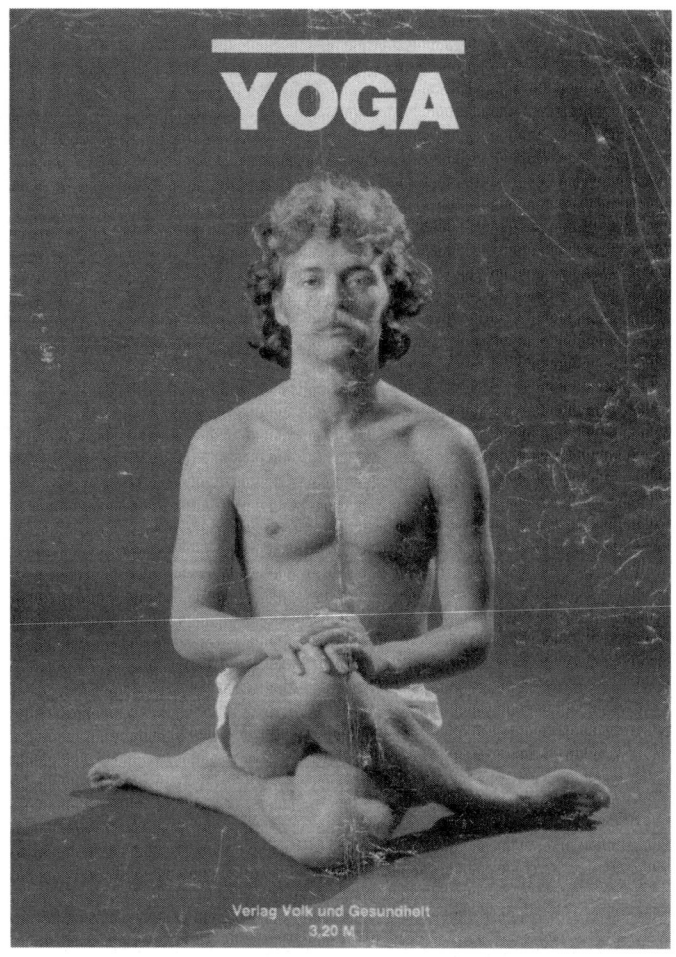

Eine zweiseitige Abhandlung über die Geschichte des Yoga stammt von dem Leipziger Ethnologen Heinz Kucharski, der auch einen Arbeitskreis für Yoga und Ayurveda leitete. Autor der gesamten Broschüre war Fritz Klingberg, Professor für Neurophysiologe und Direktor des Paul-Flechsing-Instituts für Hirnforschung in Leipzig. Seine Kurse richteten sich primär an Physiotherapeuten. Entsprechend ist der Yogagrundkurs der Broschüre gestaltet und gewichtet: Es geht um Schwerkraft und Gleichgewicht, Wirbelsäule und Rumpfmuskulatur, um Trainingsziele und Übungsprogramme. In der mit »Verhalten« betitelten Einführung beschreibt Fritz Klingberg den Yoga als ein »System von Kenntnissen und Erfahrungen über die eigenen körperlichen, psychischen und geistigen Funktionen, Fähigkeiten und Möglichkeiten, wie man diese aktiviert und reguliert, über ihre ständige Entwicklung und Vervollkommnung« – in der Wortwahl eine der »wissenschaftlichen« Weltanschauung des seinerzeit real existierenden Sozialismus angepasste Formulierung. Funktionalität und der sich daraus ableitende Nutzen stehen im Vordergrund. Die wissenschaftlichen Grundlagen werden besonders hervorgehoben, obwohl sie nur auf Teilbereiche anwendbar sind.

In Westdeutschland: Zielgruppe Frauen

Insbesondere unter dem Aspekt der Gesundheitsförderung im Sinne einer allgemeinen Prävention und einer adjuvanten (unterstützenden) Therapie war Yoga ab Mitte der achtziger Jahre immer häufiger in Zeitschriften zu finden, vor allem in Frauenzeitschriften und in Gesundheitsjournalen. Darin kam zunehmend die Gewichtung des Yoga in Richtung Aussehen und Ausstrahlung, Abbau von Stress, Gesundheitsförderung und allgemeines Wohlbefinden zum Ausdruck. Durch das Profil der jeweiligen Zeitschrift wie durch die Art der Präsentation des Themas wird wiederum die Zielgruppe deutlich: Abgebildet wurden in der Regel fotogene Frauen, und die Texte richteten sich häufig ausdrücklich an Leserinnen.

In dieser Art der Präsentation in den entsprechenden Publikationen und durch das gezielte Ansprechen der weiblichen Leserschaft dürfte – zumindest teilweise – der Grund dafür liegen, weshalb rund achtzig Prozent aller im Westen regelmäßig Yoga Praktizierenden Frauen sind. Mittlerweile trifft diese geschlechtsspezifische Proportion auch auf die ausgebildeten Yogalehrenden zu, was den hohen Anteil an Frauen in den jeweiligen Kursen wiederum fördert.

Yoga in den Medien seit den neunziger Jahren: Fitnesstrend und Kultsport für Prominente

Durch Yoga praktizierende Stars aus Film- und Musikbusiness hielt der Boom in den neunziger Jahren nicht nur an, sondern weitete sich aus. Die Medien reagierten mit dem Abdruck ganzer Übungsserien und Ratgeberseiten, in teils umfangreichen Beiträgen wurden persönliche Erfahrungen beschrieben, oder es wurden Yogalehrer aus Indien, aus den USA und aus Deutschland vorgestellt.

Yoga als Kultsport

Das seit 1993 wöchentlich erscheinende Magazin *Focus* widmete am 2. Februar 2004 dem »Kult-Sport« Yoga das zehnseitige, mit »Fitness für die Seele« überschriebene Titelthema. In dem reich bebilderten Beitrag werden verschiedene Stile und persönliche Ansichten zitiert. Doch obwohl er einen facettenreichen Überblick gibt, liegt die Betonung auf Wellness, Outfit und Prominenz. Im Mittelpunkt der Darstellung stehen die Schönen und Erfolg-Reichen, was insofern paradox ist, als die Quellentexte des Yoga genau diese an Äußerlichkeiten und Materiellem ausgerichteten Werte als Hindernisse (*kleshas*) auf dem spirituellen Weg und als Quellen des Leids einstufen. Erst »wer alles Begehren aufgibt und frei von Verlangen lebt und handelt, wer kein ›Ich‹ und ›Mein‹ hat (…), der erlangt den großen Frieden.«[9]

Während die Redakteurin des *Focus* vom »Training für die Traumfigur« und von Muskeln »wie gekneteter Hefeteig« schreibt, heißt es im Yoga-Sūtra: *samtoshād anuttamah sukhālabdah*, was übersetzt werden kann mit: »Aus der Zufriedenheit (entsteht) das Erlangen höchsten Glücks.«[10]

Auch wenn das Bemühen, auf zehn Zeitschriftenseiten das Spektrum des Yoga mit einem Überblick über Stile, Schulen und Hintergründe ausgewogen darzustellen, anerkennenswert ist, so liegen doch Welten zwischen diesem bunten Mosaik mit einer Vielzahl unterschiedlicher Aussagen, zwanzig Farbfotos, fünf Āsana-Anleitungen, drei Statistiken und einem Interview mit dem Model Marlen Köhler[11] einerseits und den Grundlagentexten des Yoga wie der Hatha-Pradīpikā[12] des Svātmārāma, dem Yoga-Sūtra des Patañjali (siehe Kap. 7) und der Katha- bzw. Maitrāyani-Upanishad (siehe Kap. 8) andererseits.

Einen Artikel, der dem Thema gerecht wird, ohne das gesamte Yogaspektrum abzuhandeln, lieferte die Online-Ausgabe des Magazins *Stern*.[13] Der Korrespondent Claus Lutterbek beginnt mit der Schilderung seines Ausgangsstatus: »Mit 45 war ich ein alter Mann. Morgens tat mir das Kreuz so weh, dass ich zwei Stunden brauchte, bis ich endlich gerade stehen konnte. Ich trug viel Geld zu vielen Ärzten, die mir immer mehr Spritzen gaben und Schmerztabletten verschrieben. Besser wurde es nicht.« Dieser Beschreibung einer für den Westen nahezu klassischen Ausgangssituation schließt sich die Darstellung einer persönlichen Annäherung und Erfahrung mit dem Iyengar-Yoga in Los Angeles an. Im Unterschied zu zahlreichen anderen Autoren urteilt Claus Lutterbek nicht über etwas, das er als Außenstehender nur intellektuell zu erfassen sucht. Aber er schreibt auch nicht als eingeweihter Insider für Insider mit den entsprechenden Fachtermini. Sein Ansatz ist es vielmehr, mittels seiner geradezu exemplarischen Yogaerfahrung mit den Hürden und Erfolgen und dem Hintergrund im Umgang mit Yoga vertraut zu machen und zu beschreiben, wie er selbst dazu kam, Yoga zu praktizieren.

Der Artikel endet mit einem Vergleich: »Wer auf Instant-Erleuchtung hofft, möglichst bequem im Sitzen, wird schnell enttäuscht aufgeben. Yoga braucht Zeit, Ausdauer und einen langen Atem, im wahrsten Sinne des Wortes (…). Und es ist wie mit dem Zähneputzen auch – es nützt nicht viel, wenn man es nur einmal in der Woche macht.«

Yogatrends im modernen Indien

Dass ausgerechnet im Mutterland altehrwürdiger spiritueller Traditionen – wozu eben auch Yoga gehört – inzwischen auch die Aspekte des Kräftemessens, des Miteinander-Vergleichens und des Zur-Schau-Stellens mit Yoga in Verbindung gebracht werden, ist ebenso überraschend wie befremdend. Nachdem ich 1999 im Yog Niketan Ashram in Rishikesh, einer der Yogahochburgen Indiens, einen »Gold Medal Winner of the All India Yoga Competition« (siehe Kap. 4) als Yogalehrer kennen gelernt, dies aber für eine kuriose Randerscheinung gehalten hatte, las ich in den folgenden Jahren immer wieder von derlei Yogawettbewerben. So schrieb beispielsweise *The Hindu* am 9. Januar 2003 von »dieser populären Form von Fitness, die so anziehend ist, dass sie neu Bekehrte rasch zusammenbringt«, und berichtete euphorisch von einer solchen Zusammenkunft, die Reaktionen im ganzen Land hervorrief.

In Bangalore, einer Vier-Millionen-Metropole im südindischen Bundesstaat Tamil Nadu, wurde ein nationaler Wettbewerb ausgetragen, organisiert von der Banagiri Varasiddhi Vinayaka Yoga Association. Das Alter der Teilnehmenden lag zwischen sieben und siebzig Jahren. In nach Altersgruppen unterteilten Kategorien wurden Titel wie »Yoga Samrat«, »Yoga Kumar« und »Champion of Champions« verliehen. Was ein solcher Champion bzw. eine solche Championikin vorzuweisen hat, zeigt eindrucksvoll das neben dem Bericht in *The Hindu* abgebildete Foto von Usha K. Udupa – in einer Variation von *utthita-hasta-pādangushtāsana*, einem Spagat im Stand auf einem Bein.

Diese Wettbewerbe, bei denen nur nach rein äußeren Kriterien gewertet werden kann, sind dem indischen »Yogameister« Bharat Thakur offenbar fremd, der Yoga im Westen in einem Artikel[14] als »großen Witz« bezeichnete. Seinem Urteil nach richten die meisten der sogenannten Yogis im Westen ihren Fokus darauf, fit zu sein und die Figur zu korrigieren, nicht aber auf wahre Achtsamkeit. Dass er selbst ein Buch mit dem Titel *Yoga for Weight Loss* (»Yoga zum Abnehmen«) verfasst hat, wird in seinem ebenso polemischen wie selbstgefälligen Artikel nicht erwähnt.

Doch eine solche in sich widersprüchliche Haltung ist bei Indern häufiger zu beobachten: Der Westen wird pauschal und vehement – und in der Sache oft zu Recht – für Fehlentwicklungen und Fehlverhalten kritisiert, woraus sich die Legitimation regelmäßiger Belehrungen ergibt. Andererseits wird kaum Selbstkritik geübt und Kritik von außen nicht zugelassen. Letztere wird mit Begriffen wie »Perspektive der Kolonialmächte« abgewehrt. Findet die kritische Auseinandersetzung dagegen im Westen statt, werden die Kritiken als Beispiele von »Ichhaftigkeit«, »ausgeprägtem Ego« oder Anzeichen von Ausländerfeindlichkeit abgetan.

Yoga im Internet

Als das Berliner Zentrum Sivananda Yoga Vedanta im Mai 1996 die neuen Räume mit einer Pūjā einweihte, quittierten Besucher die auf einem Plakat beworbene Homepage des Yoga-Vedanta-Vereins mit dem Kommentar: »Na, dann können wir uns ja künftig den Weg ins Yogazentrum und die Kursgebühren sparen. Wir praktizieren einfach zu Hause vor dem PC!« Doch leider freuten sie sich zu früh, denn es stellte sich heraus, dass jene Homepage, wie in den meisten vergleichbaren Fällen, lediglich der Selbstdarstellung und den Veranstaltungshinweisen diente.

Den meisten Yogainteressierten ist sicherlich klar, dass sich das Internet zwar zur Präsentation der Angebote und Hintergründe und für theoretische Diskurse eignet, nicht jedoch als Plattform für die Vermittlung von praktischen Yogaübungen. Dessen ungeachtet wird das Internet seit 2001 eben für diese Zwecke genutzt: Onlineyoga per Livestream, im Jahresabo für 432 US-Dollar, aber es gibt auch Einzelunterricht (5,99 Dollar), Anleitung im Sechserpack (33 Dollar) sowie je zwölf, achtzehn oder mehr Einheiten. Utensilien wie Yogamatten werden – gegen Gebühr – nach Hause geliefert, und bei Bedarf gibt es technischen Support für den Unterricht im Full-Screen-Modus. Der Anbieter nennt sich »New York Yoga«, und die Website mit den »World First Online Yoga Classes« heißt entsprechend www.newyorkyoga.com.

Im Vergleich dazu wirken die Yoga-»Guerillas« mit ihren auf öffentlichen Plätzen oder Dächern öffentlicher Gebäude stattfindenden Yogakursen mit Event-Charakter vergleichsweise seriös, denn hier sind persönliche Korrekturen und Alternativen bei Problemen zumindest möglich. Bei dem über das Internet empfangenen Online-Yogakurs hört dagegen kein Lehrer die gepresste Atmung und kann auf Schmerzsymptome oder Gefühlsausbrüche reagieren.

Diffamierungen in deutschen Medien

Das Hamburger Nachrichtenmagazin *Der Spiegel* hat, vielleicht weil die Rubriken »Ratgeber« und »Alltags-Kaleidoskop« nicht so stark ausgeprägt sind wie bei dem vergleichsweise jungen Konkurrenzmagazin *Focus*, in den letzten dreißig Jahren Yoga nicht als Titelthema oder Schwerpunkt gewählt. Dennoch tauchte der Begriff Yoga in verschiedenen, auch längeren Beiträgen auf, jeweils mit negativer oder auf Leibesübungen reduzierter Wertung.

Im *Spiegel* vom 22. Dezember 2000 wird in einem mit »Supermarkt der Religionen« betitelten Artikel die Esoterik-Szene bzw. alles, was sich irgendwie mit Esoterik in Verbindung bringen lässt, als »Sammelsurium diffus religiöser Gefühle« vorgeführt. Zu diesem Sammelsurium wird dann auch Yoga zusammen mit anderen anerkannten und respektablen Traditionen wie Zen und Ayurveda gezählt und alles zusammen mit anderen esoterischen Erscheinungen wie »modernem Hexenglauben« und »Schamanentrommeln«, mit »Urineinreibungen« und »Salzwasser-Prana« in einen Topf geworfen. An anderer Stelle desselben Artikels wird Yoga wiederum zur »Sportart für Aussteiger«. Weitere Etikettierungen wie die von den »Transzendenz-Gläubigen« und vom »handgestrickten Religionsmix« werden hinzugefügt. Auf solchen pauschalen Vorurteilen basierend, pendelt der gesamte Text zwischen Arroganz und Ignoranz. Auch drei Jahrzehnte nach Erscheinen eines *Spiegel*-Artikels über Yoga als »Volkssport« (siehe Seite 24) wird unverändert diskreditiert und unsachlich abqualifiziert. Diesbezüglich hat bei den Redakteuren des *Spiegel* in den vergangenen Jahrzehnten keinerlei Entwicklung, kein Überprüfen von Vorurteilen stattgefunden.

In einem Leitartikel, der eigentlich dem Thema Psychoanalyse gewidmet war, schrieb der *Spiegel* in der Ausgabe vom 15. Juni 1998 über diese Art des Therapierens als »Seelenschürferei« und »wucherndes Dickicht«. Yoga wird darin pauschal und in einem negativ bewerteten Kontext genannt: »Der Seelenheiler kann sich zwischen Dutzenden von Verfahren entscheiden; meist wählt er jenes, das ihm persönlich am sympathischsten erscheint. Mit dieser berufstypischen Crux schlägt sich jene Heilerfraktion gar nicht erst herum, die abseits vom Akademiker-Tross mit exotischen, meist fernöstlich inspirierten Praktiken aufwartet. Längst wimmelt es in der postmodernen Therapiegesellschaft von Gurus und Scharlatanen, die ihre Kundschaft etwa in der tantrischen Kunst der ›Hodenatmung‹ oder des ›Prana-Heilens‹ unterweisen. Yoga, Qi Gong, Channeling, Reiki, Feuerlaufen und Trancetanzen zählen zum Sortiment der esoterischen Heilbehandler, … Versprochen wird, dass sie dem geduckten, neurotisch gelähmten Ego Flügel verleihen …«

Griffige Klischees werden aneinandergereiht, und es ist deutlich erkennbar, dass die Verfasser dieser Aufzählung über keinen der verwendeten Begriffe wirklich, das heißt aus eigener Erfahrung oder zumindest ernsthafter Auseinandersetzung resultierend, Bescheid wissen. Die persönliche Abneigung prägt den Text, fehlende Kenntnisse werden durch polemische und zynische Kommentare ersetzt.

Ein kritischer Blick auf den Modetrend Yoga

Da das Ausmaß der Vermarktung wie inflationäre »Erfindungen« von »neuen«, mit einem Trademark-Warenzeichen versehenen Yogastilen und narzisstische Selbstdarstellungen auf Videos, DVDs und Webseiten in den USA besonders stark ausgeprägt ist, ist es naheliegend, dass dort die Begleiterscheinungen dieser Fehlentwicklung zuerst und besonders deutlich wahrgenommen wurden.

Die Redakteurin des amerikanischen *Yoga Journal* fragte geradezu besorgt und angesichts der Fülle von Anzeigen in jeder Ausgabe des Magazins zugleich selbstkritisch: »Wird die Modewelle den spirituellen Kern verdecken?«[15] Und an anderer Stelle: »Wenn Yoga chic ist, bedeutet das etwa, dass auch ich zur Schickeria gehöre?«

In Anbetracht der einschlägigen Angebote in Fitness-Centern und Ferienanlagen mit Yogalehrern ohne fundierte Ausbildung muss die erste Frage leider mit Ja beantwortet werden. Von einem spirituellen Kern ist bei den auf *Bodyforming* und *Anti-Aging* ausgerichteten Programmen nichts zu spüren. Die zweite Frage kann jeder nur für sich beantworten. Die Antwort wird ganz davon abhängen, in welchen Yogazentren man sich bewegt und welche Selbsteinschätzung daraus resultiert.

In ihrem Artikel »Yoga in Vogue« beschreibt Anne Cushman in der genannten Ausgabe des *Yoga Journal* ihr Unbehagen angesichts des Glamours, von dem Yoga durch Stars, kommerzielle Accessoires und Medienpräsenz umgeben ist, und angesichts der kommerziellen Begleiterscheinungen, wenn Yoga als Verkaufshilfe für Softdrinks und Designer-Garderobe dient mit der Botschaft: Wenn du diese – richtigen – Dinge erwirbst, wirst du glücklich. Denn all das ist im Grunde genau das Gegenteil dessen, was Yoga vertritt.

Yoga, der in seinen ethischen Richtlinien für Freiheit im Sinne eines Nicht-Anhaftens und einer Zügelung der Gier, für eine Zurückhaltung in Bezug auf materielle und sinnliche Aspekte eintritt, wird in solchen Fällen wegen seiner Popularität für Marketingzwecke benutzt oder auch missbraucht. Die Werbung ist nun einmal von Äußerlichkeiten geprägt; es geht stets um eine Scheinwelt. Im Kontext des Yoga läuft es zusammenfassend darauf hinaus, dass Yoga als Symbol in der Werbung ein auf Äußerlichkeiten und Fitness reduziertes Yogaverständnis fördert und den eigentlichen Sinn des Yoga verdeckt.

Gerade wegen der zumeist oberflächlichen und fehlerhaften Darstellung des Yoga in Frauenzeitschriften und Wellness- oder Nachrichtenmagazinen ist es wichtig, sich an den tieferen Sinn und die eigentliche Bedeutung des Yoga zu erinnern: den ruhelosen Geist zu beruhigen und das Herz zu öffnen, die Erfüllung nicht in konsumierbaren Dingen und speziellen »spirituellen« Landschaften, Räumlichkeiten und auf speziellen Meditationskissen zu suchen, sondern zu erkennen, dass die wahre Quelle von innen her fließt. Wenn das erkannt ist, »dann suchst du nicht mehr, begehrst nicht mehr. Du tötest keine Wünsche ab, du kämpfst nicht mit Wünschen; du hast einfach etwas Größeres gefunden.« (Osho)[16]

Eine GEO-Reportage über Iyengar-Yoga

Im September 1990 zierte der seinerzeit über siebzigjährige B. K. S. Iyengar das Titelbild der Zeitschrift *GEO*. Unter dem Farbfoto, auf dem Iyengar in *Parivrittaikapāda Shirshāsana* zu sehen ist, wird er mit »Schmerz ist dein Meister« zitiert, und eine Zeile tiefer heißt es: »Durch Übungen, wie der Yogi Iyengar sie lehrt, werden Kranke gesund und können Lahme wieder gehen.«

Mit den für *GEO* charakteristischen exzellenten Farbaufnahmen und einer einfühlsamen Reportage von Bertram Job, die auf persönlichen Erfahrungen beruht, werden die Besonderheiten des Iyengar-Yoga und die Eigenheiten Iyengars vorgestellt:[17] »Am Anfang sind nur die Schmerzen und der Kampf. Nirgendwo kosmische Schwingungen, kein schwebloses Gleiten. Nur das Bohren und Brennen in der Wirbelsäule und statt einer ›höheren Ebene‹ eine flache blaue Matte, auf die der Schweiß in immer neuen Strömen rinnt. Und jetzt, ganz dicht hinter mir, der Ruf des Meisters: ›Noch zwei Minuten. Spürt den Yoga des Schmerzes!‹«

Titelgebende Sätze wie »Schmerz ist dein Meister« lassen sich, wie Bertram Job schreibt, daheim bei Tee und Gebäck schön lesen, doch auf der Matte in Poona haben solche Aussagen ein anderes Gewicht. Und so muss der Autor einräumen: »Ich bin nicht mehr sicher, ob ich immer noch Gott sehen will. Ich sehe nur den Holzklotz unerreichbar weit weg von mir, hinter dem das Land der Biegsamen und Erleuchteten wohl beginnen muss.«

Dieser Prozess zieht sich über mehrere Wochen hin. Und am Ende steht die Erkenntnis, dass die Mühen bleiben, die Schmerzen auch. Nichts würde vorbei sein. Und entsprechend fällt der Kommentar von Iyengar aus: »Dein Körper ist gerade erst aufgewacht. Nun musst du weitermachen.«

Insgesamt ist dies ein Beitrag, der den Yoga angemessen darstellt, der weder beschönigt oder mystifiziert noch verurteilt.

Yoga in spezialisierten Zeitschriften

Der Umstand, dass es Zeitschriften gibt, die sich primär und regelmäßig dem Thema Yoga in all seinen Facetten widmen, ist Ausdruck des umfassenden Potenzials und eines wachsenden Interesses an Geschichte, Philosophie und Hintergründen des Yoga.

Im Wesentlichen unterscheiden sich Yogazeitschriften in einem Punkt: Entweder sind sie einem bestimmten Stil und einem Guru verpflichtet und propagieren dessen Sichtweise, oder sie sind nach (fast) allen Richtungen hin offen und lassen Repräsentanten unterschiedlicher Schulen und Traditionen zu Wort kommen.

Die drei deutschsprachigen Zeitschriften *Yoga aktuell*, *Deutsches Yoga-Forum* und das Schweizer *Yoga Journal* gehören zur letztgenannten Kategorie, gleichwohl unterscheiden sie sich untereinander konzeptionell und vom Layout her.

Thematisch offen für die Peripherie des Yoga – wozu mitunter auch Ausgaben gehören, die vollständig aus Artikeln über Advaita, vedische Rituale, gesunde Ernährung und den spirituellen Umgang mit Geld bestehen –, ist *Yoga aktuell* konstant aufwendig mit zahlreichen Farbfotos und auf das gesamte Magazin verteilten Anzeigen gestaltet.

Sowohl im *Deutschen Yoga-Forum* als auch im Schweizer *Yoga Journal* werden Fotos lediglich in Schwarzweiß und wesentlich sparsamer eingesetzt; zudem sind beide Publikationen von den Schwerpunktthemen und sonstigen Beiträgen her eher Fachzeitschriften, die sich größtenteils auf das eigentliche Thema Yoga konzentrieren und sich an Lehrende respektive fortgeschrittene Yogapraktizierende wenden.

Dass es im Umfeld des *Deutschen Yoga-Forums* zugleich auch eine distanzierte Haltung zum Yoga gibt, ist an den Titelbildern der letzten zwei Jahre zu erkennen, auf denen mal braune Farbpigmente, mal Radieschen, ein Brillengestell oder auch Grablichter abgebildet wurden. Alle anderen – auch internationale – Yogazeitschriften, die Sie mit Angaben zum Gründungsjahr, zum Erscheinungsort und zur Erscheinungsweise sowie zur Höhe der Auflage im Anhang (siehe Seite 295 f.) aufgelistet finden, wählen als Coverbild stets ein Foto, auf dem jemand ein Āsana ausführt.

Yoga in der Werbung und Werbung für Yoga

Yoga in der Werbung ist in den meisten Fällen zugleich auch Werbung für Yoga. Sei es Kosmetik, Jogurt oder Autowerbung: Yogasymbole kommen stets dann zum Einsatz, wenn Werte wie Ruhe, Balance, Harmonie und Gelassenheit dargestellt werden sollen. Doch dort, wo mit Yoga für ein Produkt geworben wird, werden in der Regel simple Klischees benutzt und bedient. Der absolute Spitzenreiter bei den ausgewählten Haltungen ist der Lotossitz[18], gefolgt vom Kopfstand[19] und der Bogenhaltung[20]. Bei den Abgebildeten bzw. den Darstellerinnen handelt es sich stets um junge, gertenschlanke Frauen im Bikini oder im eng anliegenden Dress, in Ausnahmefällen darf es auch ein mild lächelnder, vollbärtiger Turban-Inder sein. Beliebt ist zudem die Verwendung des Mantras OM, in der Regel in witzigen oder kuriosen Zusammenhängen. Angesichts des häufigen

© Mathias Tietke

Einsatzes von Yoga in Marketing und Werbung könnte man fast meinen, viele Marketingstrategen seien Yogis und Mitarbeiterinnen der Werbebranche Yoginis. Doch dies dürfte eher die Ausnahme sein.

Neben Zeitschriften und Werbeclips, die Symbole wie OM oder Yogapositionen hinsichtlich des Werbeobjekts zumeist deplatziert einsetzen, werben auch Yogis und Yogaschulen selbst für ihre Seminare und Workshops. Größere und auch überregional miteinander verbundene Institutionen wie die Sivananda-Vedanta-Zentren oder Yoga Vidya e. V. sind überdurchschnittlich häufig vertreten und investieren auch überdurchschnittlich in Anzeigen, Newsletter und Werbung per Postversand. Diese Einrichtungen sind stark religiös gefärbt, und ihre Mitglieder fühlen sich mit den Elementen und Ritualen des Hinduismus verbunden. Die Interpretation des Yoga geschieht aus dem Selbstverständnis des hierarchischen Vedānta[21] heraus. Dazu gehören Seminare und Workshops über

vedische Feuerrituale (*homa*), Verehrungszeremonien hinduistischer Gottheiten (*pūjā*), Feiern zu hinduistischen Feiertagen, Lesungen und Interpretationen der Upanishaden und der Bhagavad Gītā[22] sowie Traktate und Bücher der Gründungsväter.

Bekenntnisse prominenter Stars

Dass Prominente wie das Star-Model Christy Turlington oder die Schauspielerin Ursula Karven mit eigenen Publikationen zu Yoga in die Öffentlichkeit gehen, ist eher die Ausnahme und auch erst ein neueres Phänomen. Bis auf den Violinvirtuosen und Dirigenten Yehudi Menuhin, der für das Standardwerk *Licht auf Yoga* von B. K. S. Iyengar das Vorwort verfasste, erfährt die Öffentlichkeit normalerweise durch Äußerungen von Prominenten gegenüber Journalisten

oder durch Publikationen, die auf Recherchen über das Privatleben von Stars basieren, von der Yogapraxis der Prominenten.[23]

Ob Tänzerin, Sportler, Musikerin, Schauspieler oder Schrifstellerin, was sich bei fast allen Bekenntnissen als gemeinsamer Nenner erkennen lässt, ist die Funktion des Yoga als gesundheitsfördernde, ausgleichende und sinnstiftende Ergänzung zum Beruf und zum eigentlichen Tun. Damit sind die Intentionen der Prominenten durchaus repräsentativ für den Querschnitt der im Westen lebenden Yogapraktizierenden.

Für die meisten Prominenten wie auch für die Mehrzahl der Yogapraktizierenden hat Yoga im Alltag den Stellenwert des sogenannten »Haushälteryoga«. »Haushälteryoga« bedeutet: Yoga wird sehr wohl als wichtiges, prägendes Element im Leben verstanden, nicht aber als Basis für Weltflucht durch Askese und völlige Hingabe an eine Instanz wie einen Guru. Mit anderen Worten: Yoga wird ins Berufs- und Familienleben integriert, die moderne Lebensweise fortgesetzt, wenn auch mit aus der Yogapraxis resultierenden Veränderungen.

Katja Weitzenböck,
Schauspielerin

Von dieser Einstellung der Prominenten gegenüber Yoga, die der Haltung der Mehrheit der Yogapraktizierenden entspricht, heben sich lediglich einige wenige, primär exaltierte, egozentrische Stars ab, die Yoga lediglich als Stilmittel, als Mode oder als Mittel der Selbstdarstellung sehen und benutzen.

Die Wirkung des Glamours von Stars auf der Yogamatte ist letztlich ambivalent. Einerseits werden zahlreiche Menschen dazu angeregt, Yoga auszuprobieren, unter Umständen verschiedene Ansätze und Hintergründe für sich zu entdecken und den passenden Stil und die geeignete Schule zu finden, andererseits ergibt sich aus der oberflächlichen Darstellung und aus der auf optisch eindrucksvolle Āsanas beschränkten visuellen Darbietung eine Trivialisierung, die das Wesen und die Substanz des Yoga zu einer exotischen Körperertüchtigung, einem Modesport reduziert.

Das eine vom anderen zu unterscheiden ist ein Anliegen des Yoga selbst. Es kommt beispielsweise im Begriff und Konzept des *Viveka* – Sanskrit für Unterscheidung, Trennung, Kritik, Prüfung und Verstand – zum Ausdruck. Viveka bezieht sich insbesondere auf die Fähigkeit, zwischen wahr und unwahr, zwischen beständig und unbeständig zu unterscheiden. Bei der Bewertung von Darstellungen in den Medien wie bei den Äußerungen der Trendsetter und Yogaspezialisten gilt es, Viveka anzuwenden.

DVD-Produktion mit dem Schauspieler Ralf Bauer

2
YOGA ALS THERAPIE

Entwicklung und Ziele der Yogatherapie

Als Bestandteil der altindischen medizinischen Heilkunde Ayurveda hatte Yoga schon seit langem auch eine therapeutische Ausrichtung. Und so finden sich in nahezu allen Veröffentlichungen zum Ayurveda Abschnitte mit Yogaübungen. Allerdings ist die empfohlene Āsana- und/oder Prāṇāyāma-Praxis eine adjuvante, also eine andere Maßnahmen begleitende oder unterstützende Behandlungsmethode, wie sie heutzutage auch in der westlichen Medizin als Ergänzung eingesetzt wird.

Bisherigen Informationen zufolge lag der Schwerpunkt des Yoga jedoch weniger auf dem Kurieren von Krankheiten und gesundheitlichen Beeinträchtigungen; vielmehr war es ein Weg der Besinnung, der Einsicht und der Erfahrung der Einheit, bei der die einzige relevante Haltung über Jahrhunderte der stabile Sitz auf dem Boden war.

Früheste Hinweise auf die gesundheitlichen Aspekte des Yoga finden sich in der Hatha-Pradīpikā (siehe S. 205 ff.), in der im Kontext der Āsanas immer wieder von Gesundheit, von Stabilität und Standfestigkeit[24] und gleich zu Beginn[25] von der Leichtigkeit der Glieder die Rede ist. Im zweiten Kapitel heißt es: »Durch einen Yoga, der mit Prāṇāyāma und den anderen Übungen verbunden ist, wird allen Krankheiten ein Ende gemacht.«[26]

Eine explizite Fokussierung der therapeutischen Möglichkeiten des Yoga zeichnete sich zu Beginn des vergangenen Jahrhunderts ab. In Indien waren es Sri Yogendra und Swami Kuvalyananda, die damit begannen, Yoga und Schulmedizin zu verbinden. Yogendra gründete im Jahr 1918 sein Institut, dessen Ausrichtung als wissenschaftlich und therapeutisch beschrieben werden kann. Kuvalyananda untersuchte bereits 1921 in einem Krankenhaus die Wirkungen der Hatha-Yoga-Praxis auf den menschlichen Körper.

Paramahamsa
Madhavadasaji

Beide waren Schüler von Paramahamsa Madhavadasaji[27], dessen Lebensdaten vom Yoga Institut in Santacruz/Mumbai mit 1798–1921 angegeben werden. Andernorts werden als Alter 123 oder 119 Jahre genannt. Der Ashram, in dem Madhavadasaji unterrichtete, befand sich in Malsar (Gujarat); Madhavadasaji stammte jedoch aus Bengalen.

Jahrzehnte später erkannten Persönlichkeiten wie B. K. S. Iyengar und T. K. V. Desikachar das therapeutische Potenzial des Yoga und verknüpften es zum Teil mit den wissenschaftlichen Erkenntnissen und Ansprüchen westlicher allopathischer Medizin.

Jetzt, zu Beginn des 21. Jahrhunderts, existiert weltweit eine Vielzahl von etablierten Institutionen und Yogazentren, die sich auf Yogatherapie spezialisiert haben. (Eine Liste finden Sie im Anhang.)

Vom Rettungsfloß zum Sprungbrett

Die Ziele und Möglichkeiten der Therapie mittels Yoga, aber auch deren Grenzen hat Gary Kraftsow in seinem Buch *Kraftquelle Yoga* treffend zusammengefasst. Er hält fest, »dass die therapeutischen Methoden der Yogatradition auf den Vorstellungen von *viyoga* (Trennung von Dingen, die nicht wünschenswert sind) und *samyoga* (Verbindung mit Dingen, die wünschenswert sind) beruhen.«[28]

Welchen Zweck diese beiden Konzepte erfüllen, beschreibt Kraftsow in den folgenden Sätzen: »Bezogen auf unsere Emotionen bedeutet Viyoga den Abbau von rajasischen[29] Zuständen der Erregung (zum Beispiel emotionale Zustände, die unter die Sammelbegriffe von Zorn und Ängstlichkeit fallen) sowie von tamasischen Zuständen der Trägheit (zum Beispiel emotionale Zustände, die unter den Sammelbegriff der Depression fallen), und Samyoga ist das anhaltende Bestreben, in uns selbst den sattvischen Zustand der Klarheit und Zufriedenheit zu entwickeln.«

Yogatherapie und Yoga zielen auf Folgendes ab: »Die Yogatherapie will Menschen darin unterstützen, ihrem emotionalen Leben neue Stabilität zu verleihen, so dass sie damit beginnen können, den Yoga als einen Prozess der spirituellen Transformation zu nutzen. Für Menschen mit sehr ernsten Problemen kann der Yoga das Rettungsfloß sein, das ihnen hilft, aus schwierigen Gewässern zu entkommen. Die Yogatherapie ist aber nur eine Vorbereitung auf das wahre Ziel des Yoga, das darin besteht, den Menschen als ein ›Sprungbrett‹ zu neuen Wegen der persönlichen Entwicklung zu dienen.«[30]

Ob die Yogatherapie als Reduzierung der ursprünglichen Intention des Yoga oder als Erweiterung des spirituellen Ansatzes wahrgenommen wird, hängt ganz von der Situation und der Perspektive ab: der Perspektive derjenigen nämlich, die dieser Therapie bedürfen, sowie derjenigen, die entweder mittels Yoga therapeutisch wirken oder aber ausschließlich auf die eigene innere Vervollkommnung bedacht sind. Prinzipiell muss sich beides nicht ausschließen. Ein vollkommen gesunder Mensch mit der Bereitschaft, auch anderen zu helfen, ist die beste Voraussetzung und Folge spiritueller Verwirklichung.

Anwendungsgebiete
bei körperlichen Beschwerden

Was sich in den letzten Jahrzehnten im Bereich der Yogatherapie herauskristallisierte, sind durchweg erfolgreiche therapeutische Wirkungen bei Erkrankungen des Stütz- und Bewegungsapparates (insbesondere bei Wirbelsäulensyndromen, Arthritis, Fehlhaltungen und daraus resultierenden Schäden, rheumatischen Beschwerden), bei Erkrankungen des Herz- und Kreislaufsystems (insbesondere

Hypertonie, Hypotonie, Angina Pectoris), bei Erkrankungen der Atemwege (insbesondere chronische Bronchitis und Asthma Bronchiale) sowie bei psychosomatischen und psychischen Erkrankungen.

Für viele – ob sie seit Jahren oder Jahrzehnten Yoga praktizieren oder gerade damit begonnen haben – war bzw. ist ein gesundheitliches Problem mit einer Symptomatik aus der eben angeführten Liste ein typischer Einstieg. In meinem persönlichen Fall waren es chronische, in Intervallen auftretende Kopfschmerzen und Migräneattacken, die von der Allgemeinmedizinerin mit Schmerztabletten und Zäpfchen »behandelt« wurden und als deren wahrscheinliche Ursache ein Orthopäde an der Berliner Charité eine altersbedingte degenerative

Schliffläche an der Halswirbelsäule konstatierte. Er gab mir ein Merkblatt mit Hinweisen für rückengerechtes Bewegen und Heben von Lasten und riet von Yoga ausdrücklich ab, da dies völlig »anormale und unnatürliche« Haltungen seien, denn mit verdrehtem Oberkörper oder auf dem Kopf stehend käme niemand auf die Welt. Die Krankenkasse BKK war da schon einen Erkenntnisschritt weiter und finanzierte ihren Mitgliedern Yogakurse, in meinem Fall zwei Kurse zu je zehn Unterrichtseinheiten. Es zeigten sich deutliche Besserungen, schmerzstillende Tabletten wurden zur Ausnahme.

Inzwischen werden die prophylaktischen wie therapeutischen Potenziale des Yoga von Schulmedizinern zunehmend anerkannt, und auch die Anzahl der Kooperationen wächst. Dennoch bestehen Vorbehalte gegenüber Yoga fort, und reine Symptombehandlungen mit einer Vorliebe für pharmazeutische Rezepturen oder operative Eingriffe sind weiterhin eher die Regel als die Ausnahme. Daher empfiehlt es sich, dass sich jeder Patient neben dem ärztlichen Rat eines Schulmediziners auch stets über alternative Behandlungsmethoden informiert und die von beiden Seiten vorgeschlagenen Schritte prüft. Je nach Diagnose und Krankheitsbild kann ausschließlich die eine oder die andere Methode die richtige sein, aber auch eine Kombination von allopathischer Medizin und alternativer Yogatherapie ist oft sinnvoll und wird seitens der Yogalehrenden zumeist favorisiert. Orientierungshilfen gibt es − zumindest in der westlichen Welt − heute viele, ebenso wie alternative Therapeuten, die qualifiziert sind. Ein wichtiger Aspekt der eigenen Überlegungen sollte stets sein, die Risiken und Nebenwirkungen zu minimieren und die bewusste Mitwirkung am Heilerfolg zu maximieren.

Die messbaren, in Studien und Statistiken darstellbaren Erfolge bei der präventiven und therapeutischen Anwendung des Yoga sind mittlerweile umfangreich erforscht und wissenschaftlich dokumentiert, mit eindeutigen und überprüfbaren Resultaten. Auf der Website der National Library of Medicine, die zum National Institute of Health der USA gehört[31], findet sich eine medizinische Datensammlung, die unter dem Suchbegriff »Yoga« 894 Einträge anzeigt, zum großen Teil internationale Studien und Forschungsprojekte, in denen unter anderem die Auswirkungen auf Rheuma, den Stoffwechsel, Bluthochdruck, Körpergewicht, Depressionen und Stressmanagement dokumentiert sind. Weltweit sind die positiven Auswirkungen der Yogapraxis auf die Gesundheit in bisher mehr als tausend wissenschaftlichen Studien überprüft worden.

In Deutschland hat der Indologe und Religionswissenschaftler Christian Fuchs im Auftrag des Berufsverbandes der Yogalehrenden in Deutschland e. V. (BDY) den Stand der deutschsprachigen Studien mit dem Schwerpunkt medizinische und psychologische Studien – unter anderem auch physiologische Studien zum Hatha-Yoga und psychologische Studien zur Meditation[32] – zusammengefasst und im Jahr 2000 unter dem Titel »Im Spiegel der Wissenschaft« in einer Broschüre publiziert.[33] Als »beispielgebend für den medizinisch-physiologischen Bereich« bezeichnet Christian Fuchs das Buch *Physiologische Aspekte des Yoga und der Meditation*[34]. Der Verfasser, der Humanbiologe Dietrich Ebert, erforschte unter anderem die Antistress-Wirkung der Āsanas und kam zu dem Ergebnis, dass Prānāyāma und Entspannungstechniken das Sauerstoffvolumen vergrößern und den Laktat- und Cortisolspiegel im Blut senken.

Gute therapeutische Wirksamkeit von Yogaübungen bei Asthma Bronchiale, Hypotonie und Hypertonie sowie bei koronaren Herzkrankheiten und vegetativer Labilität wurden bereits 1963 von dem indischen Arzt Gauri Shanker Mukerji und dem Mediziner Dr. med. Werner Spiegelhoff festgestellt.[35]

Angewandte Yogatherapie in der Arbeit mit Kindern und mit Drogensüchtigen

Yoga für Kinder mit Hyperaktivität oder Konzentrationsstörungen

Das *Deutsche Ärzteblatt* konstatierte in der Juniausgabe 2006, dass Yoga als zusätzliche Therapie für hyperaktive Kinder hilfreich sei. Diese Meldung wurde in einer Untersuchung von Heidelbergern Forschern belegt, die in der *Zeitschrift für Kinder- und Jugendpsychiatrie und Psychotherapie*[36] veröffentlicht wurde. Demnach verbesserte sich die Aufmerksamkeit der Kinder, und ihre hyperkinetische Symptomatik verringerte sich signifikant. Die positive Entwicklung war fast ausschließlich auf das Yogatraining zurückzuführen. Die Wirkungen der Āsanas, der Atemübungen und der Meditation wurde den neurophysiologischen und den neuropsychologischen Ebenen zugeordnet, und es wurde festgehalten, dass die Wirkungen von Yoga der Kernsymptomatik bei Aufmerksamkeitsdefizit-/Hyperaktivitätsstörungen (ADHS) entgegengerichtet sind, das heißt, die Kinder werden ruhiger, konzentrierter, und der Muskeltonus verändert sich positiv.

Dass immer weniger Kinder ausgeglichen und selbstbewusst sind, liegt größtenteils an der allgemeinen Reizüberflutung, dem Schulstress und an dem auch unter Kindern und Jugendlichen inzwischen stark verbreiteten Bewegungsmangel. Während des Schulunterrichts stundenlang stillzusitzen und sich zu konzentrieren fällt vielen von ihnen schwer. Körperliche Fehlhaltungen führen zudem häufig zu Verspannungen in Hals, Nacken und Rücken. Mit Yoga lernen Kinder, ihren Körper besser wahrzunehmen. Fehlhaltungen werden korrigiert, und die verlorene Beweglichkeit kehrt zurück. Mit Atemübungen lernen sie, tief und bewusst zu atmen. Damit versorgen sie ihren Körper mit genügend Sauerstoff, was Müdigkeit vorbeugt und ihre Konzentration steigert.

Die Bedeutung der Problematik und die Möglichkeiten, mit Yoga zu intervenieren, hat auch die Lerntherapeutin Dr. Nicole Goldstein erkannt. Sie hat zu diesem Thema einen Materialordner *Hyperaktiv – na und? Yoga-Übungen für überaktive Kinder* zusammengestellt und konstatiert, dass es für hyperkinetische Störungen keine allgemein anerkannten und spezifischen Ursachen gibt und die Symptome ein vielfältiges Spektrum aufweisen.[37] Die übliche Vorgehensweise besteht aus medikamentöser Therapie, zumeist mit Ritalin, und kognitiver Verhaltenstherapie. Übungen des Hatha-Yoga können jedoch helfen, die Anforderungen des (schulischen) Alltags auch ohne Medikamente besser zu bewältigen und impulsives Verhalten – mit dem mitunter eine Eigengefährdung einhergeht, da oft erst gehandelt und dann überlegt wird – selbst zu regulieren. Das breite Spektrum an möglichen Körperhaltungen und kombinierten Übungsfolgen kommt dem kindlichen Bedürfnis nach Bewegung entgegen, die Fähigkeiten, sich zu entspannen und sich zu konzentrieren, werden kontinuierlich entwickelt. Die Studie von Nicole Goldstein belegt und bestätigt, was auch in der im *Deutschen Ärzteblatt* angeführten Untersuchung festgestellt wurde: Yogaübungen verringern das impulsive Verhalten, mindern die Hyperaktivität und verbessern deutlich die Aufmerksamkeitsleistung.

Mittlerweile haben sich etliche Yogalehrende auf Yoga für Kinder spezialisiert. Einen Überblick zu diesem Thema erhält man unter www.kinderyoga.de. Die positiven Effekte des speziellen Kinderyoga kommen natürlich Kindern mit Konzentrationsproblemen ebenso zugute wie jenen, die keine solchen Probleme haben.

Auch außerhalb der Yogaschulen und -institutionen wird mitunter Yoga für Kinder vermittelt. So bietet zum Beispiel die Ergotherapie-Praxis Mahner in

© Petra Proßowski

Oberursel Yoga für hyperaktive Kinder an. Das eigens dafür entwickelte Programm basiert auf den Ergebnissen der oben angeführten wissenschaftlich evaluierten Pilotstudie in Kooperation mit der pädagogischen Hochschule und der Universität Heidelberg, Abteilung Kinder- und Jugendpsychiatrie. Diese Art der Therapie wird als ein ganzheitlicher Ansatz und als eine Maßnahme beschrieben, »die bereits im frühen Kindesalter (im Kindergarten) als Prävention, bei akuten Ereignissen als Intervention oder als begleitende Therapie eingesetzt werden kann«.[38]

Das Besondere am Yoga für Kinder ist eine betont dynamische Praxis, die auf das Erklären von physiologischen und anatomischen Details oder zu erwartenden Wirkungen und langes, meditatives Verweilen in einer Haltung verzichtet. Freiräume, Fantasie und Dynamik in diesem speziell auf Kinder ausgerichteten Yogaunterricht kommen ihren Bedürfnissen entgegen, und die kindgerechten Yogaübungen verbessern ihren äußeren und inneren Halt.

Yoga an Schulen kann bei dieser Entwicklung einen wichtigen und nützlichen Beitrag leisten.

Die Yogalehrerin[39] und Erziehungswissenschaftlerin Suzanne Augenstein hat ein Training auf der Basis von Yoga entwickelt, das auf die Schulung von Körperhaltung, Körperkoordination, Konzentration und sozialem Verhalten bei Grundschulkindern mittels körperlicher Übungen abzielt.[40] Es wurde inzwischen unter der Bezeichnung »Körperorientiertes Programm, KOP, von speziell geschulten externen Trainern in einigen Schulklassen eingeführt. Dr. Suzanne Augenstein zieht folgendes Fazit: »In Zeiten des Umbruchs steigt die Offenheit für Neues, in Problemsituationen wird nach effektiven Lösungen gesucht. Yoga für Kinder hat sich daher in den letzten Jahren an Schulen stark ausgeweitet. Es bestehen gute Chancen für eine Positionierung von Yoga als anerkannter Fördermethode für Schulkinder, zumal mittlerweile wissenschaftliche Untersuchungen zum Kinderyoga vorliegen, die eine entsprechende argumentative Basis liefern.«[41]

Was in der Öffentlichkeit als neue Entwicklung wahrgenommen wird, ist jedoch bereits dreißig Jahre zuvor thematisiert worden, z. B. in der Diplomarbeit *Yoga in der Schule* von G. Bürmann, in der es schon 1976 um Yogaangebote für »lernbehinderte und bildungsschwache« Schüler ging, sowie in *Yoga hilft dem Schulkind* von Marianne Kohler, erschienen 1974.[42] Und auch diesen beiden Texten ging bereits die Veröffentlichung des Lehrbuchs *Yoga für Kinder – Leichte Atem-, Entspannungs- und Bewegungsübungen zur Lockerung und Kräftigung* von Esther-Martina Luchs voraus, das 1970 im Goldmann Verlag erschien.

Yoga in der Drogentherapie

Eine der wichtigen Zielsetzungen des Yoga ist es, frei und ohne Anhaftung zu sein. Wenn man dieses Anliegen anders formuliert und auf die Suchtproblematik bezieht, heißt das, die Praxis des Yoga prädestiniert Praktizierende dazu, nicht abhängig zu sein. Dass sich Yoga somit auch bei Menschen mit Suchtproblemen und speziell bei Drogenabhängigkeit als Therapieform eignet, liegt auf der Hand.

Mitte der siebziger Jahre erschienen erste Beiträge zu dieser Thematik im amerikanischen *Yoga Journal*[43] und in der Zeitschrift *Yoga und unsere Welt*. Dem dort abgedruckten Artikel *Yoga als Therapie bei Drogenabhängigen*[44] von E. J. Kiphard und H. Hünnekens war ein fünfjähriges Projekt am Westfälischen Institut für Jugendpsychiatrie und Heilpädagogik vorausgegangen. Auch in Indien wurden in den achtziger Jahren mehrere Beiträge zum Thema Yoga und Drogensucht publiziert.[45]

Ganz praktisch und ohne nähere Ausführungen zur Drogensuchtproblematik hat B. K. S. Iyengar in seinem Buch *Yoga – Der Weg zu Gesundheit und Harmonie*[46] dreißig Haltungen (Āsana) zum Stichwort Drogensucht zusammengestellt (wie

auch zu Alkoholismus; beides steht im Abschnitt »Geist und Gefühle« des fünften, mit »Yoga bei Beschwerden« überschriebenen Kapitels). Die Wirkung entfaltet sich laut Iyengar dadurch, dass die von ihm aufgestellten Āsana-Reihen die
Hormondrüsen sowie das sympathische und das zentrale Nervensystem ansprechen, die Atmung wie auch den gestressten Körper und Geist beruhigen.

Bei einem Großteil der Āsanas kommen die für den Iyengar-Yoga typischen
Hilfsmittel wie Gurt, Stuhl, Holzklotz, Polster und Hocker verschiedener Größe
zum Einsatz. Die Übungen sind trotz der Hilfsmittel anspruchsvoll und zum
Teil selbst für völlig gesunde und im Yoga erfahrene Menschen schwierig. Hierzu zählen beispielsweise *Upavishta Konāsana* (spagatähnliches »Sitzen im weiten
Winkel«), *Ardha Chandrāsana* (»Halbmondstellung«) und *Salamba Shirshāsana*
(Kopfstand). Doch auch vermeintlich einfache Haltungen wie *Vīrāsana* (»Sitzender Held«) oder *Bharadvajāsana* (»Rumpfdehnung durch Drehung«) bedürfen
persönlicher Anleitung sowie Geduld und Disziplin. Und so rät Iyengar: »Gesundheit ist keine Ware, um die man feilschen kann. Man verdient sie sich mit
harter Arbeit. (…) Lassen Sie sich nicht entmutigen, wenn der Heilungsverlauf
nur langsam voranschreitet. Denken sie immer daran, dass Ausdauer die Essenz
des Yoga ist.«[47]

Der tschechische Psychiater Karel Nespor[48] arbeitet seit längerem mit Sucht-
kranken und setzt bei seiner Behandlung auch Yoga und Entspannungstechniken
ein. Er bietet in der Regel nur einfache Übungen und Übungszeiten von dreißig bis sechzig Minuten an, da die drogen- und alkoholabhängigen Patienten
zumeist in keiner guten konditionellen Verfassung sind. Nespor beschreibt den
typischen Drogenabhängigen als bis zu einem bestimmten Grad depressiv, eher
passiv und zu Beginn wenig interessiert. Erst wenn Yoga zu einem regelmäßigen
Bestandteil der Behandlung wird, entwickelt sich seitens der Abhängigen die
Bereitschaft zu kooperieren. Neben den klassischen Bestandteilen des Yogaunterrichts wie Āsanas und Prānāyāma bietet Nespor jeweils an, eine Geschichte zu erzählen, die anschließend kommentiert wird, damit der Bezug zur Situation des Patienten deutlich wird, und er verbindet das Ende der Entspannung
mit speziellen Affirmationen wie »ich lebe gesund« oder »Abstinenz ist vorteil-
haft«.[49]

Als größte Herausforderung in der Arbeit mit Drogenabhängigen sieht Nespor, auch unter dem spirituellen Namen Sannyasi Swaroopmurti bekannt, die
Integration von Yoga in das Alltagsleben der Abhängigen. In diesem Punkt sind

die Erfolgserlebnisse im Sinne einer Neuorientierung der Drogenabhängigen eher die Ausnahme.

Auch die deutsche Yogalehrerin Anke Suhnel hat mehrere Jahre lang Erfahrungen mit der Rehabilitation von Drogenabhängigen gesammelt. »Shortstep« war der Name und das Programm des Projekts, ein Drogentherapiezentrum im Raum Hannover, das im Rahmen des Bundesmodellprogramms »Kompakttherapie« Ende 1991 eröffnet wurde. Yoga wurde hier als Bestandteil bewegungstherapeutischer Arbeit mit der Fokussierung auf den Körper eingesetzt. Ziele waren die physische Stabilisierung und die Entwicklung einer bewussten Körperwahrnehmung. Da Drogenabhängige infolge des Drogenkonsums den eigenen Körper mehr und mehr als Fremdkörper empfinden, geht es zunächst darum, diesen Zustand zu kompensieren. Das Erleben von Wohlgefühl durch körperliche Anstrengung und die wiedergewonnene Fähigkeit, sich zentrieren und entspannen zu können, werden von ihnen oft als »Highlight« bezeichnet.

Unterschiede zum sonst üblichen »normalen« Yogaunterricht kristallisierten sich im Verlauf der Arbeit mit den Drogenabhängigen heraus. Der Yogaunterricht mit einer durchschnittlichen Dauer von dreißig bis fünfundvierzig Minuten wurde in der Regel mit Sporttraining verknüpft; entweder als Vorbereitung, zum Bei-

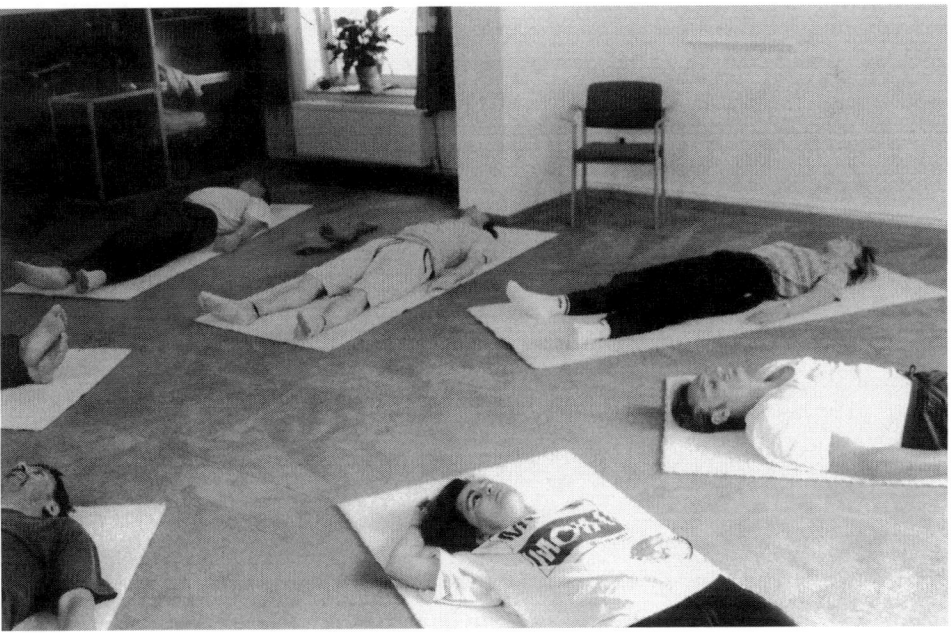

spiel auf Volleyball und Krafttraining mit Geräten, oder als Entspannung, zum Beispiel nach ausgedehnten Radtouren.

Entgegen sonstiger Gepflogenheiten wurden die Übungen von der Yogalehrerin jeweils vorgeführt, und es wurde gemeinsam geübt. Es wäre den Teilnehmenden nicht möglich gewesen, allein den Ansagen zu folgen – dazu fehlte es an Konzentrationsfähigkeit. Korrekturen wurden selten oder äußerst zurückhaltend vorgenommen, da dies von den Abhängigen oft als Abwertung eingeordnet wurde. Erst im Einzelgespräch wurden entsprechende Hinweise vorgebracht.

Der Part der Entspannung wurde stets ohne Imagination ferner Welten, von Traumlandschaften oder sonstigen inneren Bildern angeleitet, da diese zu sehr der für Drogenkonsum charakteristischen Realitätsflucht ähneln. Auf Meditation wurde gänzlich verzichtet, weil eine wichtige Voraussetzung für Meditation, nämlich die Fähigkeit, sich innerlich auszurichten, bei dieser Klientel äußerst eingeschränkt ist und die Folge der Meditationspraxis hier eher Unruhe und Frustration gewesen wären. Als Alternative wurden Konzentrationsübungen gewählt, die mit einem geäußerten Wunsch gekoppelt wurden.

Das Potenzial des Yoga, dass Praktizierende durch regelmäßiges Üben künftiges Leid vermeiden können, wie es im Yoga-Sūtra 2.16 formuliert ist (*heyam duhkam anāgatam*), ist also durchaus auch auf Drogensüchtige erfolgreich anwendbar, allerdings muss die Vermittlung bzw. Unterrichtspraxis den besonderen Bedingungen angepasst sein. Das kann auch zu einem Minimalismus bei der Auswahl der Übungen führen, wie im folgenden Beispiel. Doch auch Yoga bietet keine Erfolgsgarantie. Es ist als Methode und Unterstützung hilfreich und sinnvoll, aber Yoga mit Drogensüchtigen erfordert neben günstigen Rahmenbedingungen auch viel Disziplin und einen starken Willen.

Harmon Hathaway, Mitbegründer der American Yoga Foundation[50], deren Retreat- und Meditationszentrum sich in den Catskill Mountains von New York befindet, und Autor der Bücher *Yoga for Athletes* (»Yoga für Sportler«) und *Hathaway Alignment Sessions* (»Hathaway-Lernabschnitte zur Ausrichtung«), hat in den 35 Jahren seiner Tätigkeit als Therapeut unter anderem mit Heroin- und Kokainabhängigen zu tun gehabt. Die Süchtigen reagierten auf Hathaways Anweisungen zumeist ablehnend, und eine Sitzung dauerte höchstens eine halbe Stunde. Die jeweilige Session bestand nahezu vollständig aus vertiefter Zwerchfellatmung in der Rückenlage und der Ermutigung des Therapeuten, trotz Panikattacken und Taubheitsgefühlen in Händen, Armen und mitunter auch im Gesicht mit der vertieften Atmung fortzufahren. Alle, mit denen Hathaway den Kontakt halten konnte, beendeten den Heroinkonsum, was Harmon Hathaway, der sein Wissen derzeit an professionelle Therapeuten weitergibt, vor allem auf die einschneidende Erfahrung vertiefter Atmung zurückführt. Auf seiner Homepage www.Alignment.com schreibt er unter den Stichworten Drug Addiction/Heroin and Cocaine: »Der Körper muss dazu gebracht werden, etwas zu tun, was ihm guttut. Diese Wohltat sollte nicht durch Drogen induziert werden, sondern durch eigene und echte Anstrengung. Atmen zu lernen und den Raum innerhalb des Körpers mit Lebenskraft in Anspruch zu nehmen, dies ist eine natürliche Lösung für ein unnatürliches Dilemma.«

Wie in diesen drei Beispielen sind weltweit Erfahrungen und beeindruckende Erfolge mit dem Einsatz von Yoga als unterstützende oder begleitende Therapie bei Drogensüchtigen belegt, selbst bei heroinabhängigen Kriminellen, wie auf

Ken Wilber (links)
und Harmon
Hathaway (rechts)

www.ThisIsLondon.co.uk am 30.5.2002 gemeldet wurde. Der Bericht handelt von einem Resozialisierungsprojekt in Leicestershire und Rutland, bei dem alternative Methoden wie Yoga und Akupunktur erfolgreich eingesetzt wurden.

Von der wirksamen Kraft des Yoga bei Drogensucht zeugen auch ehemals Süchtige, die ihre Abhängigkeit mit Hilfe des Yoga überwunden haben und inzwischen selbst als Yogalehrer arbeiten. Zu ihnen gehört zum Beispiel Nikki Myer, die das Cityoga Center for Yoga and Health in Indianapolis, Indiana, leitet und dort auch Rehabilitationskurse anbietet.

Bei Ana Forrest reichte die Palette der Süchte einst von Alkohol und Nikotin bis zu Drogen und Magersucht. Mittlerweile lehrt sie Yoga als integrative Praxis, die Menschen dazu anregen soll, jene Dinge, die sie verhärten und krank machen, genau zu lokalisieren und mit Atemlenkung und Bewusstheit zu bereinigen, um sich frei und leicht auf der Erde zu bewegen.

Mit deformierten Beinen und entstelltem Körper auf die Welt gekommen, traumatisiert durch Süchte und Krankheiten, fand die in Kalifornien lebende Ana Forrest ihren Weg der Heilung, den sie inzwischen auf vielfältige Weise weitergibt: Sie lehrt ihren eigenen Yogaansatz im In- und Ausland und schreibt für das *Yoga Journal*, sie gründete das Forrest Yoga Institute in Santa Monica und die Forrest Yoga Educational Library, sie lehrt Chiropraktik an der Universität des Bridgeport College und führt akrobatische Āsana-Sequenzen auf Konferenzen und in Workshops vor – Ausschnitte ihrer Vorführung auf der Boston Yoga Conference sind auf ihrer Webseite (www.forrestyoga.com) zu sehen, wo sich auch das folgende Zitat findet: »Wenn Sie Yoga benutzen wollen, um emotionalen Schmerz zu heilen, müssen Sie herausfinden, an welcher Stelle in Ihrem Körper er sitzt, und lernen, Ihren Atem dorthin zu bringen. Ich lehre Yoga nicht, um den Leuten zu helfen zu transzendieren. Ich will, dass das Bewusstsein der Praktizierenden in ihrem Körper bleibt. Ich will ihnen im wahrsten Sinne des Wortes helfen, ihren Geist zu ›verkörpern‹ und nicht gespalten durchs Leben zu gehen.«[51]

Die Erfahrung, durch Yoga die eigene, von Abhängigkeit geprägte Krise überwunden zu haben, hat Nikki Myer und Ana Forrest dazu motiviert, die Umstände ihres persönlichen Wandels und die dadurch gewonnenen Erkenntnisse an jene weiterzugeben, die ihren eigenen Weg aus der Drogensucht heraus noch finden müssen. Ermutigend sind sowohl diese Beispiele als auch die Berichte der auf Drogensucht spezialisierten Yogalehrer.

3
YOGA UND TANZ

Chandralekha – neue Impulse für den modernen indischen Tanz

Als ich 1995 eine Vorstellung der Chandralekha Group im Berliner Haus der Kulturen der Welt besuchte, war ich bereits vor Beginn der Vorstellung in den Bann gezogen. Auf der noch unbeleuchteten Bühne praktizierten etwa zehn indische Tänzerinnen statische Yoga-Āsanas.

Es war meine erste Begegnung mit der Kunst der Choreografin Chandralekha, die zu den hundert wichtigsten Choreografen des 20. Jahrhunderts gehört. Chandralekhas »Mahakal – Invoking Times« beeindruckte mich nachhaltig und war im Grunde die Initialzündung für mein Interesse am Thema Yoga und Tanz, an ihrer gemeinsamen Basis sowie ihrer wechselseitigen konzeptionellen Inspiration, die in öffentliche Aufführungen mündet.

Im Programm-Flyer zu »Mahakal – Invoking Times« war unter anderem vom »Tanz der Zeit der Zeitlosigkeit« zu lesen und »wie dieser Tanz in jedem von uns im ›Dom unseres Bewusstseins‹ tanzt. Es heißt, es sei der tanzende Kosmos.« Neben der nachhaltig beeindruckenden außergewöhnlichen Choreografie mit Yoga- und Kampfkunstelementen gab es also in jenem Text zur Aufführung auch – teilweise poetische – Ausführungen der Künstlerin zu den Beweg- und Hintergründen der Aufführung.

In dem von Rustom Bharucha verfassten Buch *Chandralekha – Woman, Dance, Resistance*[52] finden sich neben biografischen Angaben über das bewegte Leben der einstigen Bhāratnāṭyam-Tänzerin und weltweit berühmten Choreografin Stationen ihrer künstlerischen Entwicklung, Ausführungen über die Tanzprojekte im Einzelnen und über die auf der Bühne deutlich sichtbare Kombination von Yoga und Tanz. »Man spürt förmlich die subtile Transformation des Yoga in den Tanz«[53], heißt es im Abschnitt »Homage to Sun«, in dem es um den Sonnengruß[54] geht.

Chandralekha

»Homage to Sun« war Chandralekhas erster Versuch, sich auf die Verbindungen zwischen Yoga und Tanz einzulassen, was sich schließlich in ihrer zweiten Produktion »Navagraha« (1972–1973) ausdrückte. Später kam als konkrete, im Buch benannte Inspiration die Yogahaltung *Cakravakāsana*[55] für das Tanzstück »Lilavati« hinzu, sowie in einer »Hommage an den Atem« die Feststellung, dass Prāna das Bindeglied zwischen Yoga und Bhāratnātyam beziehungsweise ganz konkret zwischen den Āsanas und den Adavus (Tanzelementen) ist.

Die Zeitschrift *ballett international/tanz aktuell* schrieb über die 1929 (nach anderen Quellen 1931) in Bombay geborene, seit mehreren Jahrzehnten in der südindischen Stadt Chennai (Madras) lebende Choreografin: »Was Chandralekha anstrebt, ist die Rückführung des indischen Tanzes aus himmlisch-göttlichen Sphären in die irdisch-menschlichen. Sie möchte die Kunst mit dem Leben verbinden: (…) Mit rein formalen Mitteln etabliert sie einen neuen Mythos des menschlichen Körpers, mit dem in der Liebe aufgehobenen Gegensatz von Frau und Mann als Zentrum des tänzerischen Universums.«[56]

In dem oben erwähnten Buch gibt es einen kurzen, aber eigentlich naheliegenden Hinweis auf Shiva als Natarāja, »König des Tanzes«, der auf dem Berg Kailash vor einem Publikum tanzt, etwas, das Chandralekha immer wieder jenen Traditionalisten unter den Yogameistern entgegenhält, die jegliche Interaktion zwischen Yoga und Tanz ablehnen und untersagen.

In einem mit »Die Wirbelsäule der Freiheit« betitelten Artikel[57] schreibt Chandralekha: »In meinem Fall glaube ich an den Tanz als ein ›Projekt‹, das die Wiedereinsetzung des Körpers und der Wirbelsäule ermöglichen kann, die für mich eine Metapher der Freiheit darstellt. Tanz ist für mich nicht Schaustellerei, Unterhaltung oder Virtuosität. Es geht eben nicht um Verführung oder Berückung, um Effekthascherei oder Exotismus. Für mich geht es beim Tanz ausschließlich darum, in einer immer brutaler werdenden Welt menschliche Energien wachzurufen und menschliche Würde zu befördern. (…) In ursprünglichen Kulturen gibt es keine Fragmentierung oder Begrenzung des Körpers. Der Körper gilt hier immer als Einheit – mit sich selbst, mit der Gesellschaft, mit dem Kosmos. (…) In einer solchen Weltsicht sind auch die Künste und Wissenschaften durch reichhaltige Querverbindungen wechselseitig verknüpft. Tanz, Musik, Architektur, Bildhauerei, Yoga, Heilkunde, Kampfkünste und Linguistik stehen nicht isoliert nebeneinander. Darin liegt die tiefere Bedeutung von ›Tradition‹: umfassend, ganzheitlich zu sein.«

Im Grunde lässt sich das so auch über Yoga sagen: Es geht darum, menschliche Energien wachzurufen und menschliche Würde zu befördern.

Das Tripsichore Yoga Theatre aus London

Für seine konsequenten Realisationen der Verbindung von Yoga und Tanz mit hohem künstlerischen Anspruch und Wert ist das Tripsichore Yoga Theatre aus London bekannt.

1979 von Edward Clark in Kanada als Punk-Ballett gegründet, wechselte Tripsichore fünf Jahre später nach England. Weitere acht Jahre vergingen, bevor aus dem Trainingselement Yoga für Tänzer ein choreografischer Schwerpunkt wurde. Das Wort Tripsichore ist übrigens von Terpsichore abgeleitet, der griechischen Muse der Chorlyrik und des Tanzes. Die Modifizierung zu Trip-sichore betont den Zustand des Unterwegsseins, der Bewegung. Und so ließe sich denn auch das Anliegen des Tripsichore Yoga Theatre wie folgt formulieren: Sich bewegen, um (bei anderen) etwas zu bewegen.

2006 hatte das Tripsichore Yoga Theatre drei Stücke im Repertoire und gastierte damit weltweit, vornehmlich in den USA. »Es ist zwar ziemlich ermüdend, zehn Stunden zu fliegen und dann aufzutreten«, so schrieb Edward Clark in einer an mich gerichteten E-Mail, »aber die Yogaszene dort genießt eine weit größere Popularität, als das hier in Europa der Fall ist. Yoga ist dort einfach ›hip.‹« 1998 gab es auch einen Auftritt des Tripsichore Yoga Theatre in Zinal in der Schweiz, wo jährlich im August der von der Union Européenne de Yoga veranstaltete »Internationale Yoga Kongreß« stattfindet. Seitdem fand jedoch kein weiteres Gastspiel auf dem europäischen Kontinent statt.

Edward Clark wies darauf hin, dass sich Yoga Dance doch deutlich von dem unterscheidet, was Tripsichore macht. Dieser Unterschied sei bedeutsam: »Wer Yoga Dance praktiziert, bringt meistens sich oder sein Selbst zum Ausdruck. Das Tripsichore Yoga Theatre dagegen nutzt orthodoxe Yogatechniken, um eine theatralische Form zu kreieren.«

Was dem Videomitschnitt des dreißigminütigen Stückes »Desert Grace Suite« zu entnehmen ist, unterscheidet sich in der Tat von herkömmlichen Yoga-Dance-Darbietungen. Es ist in weit höherem Maße eine Komposition, eine präzise choreografische Gestaltung, als das bei Yoga Dance der Fall ist. Zu diesem Eindruck trägt die eigens für die Aufführungen des Tripsichore Yoga Theatre komponierte Musik von Lagoonwest bei wie auch die stilisierte Kleidung der Tänzer und Tänzerinnen und die sparsam eingesetzten Lichteffekte.

»Desert Grace Suite« ist die Kurzfassung des doppelt so langen Stücks »Desert Grace«. Es setzt die Geschichte von Raj in Szene, einem Mann, der glaubt, dass er seinen Schatten nicht sehen kann.

Zu Beginn sieht man eine Frau auf einem Paar stehen, das die Haltung des nach unten schauenden Hundes (*adho mukha shvānāsana*) einnimmt. Zu anspruchsvollen Āsanas kommt die akrobatische Komponente hinzu. Die meisten der durch tänzerische Bewegungen verbundenen Āsanas werden förmlich zelebriert: in der Regel auf, unter oder neben dem Tanzpartner beziehungsweise der Tanzpartnerin. Die Atmoshäre ist von großer Ernsthaftigkeit und Akkuratesse geprägt, die Schwierigkeit von fließenden Variationen in verschiedenen Umkehrhaltungen lässt sich nur ahnen. Durch die Eleganz der Bewegungen wirkt alles leicht und selbstverständlich, es ist von jener Qualität, die im Yoga-Sūtra 2.46 gefordert wird: *sthirasukhamāsanam*, das heißt, die Haltung sollte gleichermaßen stabil und bequem sein.

Das dritte Stück im Repertoire von Tripsichore ist »Trips to Ecstasy«, das mehrere Stücke der vorangegangenen drei Jahre vereint, die um das Thema spiritueller Ekstase durch sinnliche Erkundung kreisen.

Auf dem Videocover von »Desert Grace Suite« formuliert Edward Clark das
Credo von Tripsichore wie folgt: »Viele alte Yogatexte räumen ein, dass sie etwas
zu beschreiben versuchen, was seinem Wesen nach unbeschreiblich ist. Dennoch
haben ihre Beschreibungen die Suchenden über Jahrtausende inspiriert. Wir bemühen uns um ein ähnlich unmögliches Kunststück – etwas nicht Darstellbares
darzustellen. Unsere Hoffnung ist, dass wir etwas von dem (leider noch zu ge-
ringen) Wissen, das wir uns angeeignet haben, mitteilen können und dass die
Leute sich davon für ihre eigene Suche inspirieren lassen.«

Wie sehr Yoga und Tanz wesensverwandt sind und wie viele Berührungspunkte
es offensichtlich zwischen beiden gibt, hat bereits das Beispiel von Chandralekha deutlich gemacht. Das Tripsichore Yoga Theatre ist ein weiterer, aus meiner
Sicht höchst eigenwilliger Beleg dafür – eher akrobatisch als künstlerisch ausge-
reift, eher fortgeschrittene Āsana-Praxis als Tanzdramaturgie.

Vielfältige Verbindungen und Assoziationen – Akram Khan, Virpi Pahkinen und andere

Trotz der Unterschiede, was Ausrichtung und Ziel angeht, sind Yoga und Tanz
vielfältig kombinierbar: meditativer Tanz oder Tanzen als Meditation (zum Beispiel Oshos Dynamische oder Natarāja-Meditation); Tanz, der als reine Yoga-
Āsana-Choreografie bezeichnet werden kann (zum Beispiel Tripsichore Yoga
Theatre London); Tanz mit Āsana-Elementen oder Assoziationen zur Yogapraxis
(zum Beispiel Chandralekha, Akram Khan, Virpi Pahkinen, Saburo Teshigawara);
Yoga-Āsana-Praxis mit tänzerischen Elementen (zum Beispiel Roswitha Maria
Gerwin, Kali Ray) und – last but not least – Yoga und Tanz innerhalb einer Un-
terrichtseinheit als *warming up* oder zum Stundenausklang (zum Beispiel Karin
Fuchs, Uma Krishnamurti).

Aktuelle Choreografen und Tänzer, die in Indien leben oder aus dem indi-
schen Kulturkreis stammen und Yogaelemente in ihren Arbeiten erkennen las-
sen, sind die akrobatisch orientierte Daksha Sheth Dance Company, der die
Zeitschrift *India Today* in der Aprilausgabe des Jahres 2001 einen mehrseitigen
Beitrag widmete, sowie der 1974 in London geborene Tänzer und Choreograf
Akram Khan, der vom klassischen Kathak-Tanz[58] herkommt.

Auf dem Internationalen Tanzfest in Berlin 2000 erregte Akram Khan durch seine Verbindung von Kathak und zeitgenössischem Tanz Aufmerksamkeit, und sein zwölfminütiges Solo »Loose in flight« lobte *Die Welt* anschließend für die »atemberaubende Intensität« und sprach von dem »Punkt, wo die Herkunft der Bewegung keine Rolle mehr spielt und nur noch die Auseinandersetzung mit Form und Struktur zählt«. Eben solche magischen Momente in den Aufführungen von Akram Khan ließen mich an die Praxis des Yoga denken; aber auch beim Resümee der *FAZ*[59] zur Aufführung Akram Khans dachte ich an Yoga: »Erstaunlich die Ruhe, mit der immer wieder die Mitte gesucht wird, bevor der nächste Wirbel losbricht.«

Drei Jahre später präsentierte Akram Khan das Solostück »Ronin«, klassischer Kathak-Tanz mit gleichzeitiger Rezitation aus der Bhagavad Gītā durch einen Sänger. Im Mittelpunkt dieser Tanzchoreografie steht Arjuna, der auf dem Schlachtfeld von Gott Krishna überzeugt wird, seiner Pflicht als Krieger nachzukommen und im Zuge dieser Pflichterfüllung auch seine eigenen Verwandten zu töten.

Anlässlich der Berliner Aufführung am 25. April 2003 hatte ich die Gelegenheit, Akram Khan vor seinem Auftritt zu interviewen. Auf sein aktuelles Stück bezogen sagte er, dass er in erster Linie ein Geschichtenerzähler sei und dass ihn als Muslim der Hinduismus fasziniere. Die Bhagavad Gītā sei für ihn allerdings kein heiliges, sondern ein historisches Werk, mit dessen kriegerischer Ethik er nicht übereinstimme; seine Aufgabe als Tänzer sei es, die darin enthaltene Geschichte auszudrücken.

Am Ende des Gesprächs bestätigte er meine Vermutung, dass sowohl seine klassischen Tanzstücke als auch modernen Choreogafien jeweils mit Yoga zu tun haben, denn er praktiziert regelmäßig Yoga, angeregt durch befreundete Tänzer, die aus Ashtānga-Yoga und Elementen des Tanztrainings eine eigene Übungspraxis entwickelt haben. Darüber hinaus ist stille Meditation für ihn wichtig. Die Yogapraxis erlaubt es ihm, seinen Körper auch in der Tiefe auszuloten und zu fokussieren.

Nach »Ronin« entstanden die Stücke »Ma« (in Anlehnung an eine Episode aus dem Mahābhārata) »Zero Degree« (2005) und »Sacred Monsters« (2006), allesamt zeitgenössische Stücke. Die letztgenannte Choreografie ist eine Zusammenarbeit mit der herausragenden Ballett-Tänzerin Sylvie Guillem. Gemeinsam ist beiden der Respekt vor der Tradition, mit der sie verbunden sind (Kathak

Akram Khan

und Ballett), sowie vor der Moderne, die sie mitgestalten. Die Auseinandersetzung mit den beiden Zeitepochen und die darin zum Ausdruck gebrachte Kör-
persprache prägen das Stück.[60]

Nicht unmittelbar, aber dennoch deutlich erkennbar ist die Verbindung oder zumindest die Assoziation zum Yoga – genauer: zu einer ganzen Reihe von Āsanas – in Aufführungen solcher Tanz-Ensembles wie des Cloud Gate Dance
Theatre und des Tai-Gu Tales Dance Theatre aus Taiwan oder des japanischen
Solotänzers Saburo Teshigawara. Der 1953 in Tokyo geborene Tänzer, Choreograf und Bühnenbildner Saburo Teshigawara setzte sich »die Kreation eines Tanzes der Luft« zum konzeptionellen Ziel und entwarf suggestive Tanzstücke, die
Slow-Motion und High-Speed, Kampfkunst und Entspannungstechniken miteinander dergestalt kombinieren, dass immer wieder ein Moment entsteht, »in
dem sich die physische Materialität in der Bewegung zu verflüchtigen beginnt«,
wie Michaela Schlagenwerth treffend schrieb.[61]
    Die aufwendigen Inszenierungen aus Taiwan haben dagegen eher meditati-
ven Charakter und bestehen aus konkreten Bildern und Stimmungen, so zum

Beispiel das Stück »Songs of the Wanderer« des Cloud Gate Dance Theatre mit Bergen von »goldenem« Reis, der in den Tanz mit einbezogen wird, oder einem Mönch, der anderthalb Stunden in Meditationspose auf der Bühne steht und auf den unentwegt Reis herabrieselt. Nach der Vorstellung im ausverkauften Berliner Haus der Kulturen der Welt blieb das Publikum – rund 2000 Menschen – minutenlang gebannt und still sitzen, ehe allmählich großer Beifall einsetzte. Bei Aufführungen in anderen Orten Europas, so war zu lesen, kam es zu ähnlich außergewöhnlichen Reaktionen.

Über den Auftritt der finnischen Solotänzerin Virpi Pahkinen im Rahmen des internationalen Tanzfestivals »Tanz im August« in Berlin schrieb der Kritiker des *Tagesspiegel:* »Verkauert hockt sie zu Beginn am Boden und beginnt ihren Körper zu entfalten. Sie verbiegt ihn zu yogaartigen bizarren Positionen, mischt Gesten hinein, die an traditionelle Tempeltänze erinnern. So präzise sie auch sein mag, mehr und mehr verflüchtigt sich ihre Choreographie in einen seltsamen Mystizismus.«[62]

Virpi Pahkinen

Was da zum Ausdruck kam, waren nicht nur die Vorbehalte und Abgrenzungen des Kritikers, da war auch die Ahnung, dass im Tanz von Virpi Pahkinen mehr steckte als in anderen Solodarbietungen und dass die Art, wie sie sich bewegte und mit welcher Energie sie sich ausdrückte, auf Yoga verwies.

Später, als ich herausgefunden hatte, wie und wo ich Virpi Pahkinen erreichen konnte, schrieb ich an das Management im *Dansens Hus* in Stockholm. Da die Managerin gerade verreist war, antwortete mir Virpi Pahkinen persönlich. Auf meine Frage zum Yogabezug schrieb sie: »Ende 1997 begann ich, Hatha-

Yoga zu praktizieren, die ersten beiden Jahre ziemlich unregelmäßig, später habe ich hier in Stockholm Ashtanga-Vinyasa praktiziert (bei Maria Boox und Lotta Bertilsson an der Södermalm Yogashala) und an Workshops mit Pattabhi Jois teilgenommen, in Lille 2000 und in Helsinki 2001. Momentan mache ich viel Ashtānga-Vinyasa. Als ich jünger war, hatte ich dafür nicht die Geduld und Ausdauer und wollte mit dem Tanzunterricht anfangen …«

Inzwischen sind ihre Erfahrungen mit Yoga in ihre Tanzstücke eingeflossen, sind Bestandteil ihrer Choreografien, was auch dazu führte, dass Virpi Pahkinen am 3. September 2005 auf dem vom BDY veranstalteten »Pranayama-Kongress« in Bensberg bei Köln auftrat. Zum Teil deuten bereits die Titel ihrer Choreografien auf den transzendenten Bezug hin: »Bardo 010«, »Prayer for the one whose trembling hands are still«.[63]

Bei der »Ladies Night« im Podewil, Zentrum für aktuelle Kunst in Berlin, bewegte sich Virpi Pahkinen mitunter amöben- und insektenhaft oder wie eine Außerirdische. Sie wirkte oft wie ein Wesen, das nicht von dieser Welt ist. Dass dies einen Kritiker (wie auch jeden anderen Zuschauer) mehr irritieren kann als eine nackte Frau, die sich zwanzig Minuten lang zu einem Textfragment von E. E. Cummings über Josephine Baker überhaupt nicht bewegt und dies dennoch Tanz nennt (Vera Mantero, die mit ihrem Stück die Ladies Night eröffnete), überrascht nicht.

Es entspricht den Sehgewohnheiten und Wertmaßstäben unserer Zeit und Gesellschaft, dass eine bemalte Nackte mit Glitzer-Make-up den meisten Mitmenschen näher ist als eine Tänzerin, deren Bewegungen traditionelle Tempeltänze und »seltsamen Mystizismus« assoziieren.

Die Auftritte der in den USA ansässigen Tanzgruppe The Yoga Garden Dancers würden den Kritiker des *Tagesspiegel* wohl ebenfalls ziemlich irritieren oder befremden. Diese 1992 von Gay White gegründete Gruppe besteht aus zehn Tänzern und Tänzerinnen und drei bis fünf Musikern; sie leben in Berkeley. Ihre Aufführungen beschreiben sie selbst als »energetisch, humorvoll und akrobatisch«, und ihr Credo lautet: »Unsere Berufung besteht darin, als Tanzgruppe solche Choreographien zu entwickeln und aufzuführen, die auf der uralten Praxis des Yoga basieren und Haltungen des Hatha-Yoga als Vokabular nutzen, um unsere Art Spiritualität auszudrücken. (…) Es geht um Haltungen, die handwerklich beachtlich sind, künstlerische Integrität haben und sich an ein breites Publikum wenden, während sie dem Wesen des Yoga, was Union bzw. Vereinigung bedeutet, treu bleiben.«

Gay White studierte Ende der siebziger Jahre am Naropa Institute in Boulder Choreografie, zehn Jahre später begann sie Yoga zu unterrichten und eine Verbindung zwischen beiden herzustellen, was sie »Yoga Movement« nennt. Aufgrund einer Tanzverletzung begann sie mit Hatha-Yoga als Weg der Heilung – ein geradezu klassischer Einstieg. Das B. K. S. Iyengar-Zitat auf ihrer Homepage[64] und der Hinweis, dass sie kürzlich nach Indien reiste, um bei Geeta Iyengar ihr Verständnis von Yoga zu vertiefen, zeigt, welchen Stil sie bevorzugt.

Auch die Fotos der Yoga Garden Dancers weisen auf das klassische Repertoire des Iyengar-Yoga: die Bogenhaltung (*ūrdhva-dhanurāsana*), der Handstand (*shayanāsana*), der Kopfstand (*shirshāsana*) mit Variationen und die Hand-zum-Zeh-Standhaltung (*utthita-hasta-pādangushtāsana*). Das Attribut »akrobatisch« in der Selbstbeschreibung der Company trifft da durchaus zu und ist auf einer Bühne sicher von hohem ästhetischem Wert.

Was all diese Aufführungen meines Erachtens eint, ist das hohe Maß an Selbst- und Körperbeherrschung, die Qualität von *sthirasukha* in fast allen Ausführungen und die Rücknahme des Ego als Basis der Inszenierungen.

Shiva Rea
und der Yoga Trance Dance

Keine Künstlerin im eigentlichen Sinne, wohl aber eine Lebenskünstlerin, die Yoga und Tanz zu etwas Eigenem und Eigenwilligem verbindet, ist Shiva Rea. Dank des Internets und einer ebenso informativen wie auch inspirierenden Homepage (www.shivarea.com) erfuhr ich schnell mehr über die in Malibu, Kalifornien, lebende Yoginī und Yogalehrerin, die auch regelmäßig für das *Yoga Journal* schreibt und mehrere CDs produziert hat. Ihren Namen erhielt sie von ihrem Vater, angeregt von einem kraftvollen Bild eines Natarāja. Dieser (große) Name war es auch, der sie im Alter von vierzehn Jahren dazu brachte, sich mit Yoga zu beschäftigen. Sie sah darin eine Möglichkeit zu verstehen, was es mit ihrem Namen auf sich hat.

Das Eigene, Besondere, das Shiva Rea seit 1994 entwickelt hat, ist *Yoga Trance Dance*. Eine kurze Definition umreißt dies als »eine hochenergetische Bewe-

© Peter Kagan

Shiva Rea

gungsmeditation zur Befreiung deiner schöpferischen Lebenskraft«.[65] Shiva Rea
beschreibt Yoga Trance Dance als eine Begegnung zweier großer Flüsse, die
beide von einer Quelle kommen und dort verbunden sind. Diese unendliche
schöpferische Quelle ist das Eine, das uns alle verbindet, die beiden Flüsse sind –
Yoga und Tanz. Diese sind Wege, um uns zurück in unseren Körper zu rufen,
um unser Dasein mit Lebensenergie zu durchspülen: Lebensenergie, die wir im
Yoga als »Prāna« bezeichnen. »Beim Flow[66] Yoga lassen wir die Intelligenz unseres Atems die Bewegungen leiten, so wie ein Seemann mit dem Wind segelt.
Trance Dance hat eine ähnliche Ausrichtung. Viel mehr als bei einer betont nach
außen gerichteten Vorstellung ist es Ziel des Trance Dance, dass sich die Lebensenergie durch uns hindurchbewegt, geführt vom Geist (*spirit*) oder auch *spiritus*,
der lateinischen Wurzel für Inspiration, jenem Bereich, in dem sich Lebensatem
und belebende Schöpfung treffen.« So weit Shiva Rea.[67]

Der tanzende Mahāyogi: Yogeshvara Shiva Natarāja

Der bereits zu Beginn des Kapitels im Kontext von Yoga und Tanz erwähnte Bezug auf Shiva als Natarāja, »König des Tanzes«, findet sich – natürlich!, möchte man bei diesem Namen fast sagen – auch bei Shiva Rea. Sie schreibt: »Das ganze Zusammentreffen von Yoga und Tanz hat tiefe Wurzeln innerhalb des Yoga selbst wie auch quer durch alle Kulturen. Innerhalb des Yoga sind alle unterschiedlichen Energien des Einen, der Götter und Göttinnen als tanzend dargestellt, und das Universum wird als der kosmische Tanz des Shiva Nataraja betrachtet.«[68]

Shiva als Natarāja steht in der Tanzkunst über all den Göttern; er ist Meister der 108 Tanzformen. Wie in den heiligen Schriften beschrieben, sind neun der Tanzarten des Natarāja wirklich berühmt.

Shiva als Natarāja,
Bronzeskulptur,
Indien, 20. Jh.

© ExoticIndia.com

Doch um das Konzept des Naṭarāja zu verstehen, müssen wir die Idee und das Konzept des Tanzes verstehen. Nitin Kumar[69] führt dazu Folgendes aus: »Genau wie Yoga bewegt Tanz etwas, er vermag Trance, Ekstase und die Erfahrung des Göttlichen herbeizuführen. Konsequenterweise blühte der Tanz in Indien Seite an Seite mit der Nüchternheit und der Enthaltsamkeit der Meditationsrefugien (wozu Fasten und komplett introvertiertes Verhalten gehörten). Von daher ist Shiva, der Erzyogi der Götter, nowendigerweise auch der Meister des Tanzes.«

Die ersten Darstellungen des Shiva als Naṭarāja sind Bronzeskulpturen aus Südindien, die auf das 10. bis 12. Jahrhundert datiert werden. In diesen Skulpturen stützt sich sein rechter Fuß auf eine sich bückende Figur, während sein linker Fuß angehoben ist. Eine Kobra gleitet von seinem rechten Unterarm, und auf seinem Scheitel befinden sich ein Halbmond und ein Schädel. Er tanzt innerhalb eines Bogens aus Flammen; es ist ein Tanz, der *Ānanda Tāndava* genannt wird – Tanz der Glückseligkeit.

Das Naṭarāja-Bildnis zeigt Shiva mit vier Händen und zwei Beinen in Tanzposition stehend. Er hält eine Trommel (*damaru*) in der oberen rechten Hand und Feuer in seiner linken. Die untere rechte Hand befindet sich in der Stellung des *Abhaya-Mudrā* (schutzgebende Geste und Zeichen von Furchtlosigkeit). Die linke Hand weist auf den erhobenen linken Fuß. Sein linker Fuß steht auf dem Dämon Apasmāra. In der Regel wird diese bildliche Darstellung von einem Feuerkreis umgeben. Shiva tanzt jeden Abend, um die Leiden der Lebewesen zu lindern und um die Götter zu unterhalten, die sich am Kailash-Berg einfinden.

Shivas Tanz symbolisiert einen unaufhörlichen Prozess von Schöpfung, Erhaltung und Zerstörung. Die Trommel repräsentiert den Schöpfungston, und das Feuer (*pralayagni*) versinnbildlicht die Flammen, die am Ende eines Weltenzyklus (*kalpa*) die manifeste Welt zerstören, und so ist ein weiterer Name für Shiva *Pralayakāra*, das heißt: Auflösung verursachend.

Naṭarājas dritte und vierte Hand, die Segen, Wohltaten und Schutz gewähren, wenden sich an die Anhänger und ermuntern sie, Schutz zu den Füßen des Herrn zu suchen. Wer sich vollständig überantwortet, hat nichts zu befürchten. Der Dämon, auf dem Shiva steht, symbolisiert die Unwissenheit, die uns unser Gleichgewicht und unsere Bewusstheit verlieren lässt. Shivas Tanz führt uns zu einem Himmel der Seligkeit, in dem sich das Ego auflöst und wir Frieden finden. In seinem Tandava-Tanz[70] zerstört Shiva den Dämon der Unwissenheit zum Wohl der Anhänger, die sich ihm ganz hingeben. In jedem Herzen tanzt er.

Shivas Tanz repräsentiert den Herzschlag. Er wird auch Chidambaresha genannt, was so viel wie »Herr am Firmament des Bewusstseins« bedeutet.

In *Der Weg des Yoga – Handbuch für Übende und Lehrende*[71] wird am Ende des Abschnitts »Gleichgewichtshaltungen am Beispiel von Shivas Tanzhaltung« (*natarāj-āsana*) der Indologe Heinrich Zimmer[72] zitiert: »Wie Yoga führt der Tanz einen Trancezustand herbei: Ekstase, Erlebnis des Göttlichen, Realisierung der eigenen verborgenen Natur und endlich Verschmelzung mit dem göttlichen Sein … Tanzen ist ein schöpferischer Akt. Es schafft eine neue Situation und zitiert in den Tänzer eine neue und höhere Persönlichkeit hinein. … Auf universeller Skala ist Shiva der kosmische Tänzer. In seiner ›tanzenden Offenbarung‹ (*nritya-murti*) versammelt er die ewige Energie in sich und bringt sie zugleich zur Manifestation.«

Es ist nicht nur so, dass Shiva sowohl den Tanz als auch – als *Yogadakshina-mūrti* – den Yoga repräsentiert, sondern auch die nach ihm benannteHaltung Natarājāsana ist zugleich Tanz- wie auch Yogahaltung und in beiden Fällen eine Gleichgewichtsübung.

Der Zusammenhang und die gemeinsame Basis lässt sich in einem Satz zusammenfassen: »Tanz und Meditation sind zwei unterschiedliche Wege zu Ekstase, geistiger Wiedergeburt und Vereinigung mit dem Absoluten.«[73]

Natarāja-Skulptur am Gangaikonda-cholishvara-Tempel in Gangaikonda-cholapuram, Tamil Nadu

© Mathias Tietke

4
YOGA IM INDIEN DER GEGENWART

»Same, same, but different«, so lautet eine in Indien geläufige Redewendung. Sie wird auf alle möglichen Situationen angewendet, zumeist aber im Gespräch mit ausländischen Touristen oder bezogen auf sie. Gleich, gleich, aber unterschiedlich – so nehmen viele Inder die Menschen aus dem Westen wahr, und so wollen sie selbst auch wahrgenommen werden. Vergleicht man den Yoga, wie er im Westen vermittelt wird, mit dem Yoga in Indien, der durch den im Westen stattfindenden Yogaboom nun ebenfalls eine zweite Renaissance erfährt, so trifft diese Aussage präzise den Status Quo: Same, same, but different.

Das Spektrum des Yoga im heutigen Indien entspricht zwar dem Spektrum in Europa, geht aber durch die religiösen Anbindungen noch darüber hinaus, denn extreme Asketen (*tapasvin*) und ausschließlich in Höhlen lebende Eremiten, nackte Gotteskrieger und für Jahre im Schweigen (*mauna*) lebende Weltentsagende wird man in der Regel nur in Indien antreffen. Jede Reise nach und durch Indien ist zugleich auch eine Zeitreise.

Was Sinn und Zweck des Yoga betrifft, geht es jedoch hier wie dort im Wesentlichen um Dasselbe. Zudem werden in Indien wie im Westen die gleichen Āsanas und Prānāyāmas geübt – schon allein deswegen, weil die ursprünglichen Impulse bislang fast immer von indischen Yogalehrern ausgingen. Und dennoch gibt es, durch die unterschiedlichen Kulturen bedingt, gravierende Unterschiede, die zutage treten, wenn man sich längere Zeit in Indien aufhält und sich auf Land und Leute einlässt, insbesondere auf Yogaunterricht unterschiedlicher traditioneller Anbindungen. Die Unterschiede liegen im allgemeinen Verständnis von Yoga, im Zeit- und Kostenfaktor, in der Stellung der Frau, im Wert des Designs und in der Relevanz von Lehrbefähigungsdiplomen. Im Folgenden soll auf die einzelnen Punkte näher eingegangen werden.

© Mathias Tietke

Meditierende am Ufer des Ganges in Rishikesh

Worin sich Yoga in Indien
von Yoga im Westen unterscheidet

Das Yogaverständnis

Die Unterschiede zwischen den in Indien vorherrschenden Yogakonzepten und den Yogastilen und -schulen des Westens sind zahlreich. Dazu zählt beispielsweise auch das Verständnis von Yoga an sich: Im Westen wird Yoga nahezu ausschließlich mit Hatha-Yoga gleichgesetzt, der vom Körper ausgeht und die (anstrengende) Arbeit mit diesem in den Mittelpunkt stellt. Ergänzt wird diese Praxis mitunter durch Rāja- oder klassischen Yoga, womit die Auffassungen, die im Yoga-Sūtra des Patañjali (siehe Kap. 7) zum Ausdruck kommen, gemeint sind. In Indien hingegen sind auch der Yoga der Erkenntnis bzw. Yogaphilosophie (Jñāna-Yoga) und Bhakti-Yoga, der Yoga der bedingungslosen Hingabe und Liebe zu Gott Krishna, einer Inkarnation von Gott Vishnu, verbreitet. Diese Formen sind an die Religion des Hinduismus gebunden und beziehen sich vorrangig auf die Bhagavad Gītā, einen der bedeutendsten Texte Indiens. In der Bhagavad Gītā verspricht Krishna himmlische Belohnung, wenn religiös determinierte Vorgaben befolgt werden. Dazu gehören die zentralen Werte der Pflichterfüllung (*svadharma*; was auch die Akzeptanz des Kastensystems beinhaltet) und Gleichgültigkeit gegenüber den »Früchten« des eigenen Tuns sowie gegenüber Lohn und Anerkennung. Der Bezug des Yoga auf die Bhagavad Gītā ist jedoch nicht unproblematisch, daher im Folgenden ein kurzer Exkurs zu diesem Thema:

Vanamali Gunturu schreibt über die Bhagavad Gītā: »Im Mittelalter gab es eine Kontroverse darüber, was eigentlich diese Schrift lehre. Lehrt sie den Nicht-Dualismus, wie Shankaracarya sie ausgelegt hatte, oder den Dualismus, den die anderen Philosophen nach ihm bemüht waren zu zeigen? (…) Tilak behauptete, ihre Botschaft sei die Anwendung von Gewalt im Dienst der Gerechtigkeit. (…) Gandhi dagegen war der festen Überzeugung, das gewaltloser Aktionismus die eigentliche Botschaft der Bhagavadgītā sei.«[74]

Die Schwierigkeit im Umgang mit der als »heilige Schrift« bezeichneten Bhagavad Gītā besteht darin, dass sie konträre Ansichten enthält. So sind viele Textstellen geeignet, sie als Grundlage für eine klare Aussage mit einer Bewertung zu verwenden; aber auch eine entgegensetzte Aussage ließe sich mit Textpassagen aus der Bhagavad Gītā legitimieren. Zudem lassen sich nahezu alle eindeutigen Aussagen dadurch relativieren, dass man ihnen rein symbolischen Wert zumisst und »eigentlich« eine vergleichbare psychologische Ebene oder die Götterwelt gemeint ist.

Nun möchte ich auf weitere Unterschiede zwischen der Yogapraxis in Indien und im Westen eingehen, deren gemeinsame Basis ein körperorientiertes Yogaverständnis ohne Anbindung an die Religion des Hinduismus ist.

Der Zeitfaktor

Die feinen, aber doch recht deutlichen Unterschiede beginnen schon bei den Übungszeiten und der Übungsdauer. Nicht selten beginnt die erste Übungseinheit in Indien sehr früh am Morgen, oft vor Sonnenaufgang und selten nach acht Uhr. Dies ist eine verständliche Regelung bei Temperaturen, die schnell 30 Grad Celsius und mehr erreichen. Und entsprechend dem ganz anderen Zeitverständnis in Indien sind Yogakurse nicht auf sechzig oder neunzig Minuten Unterricht festgelegt, sondern dauern so manches Mal auch zwei oder drei Stunden.

Der Kostenfaktor

Wer im Westen qualifizierten Yogaunterricht erleben möchte, wird dafür (nach einer Probestunde) einen feststehenden Betrag zahlen und bei ernsthaftem Interesse einen langfristigen Vertrag mit obligatorischen Monatsbeiträgen eingehen. Diese Regelung gibt es in Indien selbstverständlich auch, aber zugleich sind zwei deutliche Abweichungen üblich. Zum einen zahlen Ausländer deutlich mehr als Inder und werden häufig separat unterrichtet; zum anderen verlangen einige Einrichtungen keinerlei Gebühr und überlassen es den Schülern, je nach Einkommen zu spenden, um den Unterricht und die Räumlichkeit zu gewährleisten. Dies geschieht nicht in der hierzulande gelegentlich anzutreffenden Form der Spende mit fest vorgegebenem Betrag, um die Zahlung von Steuern zu umgehen, sondern ohne entsprechende Vorgaben und Hinweise. Es obliegt allein dem Schüler, über Höhe und Zeitpunkt einer Spende zu entscheiden.

Die Stellung der Frauen

Während in Europa der Anteil der Frauen in den Yogakursen und auch als Unterrichtende seit Jahren nahezu konstant bei etwa achtzig Prozent liegt, sind indische Frauen als Schülerinnen selten und als Yogalehrerinnen praktisch gar nicht präsent. Unabhängig davon, welcher Yogastil und in welcher Yogatradition unterrichtet wird: Den Ton geben stets Männer an, egal ob der Yogakurs in einem Ashram, in einer Yogaschule oder in einem Institut stattfindet oder ob privat unterrichtet wird. Dies entspricht dem in Indien vorherrschenden traditionellen Rollenverständnis. Die Strukturen sind patriarchalisch und streng hierarchisch; lediglich in den Großstädten und im Süden Indiens gibt es gelegentlich Anzeichen für einen Wandel und größere Offenheit.

Das Design

Die Räumlichkeiten, in denen Yoga in Indien unterrichtet wird, sind zumeist ebenso schlicht und einfach, wie es die Einrichtungsgegenstände im Raum sind. Einen Empfangstresen mit Guru-Galerie und Wohlfühldrinks, Anmeldeformulare für die angeschlossene Sauna und Massageoase und auch eine Yogahilfsmittel- und Yoga-Accessoires-Boutique wird man vergeblich suchen. Stattdessen wird man einen Teppich- oder Steinboden vorfinden, darauf dünne Latex- oder Baumwollmatten, denen man den häufigen Gebrauch ansieht, und ringsum leere, schmucklose Wände – in der Summe mehr achtsame Präsenz als schöner Schein, mehr auf das Notwendige beschränktes Sein als kostenintensives Design: hervorragende Voraussetzungen für die nach innen gerichtete Selbst- und Körpererfahrung.

Autorisierung und Lehrbefähigung

Yogalehrende im Westen weisen stets auf ihre Zugehörigkeit zu verschiedenen Vereinen und Verbänden und ihre durch entsprechende standardisierte Ausbildungen erworbenen Qualifikationen hin und legitimieren so ihre Lehrtätigkeit gegenüber Interessenten und kostentragenden Krankenkassen. Im Gegensatz dazu gibt es trotz immenser Bürokratie, die der deutschen keineswegs nachsteht, sondern sie sogar noch übertrifft, in Indien keinen Yogaverband, der einheitliche Ausbildungsstandards oder Qualifikationen regeln würde. Jeder Yogalehrer legitimiert sich durch sein Können oder durch den Ruf der Einrichtung, in der er Yoga weitergibt oder ausgebildet wurde, sei es ein traditioneller Ashram oder eine moderne Yogatherapieeinrichtung. Die Nachteile dieser freien Handhabung sind qualitativ sehr unterschiedliche Abschlüsse und oftmals unzureichende didaktische Kenntnisse und Fähigkeiten. Daraus ergibt sich insbesondere für Besucher aus dem Ausland die Notwendigkeit, versuchsweise bei verschiedenen Schulen und Lehrern zu praktizieren, um in Erfahrung zu bringen, was eine bestimmte Einrichtung oder einen bestimmten Yogalehrer qualifiziert.

Die Yogahochburg Rishikesh – ein Erfahrungsbericht

Essenziell für Yoga ist das persönliche, praktische Erleben von Anstrengung und Entspannung, das Erfahren eines nach innen gerichteten Prozesses, von Klarheit und innerem Frieden, aus dem heraus auch Unabhängigkeit erwächst. Unter welchen Bedingungen und Umständen dies konkret im Indien der Gegenwart vermittelt wird, lässt sich am besten durch eigene Erfahrung nachvollziehen.

Rishikesh liegt an den Ausläufern des Himalaya in der nordindischen Garhwal-Region (Uttar Pradesh) und ist seit Jahrzehnten für seine zahlreichen Ashrams und Yogazentren berühmt. Der Ort wird auch als »Welthauptstadt des Yoga« bezeichnet. Vor fünfzig Jahren war Rishikesh noch Refugium für wenige und meist ernsthaft Suchende; ab Ende der sechziger Jahre wurde es dann durch die Anwesenheit der Beatles und anderer Prominenter aus dem Musik- und Showbusiness zunehmend zu einer magischen Anlaufstelle für Hippies und Touristen aus aller Welt. Lange Zeit gingen die Signale in Bezug auf die Bedeutung und Praxis des Yoga von Rishikesh aus.

Vedānta und hinduistischer Götterglaube wurden seit den siebziger Jahren zunehmend als universell rezipierbare Werte vermittelt – unter anderem durch Swamis, die von Rishikesh ausgehend in jene Teile der Welt entsandt wurden, wo die Menschen wohlhabend, aber dennoch unzufrieden sind, um jenen Menschen des Westens Sein (*sat*), Bewusstsein (*cit*) und Freude (*ānanda*) zu bringen.

Mittlerweile hat sich Rishikesh zu einem lauten, von Touristen überlaufenen Ort entwickelt, in dem die Natur kontinuierlich durch zunehmende Motorisierung und zahlreiche Neubauten zerstört wird. Der Charakter der einstigen Yogahochburg hat sich dadurch deutlich gewandelt: Wo es einst still und spirituell zuging, ist es heute laut und kommerziell. Aber noch immer sind Spuren authentischer Yogapraxis zu finden.

Warten auf Sri Sri Ravi Shankar

Rishikesh, Dienstag, 30. März. Den Spaziergang zur Laxman Jhula, einer 1929 errichteten Hängebrücke über den Ganges, verbanden wir mit der Suche nach dem Kriyā-Yoga-Ashram[75] von Swami Shankaranand Giri, dessen Fahrzeug am Tag unserer Anreise kurz hinter Delhi defekt am Straßenrand gestanden hatte und den wir eingeladen hatten, mit uns nach Rishikesh zu fahren. Nach eigener Aussage hatte er in Rishikesh seit kurzem einen zweiten Ashram, während sich der Hauptashram im südindischen Bubaneshwar befand. Der neue Ashram war auch in Shankaranands Buch »Kriya Yoga Darshan« verzeichnet, das er mir am Ende der Fahrt überreicht hatte. Trotz wiederholten Nachfragens erhielten wir jedoch keinerlei Hinweis, wo sich dieses Anwesen befand, und konnten der Sache auch nicht weiter nachgehen, denn wegen eines plötzlich auftretenden Magen-Darm-Problems mussten wir auf die Schnelle zu unserer Unterkunft im Omkarananda Guesthouse fahren. Ich vermute, dass Cola mit Eisstücken die Ursache für unser Problem war.

Unser Versuch, am Nachmittag den einst von Maharishi Mahesh Yogi gegründeten Ashram zu betreten, in dem immer noch Transzendentale Meditation vermittelt wird, scheiterte − wie vier Jahre zuvor − am uniformierten Wachposten mit Bambusschlagstock. Eine Begründung war ihm nicht zu entlocken. Wir kamen mit drei Frauen aus Bombay ins Gespräch, die dieses Zutrittsverbot nicht kannten und auch nicht verstehen konnten. Sie, die den Ashram gerade besucht hatten, trösteten uns, dass das Gelände ziemlich verkommen sei und nichts Sehenswertes zu bieten habe. Die Frauen empfahlen uns, stattdessen Kontakt mit Sri Sri Ravi Shankar aufzunehmen, dem Gründer der »Art of Living Foundation« und zu dieser Zeit Gast in einem benachbarten Ashram.

Ein halbes Jahr vorher hatte ich in der Zeitschrift *Esotera* einen Artikel über ein neu eingerichtetes Meditationszentrum, die »Art of Living Foundation« in Bad Antogast, und ein kurzes Interview mit Sri Sri Ravi Shankar gelesen. Das Besondere dieser Art-of-Living-Bewegung hatte sich mir nicht erschlossen. Die in der Zeitschrift vermittelte zentrale Botschaft von Sri Sri Ravi Shankar lautete »bedingungslose Liebe«, und er empfahl darüber hinaus eine spezielle reinigende Atemtechnik.

Wir gingen also zu diesem Ashram mit gepflegter begrünter Außenanlage und nahmen Kontakt mit dem Sekretariat auf. Eine Begegnung sei möglich, wurde uns gesagt. Eine Stunde später sollten wir wiederkommen. Trotz praller Sonne machten wir einen Spaziergang durch die Swarg-Ashram-Gegend und kehrten nach einer Stunde zurück. Wir warteten eine gute halbe Stunde stehend, ohne dass sich irgendetwas tat. Als wir uns schließlich in Richtung Ausgangspforte bewegten, waren die Frauen aus Bombay sogleich zur Stelle, um uns zu ermutigen, dass wir doch gleich mit dem Meister Kontakt haben könnten. Also warteten wir weiter, ohne dass etwas passierte.

Da uns Sri Sri Ravi Shankar nicht wirklich interessierte, beschlossen wir zu gehen. Genau in diesem Moment bewegten sich Mitarbeiter des Sekretariats wie auch wartende Inder schnellen Schrittes zu einer Tür des Nachbargebäudes, aus der Sri Sri Ravi Shankar heraustrat, umgeben von weiß gekleideten Anhängern. Er verbeugte sich nach links und rechts und schritt mit einem Begleiter rasch zum Auto, das an einem Nebeneingang wartete. Mit seinen langen dunklen Haaren, dem Vollbart und dem offenen Gesicht kam er mir wie Jesus vor, auch in der Art, wie er von Jüngern und Ratsuchenden umgeben war. Von außen betrachtet, mussten wir den Eindruck geduldiger Anhänger aus Deutschland erwecken. Doch im Grunde hatten wir uns zu etwas drängen lassen, das gar nicht unserem eigenen Impuls entsprach. Vielleicht funktionieren Glaubensgemeinschaften und religiöse Gruppen in dieser Weise: durch eine Art Inszenierung, die den Ruf und die Aura des einen aufwertet, während alle anderen zur Gefolgschaft werden.

Am Abend saßen wir – ohne spezielle Einladung oder irgendein Drängen – auf dem flachen Dach des Sri Rama Ashrams nahe der Laxman Jhula. Auf Flyern hatten wir die Ankündigung zum »Full Moon Concert« gelesen und erfahren, dass »Mr. Shah« Sitar spielen würde. Mr. Shah leitete die örtliche Musikschule und spielte an diesem Abend zusammen mit seinen Schülern. Das Auditorium bestand überwiegend aus westlichen Besuchern, was möglicherweise daran lag, dass Eintrittsgeld verlangt wurde – für westliche Verhältnisse ein geringes Entgelt, für Inder mehr als ein Tagesverdienst.

Mr. Shah spielte die Sitar virtuos; die Atmosphäre war einzigartig. Der über die Berggipfel wandernde Vollmond illuminierte das Geschehen auf dem Dach und den nah vorbeifließenden Ganges. Was für ein Auftakt! Bei der Hinreise die Begegnung mit dem Yogi Shankaranand Giri und jetzt, am zweiten Tag, ein Sitarkonzert unter freiem Himmel mit einer Kulisse, wie sie kein noch so guter Bühnenbildner kreieren könnte!

Ein Swami in der Poststelle des Sivananda-Ashrams

Rishikesh, Donnerstag, 1. April. Zum zweiten Mal auf der Suche nach Swami Shankaranand Giri, dem Kriyā-Yogi, aber weder an der Ram Jhula noch an der Laxman Jhula gab es einen Hinweis auf seinen Ashram oder seine Person.

Liegt sein Ashram derart im Verborgenen, dass selbst Ortsansässige ihn nicht kennen? Vielleicht soll dieser Ashram erst noch entstehen, und die Einladung bezog sich auf das Domizil in Bubaneshwar?

Um zwölf Uhr mittags traf ich Swami Hamsananda in der Poststelle des Sivananda-Ashrams. Swami Hamsananda war ein kleiner, freundlicher Mann von etwa siebzig Jahren mit einigen Zahnlücken. Er war für die Post des Sivananda-Ashrams verantwortlich und hatte Swami Sivananda persönlich gekannt. Ich setzte mich ihm gegenüber auf den Boden. Da mir das philosophisch geprägte Gespräch mit Swami Abhedanand, den ich am Vortag in Haridwar kennen gelernt hatte, noch präsent war, bezog sich meine erste Frage auf die Unbeständigkeit aller Erscheinungen. Warum, so fragte ich Swami Hamsananda, sind in Anbetracht der Unbeständigkeit, im Wissen um *Māyā*, um den illusionären Charakter aller materiellen Phänomene, spezielle Kleidung, Stirnmale und Rituale wichtig? Wäre es im Sinne des *Advaita* nicht konsequent, auf all die äußeren Symbole zu verzichten?

Die Antwort von Swami Hamsananda war kurz und bündig: »Das Äußere hat stets Einfluss auf das Innere, es färbt sozusagen ab.« Meine Frage nach dem Yogaverständnis von Sivananda bzw. wofür die »Divine Life Society« steht, beantwortete Swami Hamsanand mit der für die indische Spiritualität typischen Toleranz:

»Spiritualität ist offen für jeden«, sagte er. »Es gibt keine falschen Wege. Wenn du einen Berg besteigst, wirst du feststellen, dass es viele Wege gibt, zum Ziel zu kommen. Spiritualität bedeutet, Kontakt zu haben mit Gott.«

Und was ist, wenn jemand Gott nicht spürt oder keinen Draht zu ihm hat? Swami Hamsananda, der die ganze Zeit Briefe sortierte und mit Marken beklebte, lachte: »Ist die Sonne nicht da, wenn sie von Wolken verdeckt ist?«

Beim Stichwort Karma führte er Gandhi an, dessen Karma es war, zweierlei Waffen einzusetzen: Satyagraha, den Kampf um Wahrheit, und Ahimsā, die vollkommene Gewaltlosigkeit. »Aber was ist das für ein Gott, der ebenso jede Art von Gewalt zulässt?«, fragte ich Swami Hamsananda zuletzt. »Die Gewalt kommt nicht von Gott«, sagte er. »Gewalt rührt vom Egoismus des Menschen her. Wo der Egoismus aufhört, gibt es keine Gewalt.«

Als ich Swami Hamsananda für das Gespräch dankte, gab er mir eine Broschüre über Sivananda und die Divine Life Society und – ein paar Bonbons. Ich fand diese Geste nett, gab die Bonbons draußen dennoch weiter an Kinder, die gerade die Hand aufhielten.

Am Abend begegnete uns der *Godsong*-Sänger auf der Straße, ein hagerer, älterer Mann mit einem freundlichen Lächeln. Er betonte, dass er keine Unterhaltungslieder singen würde, sondern »God Songs« (»Gotteslieder«), selbst komponiert und getextet. Wir waren ein offenes, auch zahlungswilliges Publikum und ließen ihn eines seiner Lieder vortragen. Er räusperte sich einige Male und begann: »God ist great, Im playing the trumpet, God is great, I pray and say that God is great.« (»Gott ist groß, ich spiele Trompete, Gott ist groß, ich bete und sage, dass Gott groß ist.«) Er freute sich über die Münzen, die wir ihm gaben, und wollte gleich ein weiteres, natürlich selbst komponiertes Lied zum Besten geben, aber wir waren mit einem Song zufrieden. »Next time next one. Good night and Namasté!«

Konträre Erfahrungen mit Iyengar-Yoga

Rishikesh, Freitag, 2. April. Frühmorgens im Yoga Study Centre, das vom Chef eines kleinen Reisebüros an der Hauptstraße empfohlen worden war, vorrangig wegen des Gründers und Leiters dieser Einrichtung, dem Yogalehrer Rudra Dev Gowda. Warum das Yoga Study Centre in keinem relevanten Reiseführer erwähnt wird, obwohl es bereits fast zwanzig Jahre existiert, ist für mich nicht nachvollziehbar. Anders als die meisten Ashrams, die abgelegen im vergleichsweise idyllischen Ortsteil Muni-ki-reti und in der verkehrsfreien Swarg-Ashram-Gegend liegen, befindet sich das Yoga Study Centre am Stadtrand von Rishikesh, zwischen dem Ganges und der Hauptverkehrsstraße nach Haridwar.

Wir sollten Unterricht bei Shivkumar, dem jüngeren Bruder und Assistenten von Rudra Dev, haben. Das Erste, was auffiel und anders war als im Yog Niketan Ashram und dem dortigen Yogaunterricht des Goldmedaillengewinners (siehe S. 99), war die hohe Zahl der Teilnehmer und die starke Präsenz von Inder(inne)n neben all den westlichen Übenden. Ein weiterer Unterschied war der hier praktizierte Iyengar-Stil. Dieser legt den Schwerpunkt auf Stand- und Umkehrhal-

Erste Hilfe durch Yoga –
Mohan, Baba und dessen Vater (oben) am Straßenrand von Rishikesh

Rechte Seite:
Yogaklasse im Yoga Study Centre Rishikesh

tungen, den Einsatz von Hilfsmitteln wie Holzklötze und an den Wänden befestigte Seile, auf die Trennung von Āsanas und Prānāyāma (Atemübungen) sowie den harten Drill (sowohl verbal als auch durch die physische Übungspraxis) im Umgang mit den Schülern. Yoga nach B. K. S. Iyengar war zwar nicht gerade die von mir bevorzugte Methode, dennoch ließ ich mich darauf ein.

Der Raum war gut gefüllt, etwa dreißig Frauen und Männer, Inder und Praktizierende aus dem Westen waren anwesend. Der Unterricht begann mit dem Rezitieren einer Sanskrithymne im Lotossitz. Wohl wurden die klassischen Iyengar-Standhaltungen geübt und auch Hilfsmittel (Props) wie Decken, Bänder und Stühle benutzt, dennoch waren die Übungen fordernd und auf Dauer richtig anstrengend. Der Unterricht wich vom üblichen Iyengar-Schema ab, denn wir begannen mit Sitzhaltungen, zuletzt Sitzen zwischen den Unterschenkeln, Rückwärtsbeugen aus dieser Position unter Zuhilfenahme von Decken als Polster, dann erst kamen verschiedene Standhaltungen hinzu, insbesondere Drehungen aus der Dreieckshaltung (trikonāsana) heraus. In der zweiten Stunde übten wir Prānāyāma mit vorgegebenen Atemzügen, -pausen und -rhythmen. Nach rund zwei Stunden intensiven Unterrichts verwies Shivkumar auf eine andere Art Yoga. »Jetzt werden wir etwas Karma-Yoga zusammen machen«, sagte er und forderte alle Teilnehmer auf, sich draußen am Unkrautjäten und Säubern des Innenhofes zu beteiligen. Eine gute Gelegenheit, andere Teilnehmer kennen zu lernen und Kontakte zu knüpfen. Ein Grüppchen aus Belgien war dabei, Engländer, Japanerinnen und Deutsche; Anfänger ebenso wie Fortgeschrittene.

Ich erinnerte mich an den Aufenthalt in Rishikesh vor vier Jahren und an den Yogaunterricht im Omkarananda-Ashram, der direkt am Ganges liegt und von westlichen Praktizierenden bevorzugt wird. Lehrerin und Leiterin war Usha, eine Schweizerin, deren blinder Mann spiritueller Kopf dieser Einrichtung war und deren langhaariger Sohn Siddharta hieß.

Der Unterricht in dem relativ kleinen Raum war anstrengend, die Art des Unterrichtens angestrengt. Zittern und Erschöpfung ringsum. Nachgeben in der Haltung wurde nicht geduldet, Alternativen wurden nicht angeboten. Der Umgangston entsprach dem auf einem Kasernenhof. Jemand wurde beim Kaugummikauen erwischt und auf das Schärfste gemaßregelt: »Noch ein Verstoß, und du verlässt den Raum!« Nach einer Reihe von Standhaltungen wurden die Standhaltungen wiederholt, und anschließend ging es weiter mit Standhaltungen, bei denen Hilfsmittel wie Stuhl, Gurt und Block genutzt wurden. Yoga grausam. Meine Vorstellung von Yoga war eine andere. Aber ich übte Disziplin und nahm mir fest vor, mindestens eine Woche durchzuhalten. Am Abend kamen mir dann doch Zweifel, was mir diese Yogapraxis außer Muskelkater bringen sollte, auch verstand ich nicht, was das mit *Sthirasukhamāsanam* zu tun haben sollte. Weder in den Haltungen noch im Unterrichtskonzept sah ich Festigkeit, Stabilität und Angenehmes. Im Verlauf des Abends rebellierten dann auch noch Magen und Darm. Damit hatte sich der weitere Besuch erübrigt.

Wieder in der Gegenwart: Mehrfach schon waren wir am »First Aid Center« vorbeigegangen. Heute wollte ich wissen, was für Leute das waren, die da am Straßenrand unter einer alten, am Rand zerfetzten Plane »Erste Hilfe« mit Yoga anboten. Das Team bestand aus drei Personen: Im Mittelpunkt stand Baba, ein Yogalehrer aus Delhi, der kein Wort Englisch verstand und deshalb von Mohan aus dem Punjab übersetzt wurde. Mohan erinnerte mich an den Jamaikaner Bob Marley. Über den beiden wachte der Vater von Baba, ein zahnloser Greis. Zunächst wurde uns Milchtee serviert. Im Verlauf der Unterhaltung mit Mohan erzählte Thomas, mein mitreisender Schulfreund, von seinem Rückenleiden im Lendenwirbelbereich, was den Baba aus Delhi herausforderte. Er zeigte Thomas wortlos einige Āsanas, die dieser täglich ausführen sollte, damit sein Rücken wieder in Ordnung kam. In der Rückenlage die angewinkelten Beine abwechselnd zum Oberkörper ziehen und auch den Drehsitz hielt er für eine geeignete therapeutische Übung, ohne jedoch auf die dringend erforderliche Vorbereitung durch Aufwärmung, vorherige Aufrichtung der Wirbelsäule und behutsames Vorgehen hinzuweisen.

Nach der gut gemeinten therapeutischen Beratung am Straßenrand besuchten wir den Ayurveda-Arzt Dr. Bheemsain Purohit gegenüber dem Madras Café. Er untersuchte zunächst Thomas per Puls-, Augen- und Zungendiagnose, stellte ihm einige Fragen und kam zu dem Ergebnis, dass alles in Ordnung sei, was nicht zutraf, da Thomas neben dem Rückenproblem seit Jahren an Bluthochdruck litt.

Bei mir nahm er sich etwas mehr Zeit und stellte fest, dass ich ein Problem mit den Nieren und eine ganz ähnliche Konstitution wie der deutsche Yogabuchautor Volker Christmann habe, mit einer starken *Kapha*-Ausprägung, die durch Schwere und Festigkeit gekennzeichnet sei. Die erste Feststellung war

Roni Yaari, Ethno-Tänzerin und Yogini aus New York

eine Untertreibung, da meine rechte Niere aufgrund einer angeborenen Harn-
leiterabgangsenge ihre Funktion fast vollständig eingestellt hatte. Dr. Purohit
mixte sogleich eine Paste zurecht. Für diese Paste und fünfzig Nahrungsergän-
zungspillen zur Stärkung zahlte ich – eher unfreiwillig – 1800 Rupien (etwa
dreißig Euro).

Den Abend verbrachten wir am Ghat[76] vor dem Geeta-Ashram. Die zweistün-
dige Gangā-Pūjā bestand aus Livemusik, gemeinsamen Gesängen und einer
Feuerzeremonie (*homa*), bei der Swami Chidanand, Leiter des Parmath Niketan
Ashrams, einen großen Messingleuchter schwenkte. Die Stufen zum Ganges
hinunter waren mit Einheimischen und zahlreichen Touristen besetzt. Ich nahm
einzelne Musiker und das Schwenken des Feuers mit meiner Kamera auf.

Da ich ohne Blitzlicht fotografierte, fragte mich eine junge, langhaarige Frau, welche Art Film ich benutzen würde. Offenbar war sie von den Feuerritualen ebenso fasziniert wie ich und hoffte, etwas von dieser Stimmung einfangen zu können. Sie kam aus New York, stammte eigentlich aus Israel (einem Dorf östlich von Akko), bezeichnete sich als »Ethno Dancer« und hatte in Bombay einen Yogakurs besucht. Eine betagte Engländerin aus Yorkshire setzte sich dazu, schimpfte mit lauter, knarziger Stimme über die Unsitten der Inder, insbesondere auf das ihrer Meinung nach scheußliche matschige indische Essen, das sich durch seine Konsistenz auf das Wesen der Inder auswirken würde. Die Yoga praktizierende Tänzerin aus New York verabschiedete sich, und auch wir traten den Rückweg an über die schmale, für Fahrzeuge gesperrte Brücke Ram Jhula, vorbei an den Ständen und Miniboutiquen mit »Holy Sticks«, Japa-Mālās[77] und safrangelben OM-Tüchern, ein kurzes Stück die dunkle Straße südwärts, zurück zum Omkaranada-Guesthouse, unserem Domizil. Von den Stufen, die in den Ganges führen, warfen wir noch einen Blick hinüber zum anderen Ufer und hinauf zu den Sternen – funkelnden Lichtpunkten in der Finsternis.

Rudra Dev, Gründer und Leiter des Yoga Study Centre Rishikesh

Rishikesh, Sonntag, 11. April. Rudra Dev, der Leiter des Yoga Study Centre, war zurückgekehrt. Bevor ich seine Art zu unterrichten kennen lernte, traf ich ihn an einem sonnigen Nachmittag zu einem Gespräch. Lediglich bei Fragen zu seiner Person war er zurückhaltend. Zweimal versuchte ich, etwas über seine Herkunft zu erfahren. Beide Male erhielt ich die gleiche Antwort: »Body from South, mind from North, the Soul is everywhere« (»Körper aus dem Süden, Geist aus dem Norden, die Seele ist überall«). Auf die anderen Fragen ging er bereitwillig und ausführlich ein. Hier das Gespräch:

Mathias Tietke: Was bedeutet Yoga für dich?

Rudra Dev: Yoga ist eine innewohnende Essenz. Du kannst ihn nicht als Teil von etwas nehmen, Yoga ist allumfassend, er ist einmalig, einzigartig. Für wichtig halte ich Disziplin und Selbstreinigung. Letzteres ist ein fortwährender Prozess – ein Prozess der allumfassenden Reinigung. Als zweite Aufgabe des Yoga sehe ich

Kontinuität und Charakterbildung. Vermeide Extreme. Sei einfach normal und nicht so emotional. Manche Touristen kommen und wollen von allem etwas: ein bisschen Musik, ein bisschen Yoga, etwas Trekking – und das alles in kürzester Zeit. Sie kommen aus dem Westen hierher, sind ziemlich konfus, und sie kehren völlig konfus zurück. Umgekehrt, wenn Menschen aus dem Osten den Westen besuchen, geschieht das Gleiche.

Rudra Dev in der Haltung Ardha-Chandrāsana (Halbmondstellung)

Wenn jemand herkommt und sagt: »Ich gebe dir ein paar Dollar, gib mir Trance!«, dann geht so etwas einfach nicht. Das wäre unseriös, und es würde dem Yoga nicht gerecht werden. Der Weg des Yoga ist sehr langsam, das ist kein Purzelbaumschlagen. Im Yoga heißt es: Schau auf die Grundlage anstatt zum Gipfel.

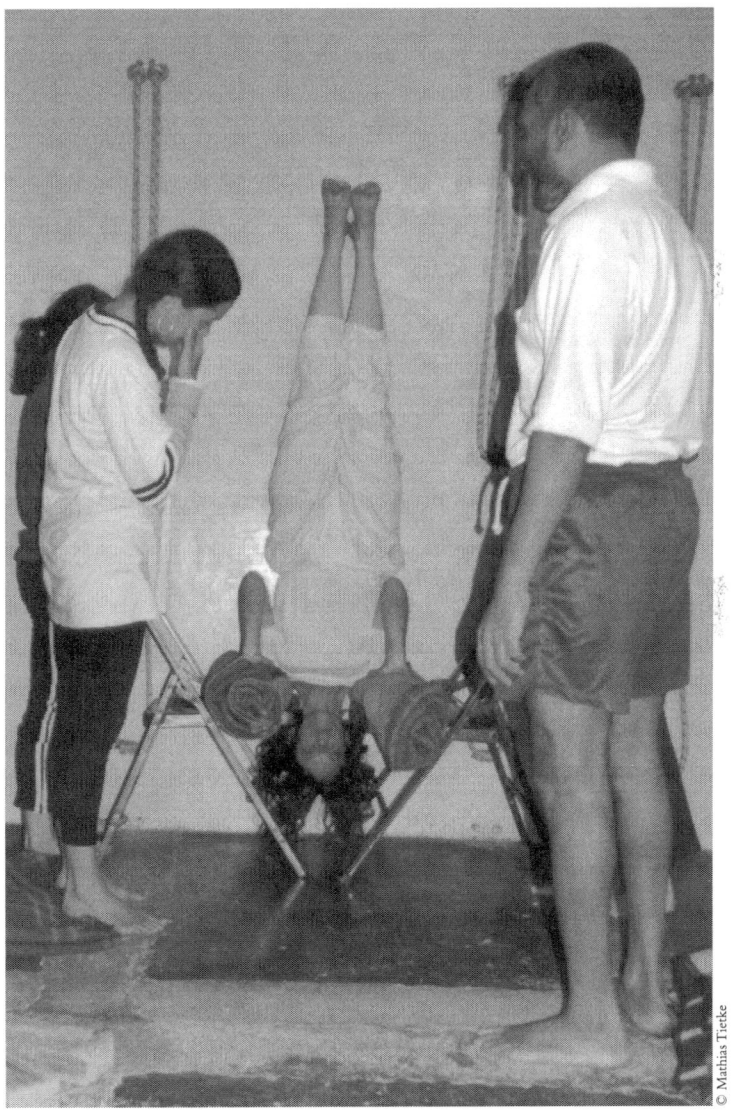

Unterrichtssituation mit Rudra Dev

MT: Würdest du Yoga eher als eine Art Religion oder eher als Wissenschaft bezeichnen?

Rudra Dev: Yoga umfasst alles. Er ist eine wunderschöne Kunst, eine Lebenskunst. Er ist eine uns innewohnende Wissenschaft. Es ist eine Methode, um herauszufinden, was wirkliche Wissenschaft ist. Yoga ist eine wunderschöne Philosophie. Es gibt so viel interessante Dinge, und sie repräsentieren jeweils einen Teil von etwas. Yoga aber ist eine umfassende Angelegenheit; vergleichbar mit der Gewaltlosigkeit, wie sie von Gandhi, dem Vater der Nation, geprägt wurde. Ahiṃsā – ein innerer Wert, der alles umfasst.

Yoga ist gut dazu geeignet, ihn an andere weiterzugeben. Er hat klare Strukturen und Prinzipien. Bevor wir etwas an unserem Zustand ändern, müssen wir die unterschiedlichen Ebenen unserer Natur kennen lernen. Und dann können wir sie korrigieren und somit verbessern. Korrigieren, korrigieren und nochmals korrigieren. Doch als Erstes sollten wir über unseren Zustand nachdenken: Was sind meine individuellen Eigenschaften, was hat mich geprägt? Diese Eigenschaften zu prüfen, das ist das Wichtigste. Dann kennst du das Niveau deiner Eigenschaften, kennst dein Naturell. Erst von da an kannst du wissen, wie du die Spitze erreichst.

Im Grunde sollte sich doch jeder um Besserung bemühen. Wer möchte sich schon verschlechtern? Niemand. Also wenn Yoga eine Religion ist, dann eine inwendige Religion. Ganz individuell.

MT: Wie sieht deine eigene tägliche Praxis aus?

Rudra Dev: Ich habe 26, 27 Jahre Erfahrung mit Yoga. 1980 kam ich in den Sivananda Ashram, 1981 traf ich Iyengar. Er hat mich unterrichtet und geprägt. Das Yoga Study Centre gibt es seit zehn Jahren.

Yoga ist mein Leben. Yoga und Physiologie. Ich bin Yogalehrer, aber kein Schullehrer, kein Pädagoge. Höchstens ein Aspirant. Meine Yogapraxis dauert täglich zwischen acht und zehn Stunden. Zwei bis drei Stunden brauche ich für Meditation und Prāṇāyāma. Die übrige Zeit nutze ich, um ein Bad zu nehmen, ein wenig zu essen, am liebsten frische Früchte, aber wirklich wenig, denn ich neige zu körperlicher Fülle, bin von kräftiger Statur. Am wichtigsten ist es, reichlich Wasser zu trinken – nichts als Wasser, pures Wasser – und auf ausreichende Zufuhr von Mineralien und Vitaminen zu achten.

MT: Was denkst du über Karma? Ist Karma dasselbe wie Schicksal?

Rudra Dev: Zwei Dinge gibt es dazu zu sagen. Ich unterscheide sehr wohl zwischen Schicksal und Karma. Du musst wissen, dass du auf eigene Verantwortung lebst. Das Schicksal ist in deiner Hand. Du musst auf deinen eigenen Beinen stehen. Nimm das Schicksal in die Hand.

Vor einem Monat hat es hier in der Nähe im Wald gebrannt. Viele Leute haben es gesehen, aber niemand hat etwas unternommen. Als man sie gefragt hat, warum nicht, sagten sie: Das Löschen ist Sache der Regierung. Die Politiker sind dafür verantwortlich. Diese Einstellung ist weit verbreitet. Aber – du selbst hast die Dinge in der Hand! Jeder ist verantwortlich. Auch hierfür gilt: Wenn du wissen willst, wie Honig schmeckt, musst du ihn kosten. Es genügt nicht, dass dir jemand sagt, dass er süß ist. Auch Zucker ist süß. Aber es ist nicht dasselbe. Wenn du etwas über den Geschmack von Honig wissen möchtest, musst du ihn kosten. Du musst selbst die Initiative ergreifen.

So energisch und selbstsicher, wie Rudra Dev antwortete und argumentierte, so profund und energisch war auch sein Unterricht – auf langjährige Erfahrung gestützt. Der Anfängerunterricht begann früh um halb sieben; daran schloss nahtlos die »Special Class« an, die bis zehn Uhr dauerte. Dreieinhalb Stunden Unterricht unter dem strengen, aufmerksamen Blick des immer wieder eingreifenden und Haltungen vorführenden Rudra Dev.

Insgesamt wurden an diesem Vormittag drei Haltungen geübt. Wieder und wieder wurde erklärt, korrigiert, demonstriert. Variationen zum »Nach unten schauenden Hund« (*adho mukha shvānāsana*), dynamisches Variieren der Hand- und Fußhaltungen, der Schulterstand (*eka-pāda-sarvangāsana*) mit den Hilfsmitteln Gurt und gefaltete Decken, zu guter Letzt eine Mischung aus Kopf- und Schulterstand auf Stühlen und zwischen Bänken mit Hilfsstellung durch den Lehrer oder andere Teilnehmer und jeder Menge Spaß.

Anders als bei meinen bisherigen Erfahrungen mit Iyengar-Yoga ging es mir nach dem Unterricht im Yoga Study Centre Rishikesh richtig gut. Körper- und Selbstbewusstsein waren aktiviert, die intensive Arbeit am Detail hatte mich überzeugt. Ich lief am Ufer des Ganges entlang zurück zum Triveni Ghat, beobachtete im Schatten eines mächtigen Banyan-Baumes das Treiben. Neben mir wurden Tausende gelber Blüten zu Blumenkränzen geknüpft, fliegende Händler

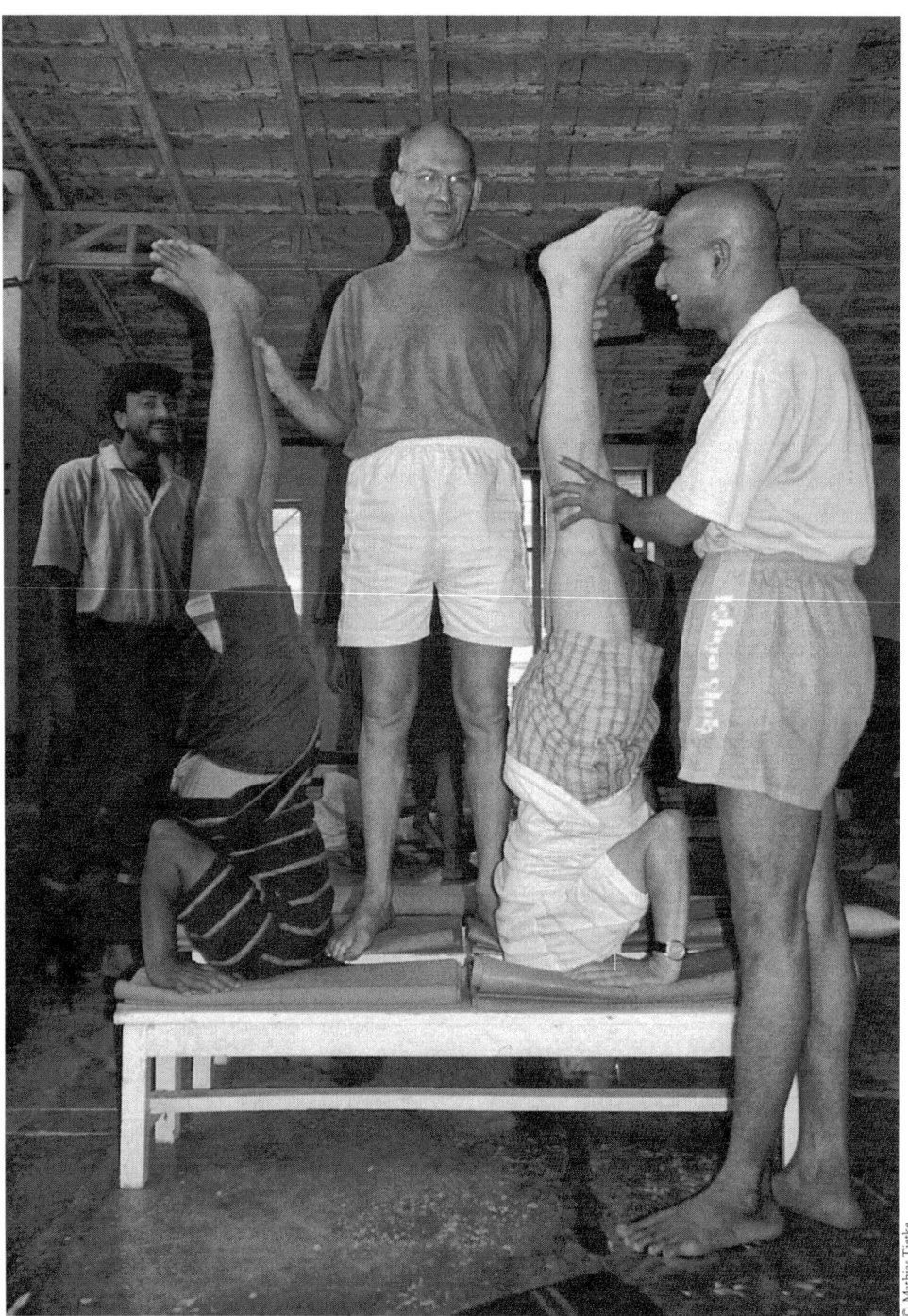

Fortgeschrittene helfen Anfängern im Yoga Study Centre

boten lauthals ihre Devotionalien an, gläubige Hindus gaben kleine Blumenge-
stecke mit Räucherstäbchen in den heiligen Fluss.

Noch einmal gingen mir Passagen des Gesprächs mit Rudra Dev durch den
Kopf. »Stell dir Folgendes vor«, sagte er auf meine Frage nach dem Vergleich mit
anderen Übungsformen und spirituellen Wegen. »Du willst mit einem Boot vo-
rankommen. Macht es Sinn, mit zwei Booten zu segeln und in jedem Boot ein
Bein zu haben? Wäre es nicht viel besser, man hätte beide Beine in einem Boot?
Wenn du nach Wasser gräbst und du gräbst an vielen Stellen, wirst du nie zum
Grund kommen. Erst wenn du beständig an einer Stelle gräbst, wirst du dein
Ziel erreichen.«

»So viel wie möglich« – zu viel des Guten

Rishikesh, Dienstag, 13. April, 5.45 Uhr. Hatha-Yoga im Yog Niketan Ashram.
Die Āsana-Praxis war für die anwesenden Anfänger völlig ungeeignet. Die meisten Āsanas waren für Fortgeschrittene, Alternativen wurden nicht angeboten.
Eine der häufigsten Anweisungen in dieser Stunde lautete: »As much as possible«
– so viel wie möglich. Ein solches Konzept widerspricht nicht nur dem, was ich
inzwischen über die Praxis des Yoga weiß; für Einsteiger wie Thomas war es
zudem physisch riskant, und die perfekten Vorführungen des akrobatischen
Yogalehrers wirkten eher abschreckend. Die geforderte maximale Dehnung lag
für die meisten Teilnehmer in weiter, unerreichbarer Ferne.

Am Vormittag machten wir uns zu Fuß auf den Weg zur Laxman Jhula und fuhren mit einem Jeep zum Neelkanth Tempel hinauf. Das Areal um den Tempel sah
zunächst wie ein gewöhnliches Bergdorf aus: windschiefe Häuser, ein paar Ver-
kaufsbuden, schmale Gassen, in denen die Abfälle so lange hin und her gefegt
wurden, bis sie sich von allein in Wohlgefallen auflösten oder von Kühen, Hun-
den und Ratten vertilgt wurden.

Doch dann gelangten wir an einen freien Platz mit einem kleinen Tempel,
dessen farbiger Gopuram (Torturm) im südindischen Stil in einem Ort im Himalaya überraschte. Jemand erzählte, dass der Auftraggeber seine Spende in Millionenhöhe an diese Vorgabe geknüpft hatte.

Der Tempel war Shiva geweiht, was sich dem Namen des Tempels entnehmen
ließ (*Nīlakantha*, »blaue Kehle«, ein Name für Shiva). Zudem stand an der Seite

des Platzes auf einem steinernen Podest eine wunderschöne, ungewöhnliche Shiva-Figur aus Messing. Shiva saß seitlich auf einem Nandi-Bullen, den Dreizack in der linken, erhobenen Hand, eine Trommel in der nach oben gestreckten Rechten. Um seinen Hals lag eine Kobra, die sich nach vorn hin zum Betrachter aufrichtete. Der Shiva-Figur wurde mit einer gelborangenen Blumenkette, farbigen Stoffbändern an den Handgelenken und Räucherstäbchen gehuldigt.

Ich betrachtete das Treiben auf dem Platz, das Kommen und Gehen der Pilger. Irgendwann formierte sich eine Gruppe alter Frauen auf der Mitte des Platzes. Aus den Gesprächen heraus entwickelte sich Gesang, nach und nach streckten sie die Arme nach oben, bewegten sich ihre Körper. Weiß- und grauhaarige Frauen, die zum eigenen Gesang tanzten.

Es war wieder so ein magischer Moment, in dem sich das Glück der anderen unwillkürlich auf mich übertrug, in dem ich die Verbundenheit mit wildfremden Menschen intensiv spürte. Es sind Situationen wie diese, in denen ich innerhalb einer Sekunde weiß, warum ich wieder – das vierte Mal inzwischen – in Indien bin, warum ich dieses Land, diese Kultur liebe und als Heimat empfinde. Indien entspricht meinem Wesen. Im Grunde sind es nicht die Tempel und Sehenswürdigkeiten, die den Aufwand der Reise und all die negativen Begleiterscheinungen rechtfertigen, sondern die Menschen, die hier leben. Und doch sind offenbar heilige Plätze wie dieser Neelkanth Tempel notwendig: als Ort, an dem Begegnungen stattfinden, an dem positive, kreative Energien freigesetzt werden.

Wir gingen in ein kleines Restaurant, tranken Tee und aßen Linsen mit Chapati[78]. Vom Platz am Tempel drang Musik herauf. Nicht der verzerrte Gesang aus den bei den Indern so beliebten Bollywood-Filmen, der überall aus den Lautsprechern tönt, sondern Livemusik. Wir gingen also noch einmal hinunter und sahen eine Gruppe Musiker mit weißen Anzügen und Kappen auf dem Kopf. Einige spielten Shehnai, ein Blasinstrument, das der Oboe ähnelt; andere trommelten heftig und laut, nicht mit den Händen, wie es sonst üblich ist, sondern mit gebogenen Hölzern. Sie spielten zum Tanz auf, und einige Tanzende steckten ihnen Geld zu. Thomas, der über den Platz schlenderte, wurde zum Mittanzen eingeladen und ließ sich darauf ein.

Für den Abstieg zu Fuß, wie er in einem Reiseführer empfohlen und mit einer Dauer von genau zwei Stunden angegeben wurde, fehlten uns eigentlich eine Kopfbedeckung und Sonnencreme mit hohem Lichtschutzfaktor. Dennoch wagten wir den Abstieg bei praller Mittagssonne und wenig Schatten. Zum Glück hatten wir an Wasserflaschen gedacht. Auf dem Weg nach unten begegneten wir mehr und mehr Pilgern, die uns mit *OM Namah Shivāya* begrüßten. Einige von ihnen hatten wohl die Strecke unterschätzt und beneideten uns um unser Wasser. Nach genau zwei Stunden hatten wir die Swarg-Ashram-Gegend erreicht und an die hundert Mal mit *OM Namah Shivāya* gegrüßt.

Abends, in der Samadhi Hall des Sivananda Ashrams, hatten sich nur wenige Bewohner eingefunden. Ein Swami hielt einen trockenen, mich ermüdenden Vortrag, in dem er seine Ansichten über die *Koshas* und den »subtle body« (den »feinstofflichen Körper«) darlegte. Von den fünf Verhüllungen Brahmans beziehungsweise den körperlichen Hüllen hatte ich in der Yogalehrerausbildung und auch auf der Pressekonferenz mit B. K. S. Iyengar in Berlin und schließlich im südindischen Ullal von dem Yogalehrer Radhakrishna bereits gehört. Diese in der Taittirīya-Upanishad beschriebenen Hüllen entsprechen dem Körperempfinden (*anna-maya-kosha*), dem Atemempfinden (*prānā-maya-kosha*), der Konzentration (*mano-maya-kosha*), der gedankenfreien Beobachtung (*vijñānā-maya-kosha*) und der Aufhebung des Ich-Bewusstseins (*ānanda-maya-kosha*). Feinstoffliche Physiologie sozusagen.

Es geht es darum, in einer entsprechenden Meditation die Verhüllungen als solche zu erkennen. Sie entsprechen den Stufen drei bis acht des Ashtānga-Yoga des Patañjali (siehe Kap. 7). Dieser Weg des Groben zum Feinen beginnt für Praktizierende üblicherweise beim Āsana und endet beim Samādhi. *Yama* und *Niyama*, die Stufen eins und zwei, wie sie im Yoga-Sūtra dargelegt sind, werden meist erst im Verlauf der Entwicklung integriert oder bleiben unberücksichtigt.

Nāda-Yoga in historischen Räumen

Rishikesh, Mittwoch, 14. April 1999. In der Nähe der Ram Jhula suchten wir nach einem im Reiseführer empfohlenen Restaurant. Empfohlen wurde das Amrita wegen seiner Pfannkuchen mit Bananen, seiner Spaghetti und der kleinen Bibliothek mit Yogaliteratur. Doch niemand in der Gegend kannte es, und nichts deutete auf ein entsprechendes Gebäude hin. Bei der Suche stießen wir auf einen fließend Deutsch sprechenden Inder, der in Karl-Marx-Stadt studiert und in Berlin-Charlottenburg ein Restaurant besessen hatte. Nun managte er

ein kleines Hotel in Rishikesh. Ich fragte ihn, warum er das Restaurant aufgege-
ben habe. »Nach dem Fall der Mauer gab es einfach zu viel Mafia in der Stadt.
Russen, Albaner, Rumänen. Insgesamt keine so gute Stimmung mehr und wenig
Umsatz«, erklärte er.

Ein ganz in Weiß gekleideter Belgier mit schulterlangem Haar gesellte sich
zu uns. Jedes Jahr nahm er sich eine Art Auszeit. In Absprache mit seiner Firma
legte er für mehrere Monate die Arbeit nieder und verbrachte diese Zeit in
Indien, meistens dort, wo es klimatisch am besten auszuhalten war. Einen Lehrer
hatte er nicht, ein definierbares Ziel im Grunde auch nicht. Für ihn war die
Atmosphäre wichtig, eine Umgebung ohne Stress, ohne Aufgaben, Shanti eben,
Seelenfrieden und wunschloses Glück.

Im Gurudev Kutir, das zum Sivananda Ashram gehört, allerdings ganz unten,
direkt am Ganges liegt, fand ich, wonach ich schon 1995 gesucht hatte: Kīrtan,
das gemeinsame Singen von Bhajans[79], Bestandteil des Bhakti-Yoga, des Yoga der
liebenden Hingabe an Gott. Kīrtan ist ein Wechselgesang zwischen Vorsänger
und Gruppe, hier Männer und Frauen voneinander getrennt, aber im selben
Raum. Etliche der angestimmten Mantras kannte ich vom Berliner Sivananda-
Vedanta-Zentrum. Der füllige Vorsänger spielte Harmonium, eine Frau schlug
mit den Zimbeln den Takt. Danach wurde Sivananda in seinen ehemaligen
Privaträumen mit Verbeugungen und Rezitationen geehrt. Anschließend ging
es eine breite Treppe hinunter zum Ganges, wo das Gangā Āratī zelebriert
wurde: das Entzünden des Feuers, das Verteilen von geweihter Nahrung (*prasāda*)
und das Rezitieren der Hymne »Gangā-Amrit«, Wasser des Lebens, Trank der
Unsterblichkeit.

Zum Schluss wurde gemeinsam das Āratī gesungen, die Anbetung Gottes mit
einer Kampferflamme, ein Gesang, dessen Klang mich von jeher berührt hat,
auch als ich noch keine Vorstellung von der inhaltlichen Bedeutung hatte. Mit
dem Schwenken des Feuers und dem Rezitieren des Āratī wird sowohl das
erhellende Licht als auch das Verbrennen aller nur relativ bedeutsamen Wünsche
und Sehnsüchte symbolisiert, die das Erkennen Gottes verstellen. *Jaya jaya arati
vighnavinayaka; vighnavinayaka Sri Ganesha*: Gepriesen sei, der die Hindernisse
beseitigt.

Yoga als Wettbewerb

Rishikesh, Freitag, 16. April 1999. Morgens Yoga im Yog Niketan Ashram – wieder ein neues Stundenkonzept, das sich von allen bisherigen unterschied. Das erste Drittel bestand heute aus Prānāyāma-Übungen. Beim Hinausgehen bemerkte ich eine gerahmte Urkunde, der ich amüsiert entnahm, dass unser Yogalehrer ein »Goldmedaillengewinner des All-India-Yogawettbewerbs« war. In den USA hätte mich so etwas nicht überrascht. Hier aber, in einem traditionell ausgerichteten Ashram in Indien, musste mich ein Aushang wie dieser einfach verblüffen. Welche Kriterien galten denn bei einem Yogawettbewerb? Ich ahnte, in welche Richtung die Antwort gehen würde, fragte aber den Inhaber der Yogagoldmedaille dennoch nach der Art des Wettbewerbs. Bewertet wurde die perfekte Vorführung von Āsanas und das Halten schwieriger Positionen. Das erinnerte mich nicht nur an den verbreiteten Körperkult der US-Amerikaner, sondern auch an das angestrengte Posieren beim Body-Building. Auf die Frage nach einem Prānāyāma- und Samādhi-Wettbewerb verzichtete ich und beließ es dabei zu lächeln.

Vielleicht war es reiner Zufall, vielleicht aber ein besonders geeigneter Tag für Prānāyāma-Übungen: Auch im Yoga Study Centre stand Prānāyāma im Mittelpunkt – die Wechselatmung *Anuloma-Viloma* (mit dem Strom – gegen den Strom) in verschiedenen Zählrhythmen und theoretische Ausführungen zwischendurch. Nach der Morgenpraxis im Yoga Niketan Ashram waren das nochmals zweieinhalb intensive Yogastunden bei Rudra Dev.

Der Rückweg führte mich wieder am Ganges entlang, fern vom Lärm und Mief der Straße. Mir wurde plötzlich bewusst, dass ich mich wahrlich an einer Lebensader entlangbewegte. Stetig fließende Wassermassen, kraftvoll und – trotz Lufttemperaturen um 36 Grad Celsius – eiskalt.

Beinahe ein Viniyoga-Konzept

Rishikesh/Chilla, Mittwoch, 21. April 1999, 6.30 Uhr. Yoga im Yog Niketan Ashram. Anders als an den Tagen zuvor wurden zu Beginn Übungen zum Aufwärmen und zum Lockern durchgeführt, und die eigentlichen Āsanas wurden vorbereitet – ein stufenweiser Aufbau, wie ich ihn vom Viniyoga des Krishna-

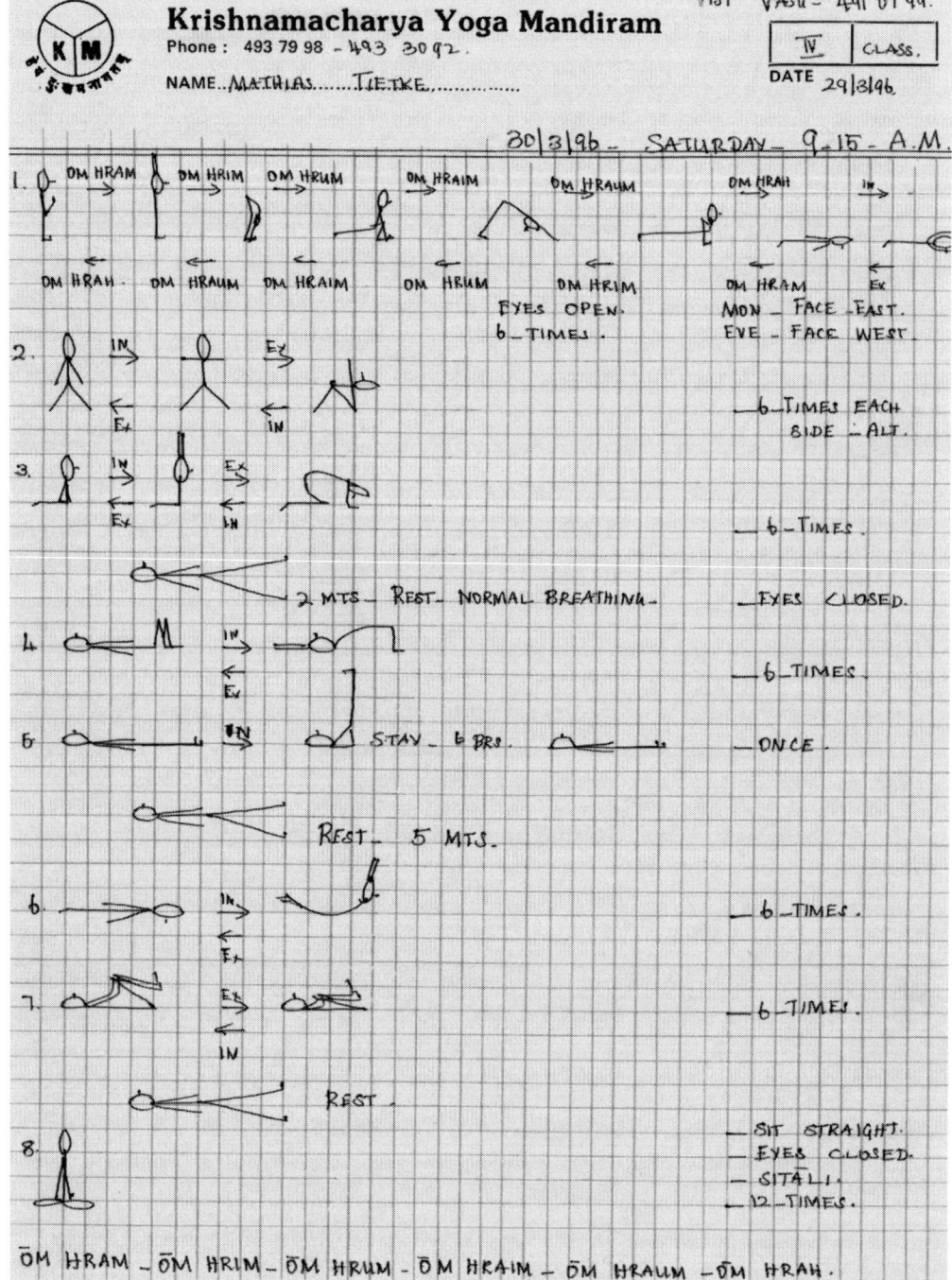

Protokoll einer Yogastunde, Einzelunterricht

macharya Yoga Mandirams in Madras kannte. Dort hatte ich nach Erledigung zeitaufwendiger Anmeldeformalitäten sechs auf meine Konstitution und persönlichen Wünsche zugeschnittene Einzelstunden erhalten, jeweils sechzig Minuten intensiver Yogapraxis mit Viji Vasu, einer Assistentin von Desikachar. Nach dem Unterricht protokollierte sie die zurückliegende Einheit mit Zeichnungen und kurzen Hinweisen, zu Beginn der jeweils folgenden Stunde ließ sie sich dann die Übungen des vorangegangenen Unterrichts zeigen.

Im nordindischen Yog Niketan Ashram kam beim morgendlichen Gruppenunterricht am heutigen Tag noch etwas hinzu: Sowohl während der Praxis als auch während der Entspannung wurde wiederholt die geistige Ebene angesprochen. Die entsprechenden Sätze wurden derart prägnant gesprochen und so oft wiederholt, dass sie den ganzen Tag prägten: »Calm down your mind« (»beruhige deinen Geist«) und »Feel the cosmic power, realize the divine consciousness« (»spüre die kosmische Kraft, erkenne das göttliche Bewusstsein«).

Mantra-Singen und Gangā-Pūjā

Rishikesh/Rani Pokhri, Donnerstag, 22. April 1999, 6.30 Uhr. Yogapraxis im Yog Niketan Ashram; Schwerpunkt Bein- und Hüftgelenksübungen: im Sitzen, im Liegen, im Stehen; viel »steht auf« und »legt euch hin«; anderthalb Stunden in ständiger Bewegung.

Auf der Busfahrt nach Rani Pokhri zum Haus der Kathak-Tänzerin Rashmi fuhren wir an zwei kürzlich verunglückten Jeeps vorbei. Wie uns Mitreisende berichteten, hatte es drei Tote gegeben, einem war durch die Wucht des Aufpralls der Kopf abgerissen worden. Nach dem Verzehr eines würzigen Gerichtes in Rashmis Haus unternahmen wir einen Spaziergang zu einem Imker, der sich auf italienische Bienenstöcke spezialisiert hatte. Stolz erzählte er uns von seiner Arbeit und ließ uns den in Flaschen aufbewahrten flüssigen Honig verkosten. Als hätte er sein ganzes Leben auf dieses Forum gewartet, berichtete er von den Forschungen auf dem Gebiet der Imkerei und den positiven gesundheitlichen Wirkungen des Honigs.

In das Haus unserer Gastgeberin Rashmi zurückgekehrt, wo im Fernsehen wiederum ein Film lief, in dem unentwegt gesungen und gegreint wurde, fragte ich sie, ob ihre Familie das Mantra *Om jaya jagadisha hare* kenne. Da sie dies bejahte, bat ich die Familie darum, es zu singen. Ich nahm es mit meinem Mini-recorder auf: *Om jaya jagadisha hare / swami jaya jagadisha hare / bhakta janana ke sankata / bhakta janana ke sankata / kshana mem dura kare / Om jaya jagadisha hare.* Danach schrieb es Rashmi in mein Notizheft.

Seit wir eine Woche zuvor nach der Gaṅgā-Pūjā auf eine Gruppe älterer Män-ner gestoßen waren, die dieses Mantra gesungen hatte, war mir der Klang dau-ernd gegenwärtig. Die Art des Sichsteigerns und die Begeisterung beim Musi-zieren erinnerten mich an mein erstes Kīrtan-Erlebnis in einem kleinen Shiva-Tempel 1995 in Delhi. Vielleicht war es sogar das gleiche Mantra. Abgese-hen von der mitreißenden, einprägsamen Melodie des *Om jaya jagadisha hare* gefiel mir die Bedeutung der dritten Strophe: »Mögen Glück und Wohlstand in unsere Häuser einkehren und der Geist befreit sein von seinem Leiden.«

Auf der Rückfahrt nach Rishikesh lief direkt hinter uns plötzlich ein wilder Elefant auf die Straße. Sämtliche Fahrzeuge stoppten. Dass hier ein Elefant die Straße überquerte, war offenbar auch für die Einheimischen außergewöhnlich. Die indischen Mitfahrer in der Auto-Rikscha waren beeindruckt und unterhiel-ten sich den Rest der Fahrt über den Vorfall.

Nicht wie sonst in der verkehrsfreien Swarg-Ashram-Zone am Parniketan Ash-ram, sondern direkt in Rishikesh zelebrierten wir die abendliche Pūjā am Gan-ges. Es war kein Beobachten und Wirkenlassen des Geschehens wie sonst, son-dern dadurch, dass Rashmi daran teilnahm, waren auch wir als ihre Begleiter direkt beteiligt. Wir selbst streuten Blüten ins Wasser, entzündeten ein Feuer auf einem Gesteck und setzten es in den Ganges. Feuer auf dem Wasser, Licht und Wärme auf dem Fluss des Lebens. Danach wurde es Zeit, uns zu verabschie-den – von Rashmi, von Rishikesh und dem täglichen Yogaunterricht im indi-schen Stil, von dem, was Indien ausmacht: kontrastreiche Vielfalt und dennoch Einheit, nicht enden wollender Lärm und tiefe Stille, allenthalben Chaos und der Drang nach Ordnung und Struktur, Offenheit und Lebendigkeit.

5
DREISSIG PERSÖNLICHKEITEN, DIE DEN YOGA DES 20. JAHRHUNDERTS PRÄGTEN

Der von Indien ausgehenden umfassenden Renaissance des Yoga im 20. Jahrhundert war eine lange Zeit der Stagnation vorausgegangen. Yogaschriften wurden – ihrem inhärenten Charakter entsprechend – als Geheimlehren behandelt und fanden daher keine große Verbreitung, an einer Missionierung des Abendlandes bestand noch kein Interesse oder es fehlten die Möglichkeiten. Jene, die Yoga praktizierten und weitergaben, waren auf Askese und magische Techniken fokussiert. Yogis und Einrichtungen mit einer solchen Orientierung existieren nach wie vor, parallel zu jenen, die sich geöffnet und an die Bedürfnisse einer im Berufs- und Familienleben stehenden Bevölkerung sowie an westliche Erwartungen und Eigenheiten angepasst haben. Insbesondere innerhalb traditioneller Sadhu-Orden, in entlegenen Gegenden des Himalaya und am Berg Arunachala bei Tiruvanamalai finden sich noch immer Asketen und Eremiten. Vor allem diese Art von äußerlichem Yogaextremismus, der Kasteiungen beinhaltet und eher als Fakirtum zu bezeichnen ist, prägte die Eindrücke der europäischen Kaufleute und Missionare, die im 18. und 19. Jahrhundert nach Indien kamen.

Erst durch die Rückbesinnung auf die eigenen, indischen kulturellen Eigenheiten und durch die Auseinandersetzung mit den Wertvorstellungen der westlichen Kultur entwickelte sich im 20. Jahrhundert in Indien ein an den neuen Bedürfnissen und Gegebenheiten orientierter Yoga.

Was die moderne Welt des Yoga auszeichnet, sind reger Austausch von Informationen und Impressionen über Ländergrenzen hinweg, Anpassung und vielfältige Anwendungen, zumeist geprägt und begleitet von gegenseitigem Interesse, Offenheit und Respekt. Die wenigen Ausnahmen, bei denen es um Missbrauch und eklatanten Widerspruch zwischen Schein und Sein geht, sind Einzelfälle, die den positiven Gesamteindruck kaum zu trüben vermögen.

GEORG FEUERSTEIN
(geb. 1947)

Georg Feuerstein wurde in Würzburg geboren. Schon als Teenager interessierte er sich für östliche Weisheiten. Mit vierzehn Jahren fiel ihm Paul Bruntons *Von Yogis, Magiern und Fakiren – Begegnungen in Indien* in die Hände, und er war vom Inhalt so begeistert, dass er einzelne Passagen mehrfach las. Drei Jahre später verließ er sein fränkisches Elternhaus und praktizierte im Schwarzwald unter Anleitung eines indischen Yogi[80] den Hatha-Yoga. Mit neunzehn Jahren schrieb er sein erstes Buch über Yoga, eine kurz gefasste Einführung mit dem Titel *Yoga – Sein Wesen und Werden* (1969)[81]. Auf 99 Seiten umriss Feuerstein grundsätzliche Fragestellungen und widmete sich Themen wie der geschichtlichen Entwicklung und den philosophischen Grundlagen des Yoga, fragte nach »der verborgenen Wirklichkeit« und erklärte, wie »der Yoga als Weg zum Heil« dienen kann. Dabei stützte er sich vor allem auf die Werke von J. W. Hauer, Mircea Eliade und Helmuth von Glasenapp. Die Themen der einzelnen Kapitel dieses schmalen Buches ziehen sich wie ein roter Faden durch die mehr als dreißig Veröffentlichungen Feuersteins, die er in folgenden Jahrzehnten herausbrachte.

1967 emigrierte Feuerstein nach England, und weitere Veröffentlichungen folgten. Zudem forschte er postgraduiert auf dem Gebiet der indischen Philosophie und der Sozialanthropologie an der Universität von Durham. Da er sich in jenem akademischem Umfeld, wo niemand die für ihn wichtigen »großen Fragen« stellte und es um seine beruflichen Chancen als Außenseiter und Gelehrter aus dem Ausland nicht gut bestellt war, zunehmend unwohl fühlte, hielt Feuerstein nach Alternativen Ausschau und verlegte 1981, nach vierzehn schwierigen und enttäuschenden Jahren im Norden Englands, seinen Wohnsitz in die USA.

Hier wurde er Schüler und Anhänger von Da Free John, auch bekannt unter den Namen Adi Da oder Avatara Adi Da Samraj, Baba Free John, Da Avadhoota und Da Looe Anand alias John Franklin, dessen Lehren Feuerstein sehr beeindruckten. Später fasste Da Free John seine Lehren in dem Buch *Scientific Proof of the Existence of God will soon be announced by the White House!«* zusammen (»Der wissenschaftliche Beweis für die Existenz Gottes wird in Kürze vom Weißen Haus verkündet!«).

Feuerstein akzeptierte Da Free John für mehrere Jahre als seinen Guru und vertraute ihm als »spirituellem Lehrer mit einer Narrenkappe«, während er ihm zugleich grundsätzlich misstraute.

Elf Jahre nach seiner Ankunft in den USA und 25 Jahre, nachdem Feuerstein Deutschland verlassen hatte, kehrte er in das Land seiner Geburt zurück, um in der Nähe Frankfurts der dort lebenden Inderin Mutter Meera zu begegnen. Zwei Wochen verbrachte Feuerstein dort und nahm viermal Darshan bei der deutlich jüngeren Heilerin. Danach, so stellte er in einem Interview mit Edward Brennan fest, begann sich sein Leben entscheidend zu verändern. Er suchte und fand einen spirituellen Freund und Heiler für seine gesundheitlichen Probleme in Gestalt eines Lehrers des tibetischen Buddhismus. Die eigene Praxis bestand seitdem hauptsächlich im Medizin-Buddha-Sādhan, deren Komponenten Mitgefühl und Weisheit Feuerstein als sehr wichtig für ein spirituelles Leben bezeichnet.

Und auch mit der Praxis des Hatha-Yoga hat der renommierte Yogaexperte Ende der neunziger Jahre wieder begonnen. In den vorhergehenden drei Jahrzehnten, in denen er seine bekannten Standardwerke zum Yoga schrieb, fühlte er sich so gesund, dass ihm die theoretischen Diskurse völlig ausreichten. Zudem hielt er Meditation für wesentlich interessanter. Eine schwere Erkrankung brachte ihn jedoch zurück zur Praxis des Yoga. Seit dieser Zeit übt er täglich ein- bis zweimal Āsanas und Prānāyāma.

All jene Grundsatzfragen, die Georg Feuerstein in seinem ersten Yogabuch angeschnitten hatte, standen seitdem jeweils im Mittelpunkt seiner Bücher, zu denen Standardwerke wie *Encyclopedic Dictionary of Yoga* (1990) und *Tantra – the Path of Ecstasy* (1998)[82] gehören. Stets ging es in diesem Bereich seiner Veröffentlichungen um die philosophischen und historischen Aspekte des Yoga.

Es ist das Verdienst Feuersteins, dass er sich immer wieder der vielfältigen Dimensionen und der komplexen Hintergründe des Yoga angenommen hat. Es ist ihm zudem hoch anzurechnen, die gewonnenen Erkenntnisse fundiert, geistreich und zugleich allgemeinverständlich der Öffentlichkeit zugänglich gemacht zu haben: über die Webseite des 1996 von ihm gegründeten »Yoga Research and Education Center«, das er bis 2003 leitete, über Beiträge in Yogamagazinen und in seinen Buchpublikationen. Seine Darlegungen sind stets von den beiden Zielaspekten, zu informieren und zu inspirieren, geprägt. Seine Feststellungen und Kommentare zum Yoga haben zumindest in der westlichen Welt entscheidend zu einem besseren Verständnis und zur Orientierung beigetragen.

Ende der neunziger Jahre griff Feuerstein nochmals einen fragwürdigen Abschnitt seines Debütwerkes auf und baute die von dem nationalsozialistisch ausgerichteten Indologen J. W. Hauer geäußerte und von Feuerstein unter dem Stichwort »Ur-Yoga« zitierte These aus, wonach »schon in der den ›Ariern‹ gemeinsamen indo-iranischen Epoche des dritten bis zweiten Jahrtausends v. Chr. religiöse Übungen eine Bedeutung hatten, die in den ursprünglichen Yoga übergingen«. Ja es fehlen ihm zufolge sogar die Gründe nicht für die Ansicht, dass »schon die früh-indogermanische Völkergemeinschaft dem ›Sinnen‹ sehr zugetan war«[83].

Feuerstein kritisierte in seinem Buch *In Search of the Cradle of Civilisation* (1996)[84] nahezu alle vorliegenden wissenschaftlichen Erkenntnisse aus den Bereichen Archäologie, Anthropologie, Linguistik und Geschichtswissenschaft zur Frühgeschichte Indiens und zur Industalkultur. Seiner Ansicht nach bilden solche wissenschaftlichen Erkenntnisse ein »populäres Dogma, das sich selbst angesichts der reichlich vorhandenen widersprechenden Aussagen als extrem strapazierfähig bewährt hat«.[85] Dieses Dogma wurde ihm zufolge von mehreren Generationen westlicher Gelehrter abonniert, was eine »Überinterpretation archäologischer Funde« einschloss.

Im Gegenzug konstruierte Feuerstein eine an Behauptungen reiche und an Belegen arme Vision von der Hochkultur einer arisch geprägten, frühvedischen »Indus-Saraswati-Zivilisation«, die er (unter anderem mittels computergestützter Astrologie) auf die Zeit zwischen 4000 und 3000 v. Chr. (»leicht möglich sogar noch mehrere Jahrtausende vorher«) ansiedelte, was ihm (wie auch Frawley) den Beifall konservativer Hindu-Nationalisten einbrachte.

Im Dezember 2004 zog Georg Feuerstein von Kalifornien nach Saskatchewan in Kanada, ein für viele überraschender Wechsel, den er – zusammen mit seiner (zweiten) Ehefrau Brenda – auf der gemeinsamen Website www.alternativcenter.ca mit der Formulierung »angesichts des wachsenden amerikanischen Faschismus ...«[86] begründet.

Seitdem befasst sich Georg Feuerstein primär mit aktuellen politischen und sozialen Problemen, was auch Thema seiner nächsten Buchveröffentlichungen sein wird: *Yoga Morality*[87], *Aha! Reflections on the Meaning of Everything*[88] und *Endgame: Global Crisis, Politics, and Transcendence*[89].

BIKRAM CHOUDHURY
(geb. 1946)

Bikram Choudhury, der Gründer des weltweit verbreiteten Yoga College of India, wurde 1946 in Kalkutta geboren. Bereits mit vier Jahren soll er unter Anleitung eines Lehrers Yoga praktiziert haben. Bald nach seinen ersten Yoga-erfahrungen begegnete er seinem Guru Bishnu Ghosh, dem jüngeren Bruder des berühmten Paramahansa Yogananda, der die *Autobiographie eines Yogi* schrieb und die Self Realization Fellowship in Los Angeles gründete. Mit dreizehn Jahren gewann Bikram die nationalen indischen Yogameisterschaften und blieb drei Jahre ungeschlagen.

Als Jugendlicher widmete er sich zunehmend dem Sport, insbesondere dem Gewichtheben, wobei er sich im Alter von zwanzig Jahren eine schwere Knieverletzung zuzog. Die Ärzte prognostizierten, er würde nie wieder richtig laufen können. Unter Anleitung seines Gurus übte Bikram vier bis sechs Stunden täglich am Bishnu Goshs College of Physical Education in Kalkutta und konnte mit Hilfe von Hatha-Yoga schließlich seine Knie heilen.

Als Bishnu Ghosh seinen Schüler Bikram nach Bombay schickte, wo er kranken Menschen Yoga beibringen sollte, stellte sich heraus, dass der Bedarf an Yogaunterricht deutlich größer war, als Bikram zu unterrichten imstande war. So machte er sich daran, ein Schema für seinen Unterricht zu entwerfen und großen Gruppen die exakte Reihenfolge von 26 Übungen beizubringen. Dabei stützte er sich auf jene Methoden, die ihn sein Guru gelehrt hatte.

Auf Einladung Präsident Nixons und auf Drängen Shirley MacLaines kam Bikram 1973 schließlich in die USA und lehrt seitdem »seine« Yogaserie in Kalifornien, die sich neben der schematischen Vorgehensweise durch Raumtemperaturen zwischen 30 und 40 Grad Celsius auszeichnet.

1978 erschien sein Buch *Bikram's Beginning Yoga Class*, in Deutschland 2005 unter dem Titel *Bikram-Yoga – Das Praxisbuch* veröffentlicht, in dem auf 200 Seiten jene 26 Haltungen (*āsana*) und zwei Atemübungen (*prānāyāma*) erklärt werden, die in ihrer Aneinanderreihung den Bikram-Yoga ausmachen. Dass diese klassischen Haltungen nicht seine Erfindung sind, räumt Bikram in der Einleitung generös ein: »Zuerst will ich sagen, dass Hatha-Yoga nicht von mir ist. Was man heute als Hatha-Yoga kennt, ist Jahrtausende alt, älter als die Geschichte der Erde und der Menschheit, die wir in der Schule lernen.«

Was er letztlich als »seinen« Yoga bezeichnet, ist lediglich die von ihm festgelegte schematische Reihenfolge der Haltungen und eine Raumtemperatur zwischen 30 und 40 Grad Celsius. Die unter Yama und Niyama zusammengefassten ethischen Richtlinien des klassischen Yoga, die zugleich Stufe eins und zwei des Ashtānga-Yoga sind, finden bei Bikram Choudhury keine Erwähnung. Seine Angaben zu Patañjali sind von den Tatsachen auch so weit entfernt wie ein Märchen zum Alltag im 21. Jahrhundert. So führt er in der Einleitung zu der im

Jahre 2000 in den USA erschienenen Neuauflage seines Praxisbuches *Bikram's Beginning Yoga Class* aus: »In diesem Buch werden Sie die Āsanas (Haltungen) des Hatha-Yoga erlernen, wie sie Patañjali vor über viertausend Jahren festgehalten hat.« Davon abgesehen, dass Patañjali rund 2000 Jahre später lebte, als von Bikram angegeben, hat dieser keinerlei Āsanas des Hatha-Yoga festgehalten. Dies geschah erst rund anderthalb Jahrtausende nach Patañjali, und der Verfasser hieß Svātmārāma.

Sich selbst sah Bikram Choudhury bereits 1978, als sein Buch in den USA erschien, als Messias des »wahren Hatha-Yoga« und meinte, es »würde ein Dauerseller wie die Bibel werden« – eine Prognose, die bisher nicht eintrat.

Bikram bildet in seinem Yoga College of India in Los Angeles seit etwa zehn Jahren Bikram-Yogalehrer aus, die im Rahmen eines neunwöchigen Lehrer-Trainings und innerhalb von 200 Unterrichtseinheiten zum Preis von 5700 US-Dollar eine Lizenz zum Unterrichten des Bikram-Yoga erhalten. Bikram-Yoga ist mittlerweile eine Marke, deren Name seit 2003 mit einem Markenzeichen belegt ist, und auch die 26-teilige Āsana-Serie plus zwei Atemübungen ist mit einem Trademark versehen, was 2004 zu einem Rechtsstreit führte. In den USA gibt es mittlerweile 1200 Bikram-Yoga-Schulen, und auch in Deutschland unterrichten Bikram-Schüler mit eigenen Schulen, so zum Beispiel in Berlin, in Hamburg und in Erlangen.

Der in Beverly Hills lebende Multimillionär Bikram Choudhury, der auch als »Bad Guy« mit der Mentalität eines »mein Haus, mein Auto, mein Boot«-Snobs oder als »Bill Gates des Yoga« bezeichnet wird, hat den Vergleich seines Yogastils mit McDonalds selbst lanciert und befürwortet. Er möchte (seinen) Yoga für sechs Milliarden Menschen verfügbar machen: 26 Haltungen und zwei Atemübungen in einem Raum mit einer Spiegelwand und Temperaturen von mindestens 30 Grad Celsius.

T. K. V. DESIKACHAR
(geb. 1938)

T. K. V. Desikachar wurde als viertes Kind von Shrimati Namagiriammal und Sri Tirumalai Krishnamacharya in Mysore im südindischen Bundesstaat Karnataka geboren. Von Anfang an war er Zeuge dessen, was sein Vater an Werten vertrat und wie jener den Yoga reformierte und an seine Schüler vermittelte. Doch die Pläne Desikachars gingen zunächst in eine andere Richtung, und so ließ er sich, nachdem die Familie bereits nach Madras umgezogen war, zum Ingenieur ausbilden und arbeitete zunächst in diesem Beruf.

Immer wieder erlebte er, wie sein Vater Erkrankte heilte und Menschen von nah und fern gleichermaßen beeindruckte. So entwickelte sich sein Interesse, und er begann, bei seinem Vater Yoga zu studieren, anfangs frühmorgens ab vier oder fünf Uhr. Auf diese Weise wollte T. Krishnamacharya die Disziplin seines Sohnes auf die Probe stellen und prüfen, ob er wirklich ernsthaft an einer Ausbildung interessiert war. Mehr als dreißig Jahre lang ließ sich Desikachar von seinem Vater unterrichten und inspirieren. Ihm und seiner Arbeit zu Ehren – also als ein rituelles Geschenk an den Lehrer (*gurudakshinā*) – gründete Desikachar 1976 das Krishnamacharya Yoga Mandiram (KYM). Menschen aus ganz Indien und aus Europa, aus Japan, Australien und den USA kommen seitdem dorthin, um Yoga zu studieren, um gesundheitliche Probleme mit Yoga therapeutisch behandeln zu lassen oder um im Einzelunterricht individuell unterwiesen zu werden.

Die Einrichtung wurde vom Ministerium für Gesundheit und Familie des Bundeslandes Tamil Nadu anerkannt und bildet in einem zweijährigen Studiengang Yogalehrer aus. Die Ausbildung schließt mit einem Diplom ab. Derzeit arbeiten im KYM dreißig qualifizierte Yogalehrerinnen und -lehrer.

Der besondere Ansatz, wie er zunächst von T. Krishnamacharya und später von T. K. V. Desikachar spezifiziert wurde, ist bekannt als Viniyoga, in der wörtlichen Übersetzung »Übertragung, Anstellung, Anwendung, Gebrauch«. Im übertragenen Sinn bedeutet Viniyoga, dass die Praxis des Yoga an die jeweilige Person angepasst, also sinnvoll angewendet wird. Es wird vom Yoga »Gebrauch« gemacht zugunsten der individuellen Eigenschaften und Erwartungen der Einzelnen. Dafür werden die Yogaübungen so weit variiert, bis eine dem Übenden entsprechende Form gefunden ist. Dies geschieht zumeist im Einzelunterricht oder in kleinen Gruppen. Viniyoga kann von entsprechend ausgebildeten Yogalehrern auch gezielt therapeutisch eingesetzt werden. Ein weiteres wesentliches Element des Yogaunterrichts in dieser Form wird als *vinyāsa krama* bezeichnet. Es bedeutet, dass eine schrittweise Anordnung von Teilübungen aufeinander aufgebaut und damit ein bestimmtes Ziel verfolgt wird. Das Ziel könnte zum Beispiel das vollständige Erlernen einer bestimmten Übung sein, deren Ausführung in einem einzigen Schritt oft entmutigend und auch riskant sein kann.

T. K. V. Desikachar selbst hat sich inzwischen vom Begriff »Viniyoga« distanziert, weil die Bezeichnung zu keinem Markenzeichen werden soll. Er sieht die Gefahr, dass die verschiedenen Ansätze des Yoga nach Krishnamacharya dann auf dieses Markenzeichen reduziert würden. Gleichwohl wird die Bezeichnung »Viniyoga« weiterhin von einer Reihe von Yogalehrenden benutzt, die in dieser Tradition unterrichten und den besonderen Ansatz der individuellen Anpassung und das schrittweise Vorgehen praktizieren.

Sri T. Krishnamacharya selbst unterrichtete bis in die sechziger Jahre einen eher statisch ausgeführten Yoga, in den auch ausgesprochen schwierige und anspruchsvolle Āsanas integriert waren. In den sechziger Jahren, als er auch seinen Sohn Desikachar zu unterrichten begann, stellte er fest, dass er die Übungen besser an den veränderten Lebensstil der Praktizierenden anpassen musste, der sich in zunehmendem Maße hin zu mehr sitzenden beruflichen Tätigkeiten entwickelte. So führte er die dynamischen Übungsfolgen (*kārana*) und das schrittweise Vorgehen (*vinyāsa krama*) ein. Desikachar übernahm dieses System und baute es später weiter aus.

Wegen des anhaltenden Interesses am Rezitieren der Veden und der Schriften des Vedānta wurde 1999 eine separate Abteilung für »Vedic Chanting« etabliert, die den Namen »Vedavani« erhielt.

T. K. V. Desikachar ist mittlerweile eine weltweit anerkannte und verehrte Autorität, mit reichlich Erfahrung und Kompetenz, weshalb er regelmäßig zu Seminaren, Workshops, Kongressen und Vorlesungen eingeladen wird. Den zahlreichen Einladungen nach Süd- und Nordamerika, nach Europa und Südostasien kommt er meist nach. Dennoch ist er in seinem Habitus und seinem Auftreten bescheiden geblieben, stets der Essenz des Yoga und dem Lebenswerk seines Vaters verpflichtet, ein Yogameister ganz ohne Allüren und Eitelkeit. Desikachar ist einer jener seltenen prominenten Yogalehrer, der das, was er sagt und vermittelt, auch selbst lebt und umsetzt.

In seinen Buchveröffentlichungen hat sich Desikachar immer wieder mit dem Yoga-Sūtra des Patañjali auseinandergesetzt (*Yoga – Tradition und Erfahrung* (1991)[90], *Über Freiheit und Meditation* (1997)[91]) und auf hervorragende Weise das Leben und die Lehren seines Vaters dargelegt (*Yoga – Gesundheit von Körper und Geist* (2000)[92]).

T. K. V. Desikachar lebt mit seiner Ehefrau Menaka, die ebenfalls Yoga und vedischen Gesang lehrt, in Chennai (Madras). Beide haben zwei Söhne und eine Tochter sowie eine Enkelin. Zu den bekanntesten internationalen Schülern Desikachars gehören der in Deutschland lebende Inder R. Sriram, das Ärzte-Ehepaar Dr. Imogen Dalmann und Martin Soder, die das Berliner Yoga-Zentrum (BYZ) leiten, der in Lausanne lebende Malek Daouk, Frans Moors in Grivegnée (Belgien), Bernard Bouanchand in Frankreich sowie in den USA der auf Yogatherapie spezialisierte Gary Kraftsow.

AMRIT DESAI
(geb. 1932)

Der Inder Amrit Desai kam 1960 in die USA, um in Philadelphia Kunst und Design zu studieren. Nach Abschluss des Studiums arbeitete er bei diversen Firmen im Bereich Design und Textilgestaltung; gleichzeitig machte er als Künstler Karriere.

Seit seiner Jugend war Amrit Desai ein vertrauter Schüler von Swami Kripalvanandji (auch Swami Kripalu und »Bapuji«[93] genannt), einem aus dem Gujarat stammenden Musiker und Meister des Kundalini-Yoga, der von 1913 bis 1981 lebte. Kurz nach seiner Ankunft in den USA begann Amrit Desai, den damals noch größtenteils unbekannten Hatha-Yoga zu lehren. Die Yogaschule, die er begründete, wurde ein so großer Erfolg, dass er schließlich seine Karriere als Künstler aufgab, um sich gänzlich der Yogalehrtätigkeit zu widmen.

1969 erhielt Desai von seinem Guru dann auch die formelle Shaktipat-Initiation[94] und machte in den frühen Siebzigern den Schritt vom erfolgreichen Yogalehrer zum Guru und zum Meister des Kundalini-Yoga, der über die Fähigkeit verfügt, in anderen Menschen die Kundalini-Shakti[95] zu wecken.

Amrit Desai gründete in Sumneytown, Pennsylvania, einen Ashram, und als sich die Nachricht von seiner außergewöhnlichen Wirkung auf Menschen in den USA verbreitete, dauerte es nicht lange, bis er Einladungen aus dem ganzen Land erhielt. Nach einigen Jahren konzentrierte sich Amrit Desai nicht mehr allein auf die Kundalini-Shakti-Erfahrungen, sondern legte wieder mehr Wert auf Hatha-Yoga und die Grundsätze einer ganzheitlichen Lebensweise. »Irgendwann hörte ich ganz damit auf, die Shakti-Energie so intensiv nach außen fließen zu lassen, denn es gab viele Menschen, die gar nicht bereit waren, die Intensität der damit verbundenen physischen, geistigen und emotionalen Reinigung zu bewältigen. Ich erkannte, dass meine Schüler mehr Erdung, mehr Klarheit in ihren Gedanken und Gefühlen und mehr Reinigung für ihre Körper brauchten, bevor sie sich auf diese tiefere Ebene begeben konnten.«

Amrit Desai konzentrierte sich bei seinen Unterweisungen zunehmend auf einen neuen Stil des Yoga, den er »Kripalu-Yoga« nannte. Grundlage des Kripalu-Yoga sind sanfte Übungen, bei denen Āsanas eingenommen werden, unterstützt durch fließendes Atmen. Das eigentliche Ziel bei dieser Art der Praxis ist das Kultivieren eines distanzierten und bewussten Gewahrseins des dabei ablaufenden Prozesses – das heißt, die praktischen Übungen spielen zwar eine wichtige Rolle, doch die äußere Vervollkommnung von Körperhaltungen oder Atemtechniken ist eher sekundär.

1979 eröffnete Amrit Desai das Kripalu Center for Holistic Health in Lenox im US-Bundesstaat Massachusetts. Seiner Biografie zufolge war Desai der Ansicht, dass ganzheitliche Gesundheit der wirksamste Weg ist, um Menschen mit Yoga bekannt zu machen, die Yoga brauchen, aber noch nicht offen für seine traditionelleren Formen sind. Die Dienste dieses Gesundheitszentrums umfassten Unterweisungen in Hatha-Yoga und Rāja-Yoga, die an den modernen westlichen Ansatz für ein gesundes Leben angepasst wurden.

Auch dieses Zentrum wurde bald ein großer Erfolg. Etwa dreihundert Mitarbeiter empfingen jeden Monat rund eintausend Besucher.

Von seinen Schülerinnen und Schülern forderte Amrit Desai das Befolgen von *brahmacarya* im Sinne von Enthaltsamkeit und strikter Einhaltung des Zölibats. Er selbst war jedoch verheiratet. 1994 wurde schließlich offengelegt, dass Amrit Desai nicht nur durch seine Ehe gegen seine eigenen Lehren verstieß, sondern insgeheim auch mit mehreren seiner Schülerinnen sexuelle Beziehungen hatte. Es kam zum Eklat, und die ihn umgebende spirituelle Gemeinschaft brach auseinander. Amrit Desai wurde mit Schimpf und Schande aus dem von ihm gegründeten Ashram hinausgeworfen.

Nachdem sich Amrit Desai eine Zeit lang völlig zurückgezogen hatte, nahm er seine Karriere als spiritueller Lehrer Ende der neunziger Jahre wieder auf, reist seither wieder durch die Welt und unterrichtet, als sei nichts geschehen. Seine sexuellen Eskapaden und deren Folgen bezeichnete er in einem Interview[96] als »Resultat meines Karmas« und als »Antwort Gottes auf mein Gebet«.

Der in Kalifornien lebende Bestsellerautor Deepak Chopra lud Amrit Desai ein, anlässlich seiner Feier zur Jahrtausendwende eine Ansprache zu halten, und er bat ihn, in dem von Deepak Chopra geplanten Ashram als spirituelles Oberhaupt tätig zu werden. Seit 2006 gibt es das neu gegründete Amrit Yoga Institute in Salt Springs in Florida, das auf der Website www.amrityoga.com mit dem Slogan »The Posture of Consciousness™« (»Die Haltung des Bewusstseins™«) für sich wirbt.

Amrit Desai (links) mit seinem Guru Kripalvananda

YOGI BHAJAN
(1929–2004)

Yogi Bhajan wurde am 26. August 1929 als Harbhajan Singh Puri in Kot Har-
kan, im damaligen Indien und heutigen Pakistan als Sohn eines Arztes geboren.
Seine Familie lebte in der Tradition der Sikhs. Er interessierte sich sehr früh für
medizinische Fragen und natürliche Heilweisen und studierte von klein auf
Yoga. Im Alter von sieben Jahren gab man ihn zur Ausbildung zu Sant Hazara
Singh, einem spirituellen Lehrer, der ihn neun Jahre später zum Meister des
Kundalini-Yoga erklärte.

Während der Teilungskriege, als Indien sich in ungeheurem Aufruhr befand
und sein Dorf 1947 zu einem Teil von Pakistan wurde, übernahm Harbhajan
Singh Puri die Verantwortung, mehr als tausend Menschen durch das Kriegs-
gebiet in die Sicherheit nach Delhi zu führen. Nachdem sich seine Familie dort
angesiedelt hatte, besuchte er die Punjab-Universität, an der er sein Studium
mit dem Masters Degree in Wirtschaftswissenschaften abschloss. Er war dort
zugleich als hervorragender Redner und erfolgreicher Sportler bekannt. Anschließend war er als Offizier in der Verwaltung Indiens tätig. Seit 1953 war er
mit Dr. Bibiji Inderjit Kaur verheiratet, mit der er drei Kinder und eine Reihe
Enkel hatte.

Neben seiner Tätigkeit im Staatsdienst erweiterte Yogi Bhajan seinen spirituellen Erfahrungshorizont und verbrachte einige Jahre mit Karma-Yoga im
Goldenen Tempel in Amritsar/Nordindien, dem wichtigsten Tempel der Sikhs.

1968 wurde er von der Universität Toronto nach Kanada eingeladen, um einen Vortrag über Yoga zu halten. Als er im Dezember desselben Jahres in die USA kam, stellte Yogi Bhajan seine Mission sehr klar dar: »Ich bin gekommen, um Lehrer auszubilden, und nicht, um Schüler zu sammeln.« Er begann, Kundalini-Yoga zu unterrichten, und wurde in der damaligen Hippiebewegung einer der gefragtesten Yogameister. Inzwischen gibt es weltweit mehrere tausend Kundalini-Yoga-Lehrer, die sich auf Yogi Bhajan beziehen. In Los Angeles entstand auf seine Initiative hin die »3HO«, das ist die »Healthy, Happy, Holy Organization«, die seitdem weltweit seine Lehren verbreitet und bewahrt. Die 3HO-Stiftung fördert bewusstes Leben in vielen Staaten der Welt und ist als eine »Non-Government-Organization« anerkannt. Sie hat einen beratenden Status beim Ökonomischen und Sozialen Rat der Vereinten Nationen.

Seit 1969 lehrte Yogi Bhajan unermüdlich seine Botschaft der Hoffnung und Inspiration, um Menschen in allen Lebenssituationen zu erreichen. Er beriet Politiker und Manager, religiöse Führer und Prominente sowie einfache Suchende. Bekannte Leitsätze von Yogi Bhajan sind: »Wenn du Gott nicht in allem sehen kannst, kannst du ihn überhaupt nicht sehen«, und: »Was immer dir widerfährt, es ist ein Geschenk Gottes.«

Yogi Bhajan setzte sich sehr für die Achtung und die Würde der Frauen ein. 1970 initiierte er die »Gnade-Gottes-Bewegung der Frauen von Amerika«

Der Dalai Lama und Yogi Bhajan

(GGMWA= Grace of God Movement of the Women of America). In seinen Vorlesungen und seit 1974 während eines jährlichen Sommercamps für Frauen forderte er sie auf, ihre unabhängige Rolle als Frau anzunehmen, und bestärkte sie darin, sich ihrer einzigartigen Identität bewusst zu werden und sich selbstbewusst auszudrücken. Er lehrte sie, in Würde und Kraft sich selbst und die Welt verantwortlich zu führen, zu erhöhen und zu heilen. 1971 ehrten ihn die Führer seiner eigenen Sikh-Glaubensgemeinschaft mit dem Titel »Siri Singh Sahib« und übertrugen ihm die Rolle des obersten religiösen und administrativen Führers des Sikh-Dharma in der westlichen Hemisphäre. Sein kompromissloser Aufruf, einander mit Offenheit und Liebe zu begegnen und aus dem selbstbegrenzenden Konzept des Separatismus auszubrechen, galt allen Zeitgenossen. Er war Mitglied im Weltparlament der Religionen und Co-Präsident und Gastgeber von »Unity«-Konferenzen, Konferenzen zur Einheit der Menschen.

1980 erlangte Yogi Bhajan den akademischen Doktorgrad. Das Thema seiner Dissertation lautete *Communication: Liberation or Condemnation* (»Kommunikation: Befreiung oder Verdammnis?«). Er gründete neunzehn Unternehmen, zu denen unter anderem Sicherheitsdienste, Beratungsdienste und ein Versandunternehmen von Naturkostprodukten gehören. Bekannt sind vor allem seine »Golden-Temple«-Teeprodukte. 1983 gründete er den internationalen Friedensgebetstag, dessen Gastgeber er alljährlich im Juni in Espanola, New Mexico (USA), war. 1995 wurde er mit dem Courage of Conscience Award des Multi-Faith-Retreat-Zentrums »The Peace Abbey« in Sherborn, Massachusetts, geehrt.[97]

Yogi Bhajan war Poet, Seher, Dozent, Heiler, Künstler, Philosoph, religiöser Führer, Autor von mehr als dreißig Büchern und sogar ein hervorragender Koch. Vor allem aber war er ein spiritueller Lehrer und – ein »Mahan Tantric«, ein Meister des weißen Tantra, bei dem sich weißgekleidete Männer und Frauen in langen Reihen gegenübersitzen und meditieren. Yogi Bhajan starb am 6. Oktober 2004 in Espanola.

VISHNU-DEVANANDA
(1927–1993)

Geboren wurde der Begründer der Internationalen Zentren für Sivananda Yoga Vedanta 1927 in Kerala, Südindien. Was ihn als Kind charakterisierte, waren starker Wille und Entschlossenheit. Seine Mutter, die später von Swami Sivananda das Gelübde der Entsagung (*samnyāsa*) annahm, berichtete, dass nichts und niemand ihren Sohn aufhalten konnte, wenn er sich etwas in den Kopf gesetzt hatte. Eine Anekdote berichtet davon, wie er als Fünfjähriger den Wunsch äußerte, zur Schule zu gehen und zu lernen. Als man ihm sagte, dass dies nicht möglich sei, weil die nächstgelegene Schule mehr als fünf Meilen entfernt sei, packte er selbstständig seine Sachen, begab sich früh am Morgen auf den langen Fußweg durch den Dschungel und lief am Abend wieder zurück. Dies setzte er für viele Jahre fort.[98]

Da die finanziellen Mittel für ein Universitätsstudium nicht reichten, ging er zur Armee, um über diesen Umweg eine wissenschaftliche Ausbildung zu erhalten. Als er während dieser Zeit in einem Papierkorb nach einem verlorenen Papier suchte, fiel sein Blick auf eine Schrift von Swami Sivananda mit dem Titel »Twenty Spiritual Instructions« (»Zwanzig spirituelle Unterweisungen«). Das Flugblatt begann mit den folgenden Worten: »Ein Gramm Praxis ist besser als Tonnen von Theorie.« Diese einfachen Worte brachten Vishnu-devananda dazu, während eines 36-stündigen Urlaubs von Süd- nach Nordindien zu reisen, um Swami Sivananda im entfernten Rishikesh zu treffen.

Swami Sivananda hinterließ bei dieser Stippvisite einen derart starken Eindruck im Bewusstsein des jungen Mannes, dass dieser den Entschluss fasste, so bald wie möglich wiederzukommen.

Bei seinem zweiten Besuch erhielt der junge Vishnu-devananda gleich zwei Lektionen. Die erste Lektion resultierte daraus, dass Vishnu-devananda zu eingebildet war, um sich vor dem Guru Swami Sivananda zu verneigen. Daraufhin warf sich Swami Sivananda vor dem jungen Schüler nieder und lehrte ihn so durch sein eigenes Bespiel Demut. Die zweite Lektion kam während der Āratī-Verehrungszeremonie für den Ganges (Gaṅgā-Āratī). Vishnu-devananda fragte sich, wie intelligente Menschen darauf kommen können, mit Ritualen einen Fluss als Göttin zu verehren, und zweifelte an den Gebeten. Sivananda lächelte nur mild und erwiderte Vishnu-devanandas fragenden Blick mit Schweigen.

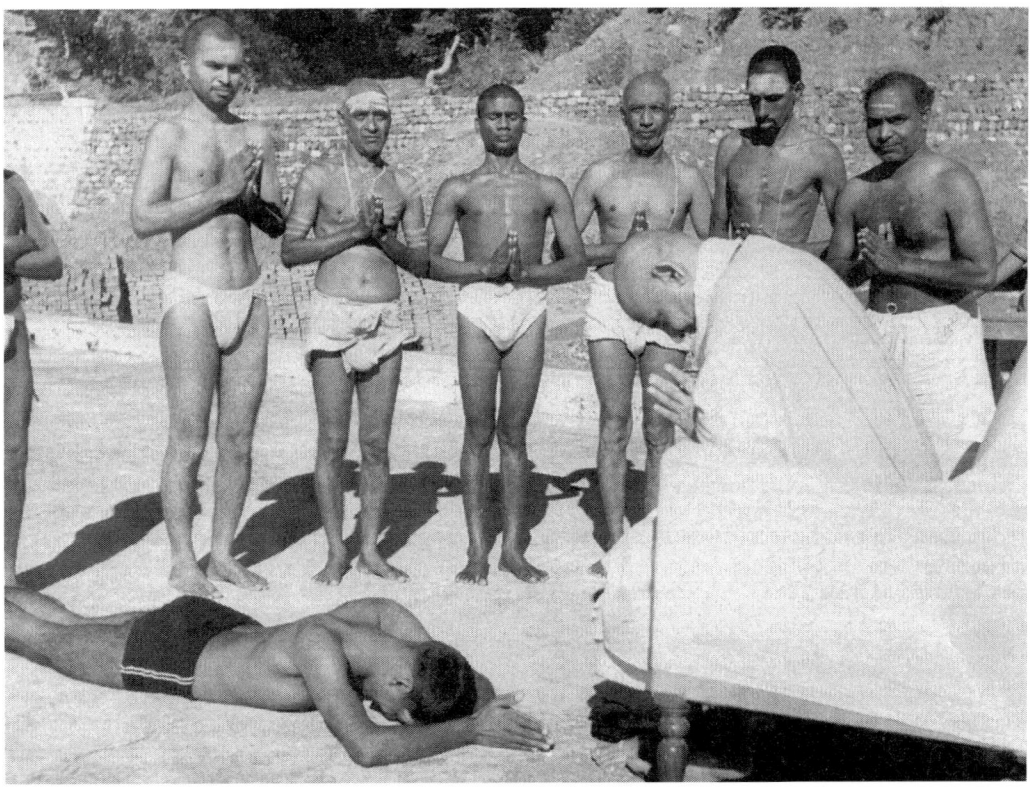

Swami Sivananda beaufsichtigt eine von
Vishnu-devananda geleitete Hatha-Yoga-Klasse.

Daraufhin erkannte Vishnu-devananda plötzlich die Kraft und Energie des Flusses. Swami Sivananda lud den jungen Mann ein, im Ashram zu bleiben, um zu lernen und ein Yogi zu werden. Vishnu-devananda willigte sofort ein.

Vishnu-devananda blieb zehn Jahre lang im Sivananda-Ashram und wurde von Swami Sivananda in allen Aspekten des Yoga ausgebildet. Er wurde schnell zu einem außergewöhnlichen Experten für Āsanas und Prānāyāma, er beschritt diszipliniert den Pfad des Hatha-Yoga und war zudem ein begeisterter und unermüdlicher Karma-Yogin. Eines Tages erhielt Vishnu-devananda von Swami Sivananda einen Zehn-Rupien-Schein (was momentan einem Gegenwert von etwa 25 Cent entspricht) und seinen Segen, um in den Westen zu reisen und die Lehren des Vedānta (s. Kap. 8) zu verbreiten: »Die Menschen dort warten.« Es gelang ihm tatsächlich, Yoga im Westen zu unterrichten.

Der starke Wille und die ausgeprägte Lebensenergie von Vishnu-devananda führten schließlich dazu, dass er mehrere Internationale Sivananda-Yoga-Vedanta-Zentren gründete und leitete. Inzwischen existieren weltweit mehr als zwanzig Sivananda-Yoga-Vedanta-Zentren und sieben Ashrams, zudem gibt es eine Reihe in der Ausrichtung ähnlicher Zentren und in dieser Tradition unterrichtender Yogalehrer. Vishnu-devananda entwarf eine genormte dreiwöchige Yogalehrerausbildung, nach der bis heute mehr als 10 000 Yogalehrer ausgebildet wurden. Eine seiner Ideen war es, die Lehren des Yoga in fünf Prinzipien zusammenzufassen, die einfach zu verstehen sind und sich leicht in den Alltag integrieren lassen. Die fünf Prinzipien sind: 1. richtige Körperhaltungen (āsana), 2. richtige Atmung (prānāyāma), 3. richtige Entspannung, 4. richtige Ernährung sowie 5. richtiges (positives) Denken und Meditation (dhyāna).

Swami Vishnu-devananda war während seines ganzen Lebens über den Zustand der Welt besorgt, insbesondere wegen der Kriege und der Kriegsgefahr. Dies führte dazu, dass er in einem kleinen Flugzeug, das er selbst steuerte, über verschiedene Krisenherde flog und dort Blumen und Flugblätter für den Frieden abwarf, während er das Mantra OM Namo Narayanaya chantete. Seine Aktionen sorgten für Diskussionen und Schlagzeilen in den Nachrichten.

Das Yogaverständnis von Swami Vishnu-devananda ist ausführlich in seinem Praxisbuch Das Große Illustrierte Yogabuch (1989)[99] und in Meditation und Mantras (1986)[100] dargelegt. Es wird nach wie vor von den Sivananda-Yoga-Vedanta-Zentren und vom Yoga-Vidya-Verein verbreitet, der von Sukadev Volker Bretz, einem der deutschen Schüler Vishnu-devanandas, 1995 gegründet wurde und bis heute geleitet wird.

SWAMI RAMA
(1925–1996)

Swami Rama wurde als Brijkishor Kumar in Nordindien geboren. Sein Vater, ein Sanskrit-Gelehrter, war zum Zeitpunkt seiner Geburt bereits 63 Jahre alt, seine Mutter 46. Beide starben nur wenige Jahre später, und der Gurudeva, der seinen Vater initiiert hatte, nahm den verwaisten Jungen zu sich. So wuchs er im Himalaya auf, wo er jahrelang von Eremiten und in Höhlen lebenden Yogis unterwiesen wurde. Zunächst nannte er sich Bhole Baba. Anlässlich seiner Initiation zum Samnyāsin des auf Shankara zurückgehenden Dashanāmi-Ordens erhielt er den Namen Dandi Swami Sadashiva Bharati, aus dem dann später Swami Rama wurde.

Swami Rama war einer der ersten Yogis, der sich von westlichen Wissenschaftlern untersuchen ließ. 1969 ging er in die USA und erlaubte Wissenschaftlern der Menninger Clinic in Topeka, Kansas, seine besonderen Fähigkeiten der Körperbeherrschung zu untersuchen – unter Laborbedingungen und an elektronische Messgeräte angeschlossen. Dabei ging es darum, die Auswirkungen von Yogaübungen zu dokumentieren und zu erforschen.

Bald darauf gründete Swami Rama das Himalayan Institute of Yoga Science and Philosophy mit einem Hauptquartier in Honesdale, im US-Bundestaat Pennsylvania, und weitere Zentren in den USA, in Indien und in Europa. In Indien wäre an erster Stelle der Himalayan Institute Hospital Trust mit dem angeschlossenen Himalayan Institute of Medical Sciences in der Nähe von

Dehra Dun zu nennen; in Deutschland steht das von Wolfgang Bischoff gegründete Himalaya Institut Hamburg in der Tradition von Swami Rama.

Bei seinem Unterricht standen stets die präventiven medizinischen und psychosozialen Maßnahmen im Sinne einer ganzheitlichen Gesundheitslehre im Vordergrund. Ein für die Himalaya-Tradition wichtiges und typisches Element ist auch der Initiationsprozess mit der rein intuitiven Weitergabe eines Mantras, das der Schweigepraxis unterliegt. Während der praktischen Unterrichtseinheiten wird weniger Wert auf eine ausgefeilte und ausgedehnte Āsana-Praxis gelegt als vielmehr auf geführte Sammlung und die Fokussierung der Aufmerksamkeit auf die Atmung und die feinstofflichen Bereiche. Der Schwerpunkt liegt nicht bei der körperlichen Aktion, sondern eher bei einer bewussten Kontemplation.

Die vermittelten Werte sind Akzeptanz und Gelassenheit anderen und sich selbst gegenüber.

Swami Ramas Lebensziel war es, die Weisheitsschätze des Ostens mit den Errungenschaften der westlichen Kultur zu verbinden, was auch in seinen Veröffentlichungen zum Ausdruck kommt. In seiner Autobiografie *Unter Meistern des Himalaya* (2000)[101] beschreibt er seine Erfahrungen in Indien, die zahlreichen Begegnungen mit nackten Weltentsagern, einem feuerspeienden Swami, einem jesuitischen Sadhu und mit Sri Aurobindo. Die mit 480 Seiten wahrlich umfangreiche Selbstdarstellung endet mit den Umständen seiner Reise in den Westen und einer Darlegung dessen, was die Himalaya-Tradition »vollkommen einzigartig« macht. In einer Orientierung, die fünfzehn Punkte umfasst, heißt es an zweiter und dritter Stelle: »Der Menschheit selbstlos zu dienen in Gedanken, Worten und Werken ist Ausdruck der Liebe. Das Yoga-System von Patañjali akzeptieren wir als Vorstufe für die höheren Praktiken unserer Tradition, aber philosophisch folgen wir dem Advaita-System von einem Absoluten ohne Zweites.«

Sowohl die Inanspruchnahme der »höheren Praktiken unsere Tradition« als auch die Aussage zur selbstlosen Liebe erhielten 1990 einen empfindlichen Dämpfer, als das *Yoga Journal* in seiner November/Dezember-Ausgabe ausführlich von sexuellen Verfehlungen und sogar sexuellem Missbrauch Swami Ramas berichtete. Unter dem Titel »The Case Against Swami Rama of the Himalayas«[102] (»Der Fall Swami Rama aus dem Himalaya«) schreibt Katharine Webster von mehreren, zumeist sehr jungen Frauen, die sich im Himalayan Institute in Honesdale aufhielten oder dort arbeiteten und von Swami Rama bedrängt, manipuliert und genötigt wurden, mit ihm Sex zu haben. Die ersten Vorfälle ereigneten sich demnach bereits 1979. Gegen das Himalayan International Institute of Yoga Science and Philosophy of the USA, das auf die Hinweise der betroffenen Frauen nicht einging und ihnen jegliche Hilfe versagte, wurde 1997 eine Geldbuße von 1,6 Millionen US-Dollar sowie eine Entschädigungszahlung von 275 000 US-Dollar verhängt. Die Klägerin Jasmine Patel war zum Zeitpunkt des Missbrauchs neunzehn Jahre alt und Schülerin von Swami Rama.

Dieser Schatten auf der charismatischen Lichtgestalt Swami Ramas zeigt, genauso wie der Fall Amrit Desai, dass auch ein intelligenter und disziplinierter Yogameister, der sich mit viel Energie und Engagement für das körperliche und spirituelle Wohl anderer eingesetzt hat, charakterlich schwach und von körperlichen Bedürfnissen und Leidenschaften gesteuert sein kann. Moralisch verwerflich und bedenkenswert ist hier nicht nur der – an sich schon schlimme – Missbrauch von jungen Frauen, sondern auch der immense Widerspruch zum selbst gewählten Anspruch auf Enthaltsamkeit und zölibatäres Leben. Großer Schaden wurde durch die Übergriffe selbst und auch durch die Ignoranz leitender Mitarbeiter angerichtet, die jede offene Auseinandersetzung vermieden, aber der Redaktion des *Yoga Journal* als Überbringerin der schlechten Nachricht die für die nächsten zehn Jahre vereinbarten Anzeigen entzogen.

In den letzten Jahren seines Lebens zog sich Swami Rama erneut nach Nordindien zurück, baute in der Gegend nordwestlich von Rishikesh ein großes Krankenhaus mit Universitätsanbindung zur Ausbildung von Ärzten und Krankenpflegern auf und leitete es – ein Großprojekt, das 1994 mit einer Bettenkapazität von 250 begann und auf 2000 Betten ausgebaut werden soll.

Neben Pandit Rajmani Tigunait, der das Himalaya Institute in Honesdale leitet und 2001 die Swami-Rama-Biografie *At the eleventh Hour* veröffentlichte (die keinerlei Hinweis auf seine Affären enthält), ist Mahamandaleshwara Swami Veda Bharati einer der namhaften Nachfolger Swami Ramas. Nach eigener Aussage begann er bereits mit neun Jahren, das Yoga-Sūtra und die Veden zu unterrichten. Bevor er 1968 einer der vertrautesten Schüler von Swami Rama wurde, war er viele Jahre als Professor für Sanskrit in den USA tätig und hieß zu jener Zeit noch Dr. Usharbudh Arya.

Durch Swami Veda, wie ihn seine Schüler nennen, wird heute die Himalaya-Tradition der Initiation und des Lehrens der indischen Philosophie weitergegeben. Beständige Reisen in alle Erdteile bestimmen sein Leben. Er leitet unter anderem einen großen Ashram in Nordindien und ist ein weltweit geschätzter spiritueller Lehrer. Swami Veda ist Autor mehrerer Bücher über Yogaphilosophie – auf Deutsch unter anderem *Das Licht der zehntausend Sonnen. Inspirationen* (2003)[103] – und hat einen Kommentar zum Yoga-Sūtra geschrieben. In der Regel besucht Swami Veda Bharati das Himalaya Institut Hamburg einmal pro Jahr, um dort Seminare abzuhalten.

DHIRENDRA BRAHMACHARI
(1924–1994)

Dhirendra Brahmachari hieß ursprünglich Dhir Chandra Chaudhari und entstammte einer Bauernfamilie im nordostindischen Bundesstaat Bihar. Sein Geburtsort war wahrscheinlich das Dorf Chandpura. Im Alter von zwölf Jahren las er in der Bhagavad Gītā, wie Krishna zu Arjuna sagt: »Der Yogi ist größer als die Asketen, er ist größer als die Wissenden, größer als jene, die rituelle Handlungen vollziehen; werde darum ein Yogi!« Da beschloss er, ein Yogi zu werden. Mit dreizehn Jahren verließ er sein Elternhaus. Er suchte viele Meister auf, aber trotz aller Bemühungen schien es zunächst unmöglich, einen persönlichen Guru zu finden, denn viele sogenannte Meister entpuppten sich als Scharlatane, oder sie stellten Forderungen bezüglich Kleidung und Haartracht an ihn, die der eigenwillige, starrköpfige junge Mann nicht akzeptierte.

Nach Jahren der Wanderung schien er vollkommen verarmt gestrandet zu sein. Über diese dunkle Zeit der Verzweiflung sagte er selbst: »Ich hatte keine Vorstellungen mehr von einem Guru, mein Geist war absolut leer. Aber nur wenn das Leben schwarz ist wie eine schwarze Tafel, kann man etwas Neues darauf schreiben; nur wo absolute Leere ist, kann man etwas Neues hineingießen; nur wenn

keine eigenen Vorstellungen mehr existieren, ist der Mensch bereit, Neues –
oder das Absolute – zu erkennen und zu akzeptieren. Es ist ein Zustand zwischen absoluter Hingabe und dem Offensein für das Göttliche oder das, was immer man sein Gegenteil nennt.«

Schließlich wurde Dhir Chandra Chaudhari Schüler von Hari Bhakt Caitanya und Maharshi Karttikeya (gest. 1953). Ersterer machte ihn in seinem Ashram
mit verschiedenen Yogatechniken vertraut. Dort praktizierte er in einer Höhle
Prānāyāma, und es gelang ihm, einen Zustand vollkommener innerer Ruhe zu
erreichen.

Zusammen mit seinem Guru Hari Bhakt Caitanya gab Dhirendra Brahmachari in Kalkutta Yogaunterricht, und 1956 wurde dort sein erstes Buch *Yogic
Sukshma Vyayama* veröffentlicht.

Dhirendra Brahmachari ließ sich in Neu-Delhi nieder, wurde erst Lehrer des
damaligen indischen Ministerpräsidenten Jawaharlal Nehru und später Mentor von dessen Tochter, der Ministerpräsidentin Indira Gandhi (1917–1984) und
ihrer Familie, die er bereits 1957 in Kaschmir kennen gelernt hatte. Durch
diesen Kontakt kam er zu einem Grundstück im Zentrum Neu-Delhis, wo er
den Vishvayatan Yogashram[104] gründete. In diesem Ashram findet heute noch
Yogaunterricht im Freien statt. In den sechziger Jahren bereiste Dhirendra Brahmachari, den man auch den indischen Rasputin nannte, mehrfach die UdSSR,
um dort Yoga populär zu machen und russische Kosmonauten zu unterrichten.

1970 erschien Dhirendra Brahmacharis zweites Buch *Yogasana Vijnana*, ein
Werk über das richtige Üben der Yogastellungen. In Deutschland erschienen
von ihm *Yoga progressiv* (1984) und *Yoga hilft heilen* (1987).[105]

Da Indira Gandhi großen Wert auf seinen Rat legte – sogar ihre Privaträume
waren ihm frei zugänglich –, wurde Dhirendra Brahmachari berühmt und ein-
flussreich, nannte eine Luxuslimousine von Mercedes und ein Privatflugzeug
sein Eigen. Er unterhielt neben dem großen Ashram in Delhi weitere Zentren in
Jammu, Katra, Lucknow und in Mantalai, einem kleinen Bergdorf in Kaschmir.
Tausende von Menschen ließen sich von ihm unterweisen und inspirieren.
Nach der Ermordung Indira Gandhis durch zwei ihrer Sikh-Leibwächter am
31. Oktober 1984[106] sanken auch der Stern und das Ansehen Dhirendra Brahmacharis.

1988 informierte er die Öffentlichkeit, er sei sehr enttäuscht darüber, dass fast
alle Menschen Yoga oberflächlich praktizierten und dass von seinen Anhängern
und Schülern niemand bereit sei, als asketischer Yogi zu leben, worauf er sich

zurückzog. Andere Gründe für seinen Rückzug waren verschiedene Anschuldigungen, denen er ausgesetzt war – diese reichten von Schmuggel bis zur illegalen Waffenfabrikation.

Zuletzt akzeptierte und unterrichtete er nur noch den Schweizer Postangestellten Reinhard Gammenthaler als seinen letzten Schüler, da dieser genügend Hingabe, Selbstdisziplin und Durchhaltewillen zeigte und gleich zu Beginn der Begegnung in der Lage war, ihm das schwierige *khecarī mudrā* vorzuführen. Gammenthaler verbrachte längere Perioden mit Dhirendra Brahmachari in Mantalai und ließ sich in der Abgeschiedenheit der Berge unterweisen. Da er jedoch nicht in der Lage war, die Atemluft für eine Stunde anzuhalten, wurde Reinhard Gammenthaler von seinem unzufriedenen Guru wieder zurück in die Schweiz und infolge eines Schriftwechsels dann nach Afrika zwecks Studiums des Animismus und des Voodoo-Kults und anschließend nach Pakistan zur Auseinandersetzung mit dem Sufismus geschickt.

Anfang Juni 1994 kündigte Dhirendra Brahmachari in seinem Vishvayatam Yogashram in Delhi seinen endgültigen Weggang aus dieser Welt an. Wenige Tage später, am 9. Juni 1994, zerschellte er mit seinem kleinen einmotorigen Flugzeug an einem Berghang bei Mantalai.

SATYANANDA SARASWATI
(geb. 1923)

Swami Satyananda Saraswati wurde am 26. Juli 1923 in einer Kleinstadt in der Nähe von Almora im nordindischen Bundesstaat Uttar Pradesh geboren. Er begegnete seinem Guru, Swami Sivananda Saraswati, in Rishikesh, wurde in den Ashram aufgenommen und von Swami Sivananda 1943 zum Samnyāsin des Dashanāmi-Ordens geweiht. Zwölf Jahre lang blieb er im Ashram und praktizierte arbeitsam und hingebungsvoll Karma-Yoga.

Im Jahr 1955 verließ Satyananda den Ashram in Rishikesh und zog im Auftrag seines Gurus, der ihn ein »vielseitiges Genie« nannte, als Bettelmönch durch ganz Indien. Ein Jahr später gründete er das International Yoga Fellowship Movement in Rajnandgaon und 1963 die Bihar School of Yoga in Munger (Bihar), eine Einrichtung, die mittlerweile von der indischen Regierung als Ausbildungs- und Forschungsinstitut anerkannt wird. Zudem gründete er das Sivananda Math, ein Hilfsprojekt für sozial Schwache, und 1984 die Yoga Research Foundation.

1969 setzte Satyananda einen weiteren Auftrag seines Lehrers in die Tat um und reiste nach Europa, in die USA und nach Australien, um den religiösen Yoga, der vom Vedānta und tantrisch ausgerichteten Hatha-Yoga geprägt ist, im Westen zu verbreiten. Er entwickelte im Lauf der Jahre ein eigenes Yogakonzept und weihte, wie schon sein Lehrer Swami Sivananda, auch Frauen in Samnyāsa[107] ein. Die bekannteste Übung der Satyananda-Tradition ist Yoga-

Nidrā, der Yoga-Schlaf. Hierbei wird mittels geführter Tiefenentspannung und Visualisierung der Körper in den »Schlaf« versetzt, während der Geist wach bleibt und in die Meditation geführt wird. Charakteristisch ist zudem tantrisches Kriyā-Yoga, zu dem neben der Āsana- und Prānāyāma-Praxis auch Mudrās, Bandhas und innerphysische Reinigungsübungen (*sat-karma*) sowie die Praxis der Einweihung gehören, weshalb auch Schüler aus westlichen Ländern Sanskritnamen tragen.

Swami Satyananda hat achtzig Bücher verfasst, zumeist Texte über Yoga und das spirituelle Leben. Die bekanntesten Publikationen in deutscher Sprache sind *Asana Pranayama Mudra Bandha* (1992)[108] und *Yoga Nidra* (1989)[109].

1988 zog sich Satyananda von allen organisatorischen Verpflichtungen und Leitungsfunktionen zurück, verließ Munger und begab sich auf eine Pilgerreise. Zum neuen Repräsentanten des Satyananda-Yoga wurde Swami Niranjananda (geb. 1960), den er bereits fünf Jahre zuvor zu seinem Nachfolger ernannt hatte.

Swami Satyananda lebt seit etlichen Jahren in Rikhia (District Deoghar), wo er das Sādhana der fünf Feuer (*pañcāgni sādhana*) ausführt. Einmal im Jahr empfängt er seine Anhänger, die zu Tausenden zu ihm pilgern. Seit dieser Phase des Rückzugs äußert sich Satyananda nicht mehr zur Kundalini oder zum Hatha-Yoga, seine Äußerungen beziehen sich nur noch auf Bhakti, die Liebe zu Gott, und er bezeichnet sich selbst als Hanumān, was die höchste Hingabe an das Göttliche symbolisiert. Indem er den Menschen seiner Umgebung dient, dient er der von ihm verehrten Göttin.

In Deutschland wird die Lehre Satyanandas durch die Deutsche Swami Prakashananda und durch ein in Hannover befindliches Zentrum der Skandinavischen Yoga- und Meditationsschule vermittelt, deren erste Schule 1970 von dem Dänen Swami Janakananda in Kopenhagen gegründet wurde. In Europa gibt es zehn Satyananda-Zentren, in Australien und Neuseeland fünfzehn, und in Indien existieren mehr als einhundert Niederlassungen.

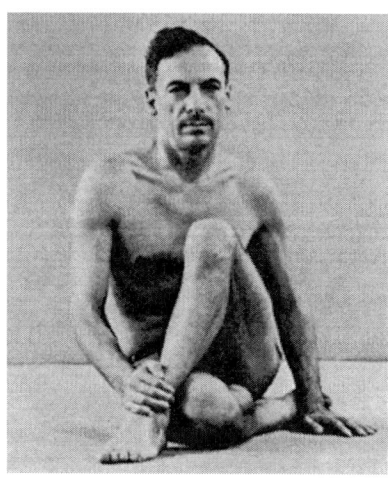

ANDRÉ VAN LYSEBETH
(1920–2004)

Der am 11. November 1919 geborene und am 28. Januar 2004 verstorbene Belgier André van Lysebeth bezeichnete sich gern als »Wegbereiter des Yoga im Westen«, und ganz sicher hat er maßgeblich zur Verbreitung des Yoga in Europa beigetragen. Er verfasste mehrere Standardwerke über Yoga und ein umfangreiches Kompendium über Tantra. Seine Bücher wurden in vierzehn Sprachen übersetzt und erreichten zum Teil mehrere Auflagen in Millionenhöhe. Van Lysebeths Lehrtätigkeit prägte eine ganze Generation von Yogalehrern.

André van Lysebeth begann mit neunzehn Jahren, Yoga zu praktizieren. Seit 1949 war er Schüler von Swami Sivananda, von dem er schriftliche Unterweisungen durch Briefe und Broschüren erhielt, doch erst 1963, kurz vor dem Tod Sivanandas, traf van Lysebeth seinen Meister in Rishikesh persönlich. Sivananda soll ihn während dieser Begegnung ermutigt haben, eine Yogazeitschrift für »den Westen« herauszugeben. Diese erscheint auch bis heute in französischer Sprache unter dem Titel *Yoga*. Parallel dazu lernte André van Lysebeth 1950 bei dem Yogi Shrikantha Rao, der sich für einige Monate in Brüssel aufhielt.

Auf Anfragen von verschiedenen Seiten begann van Lysebeth seine Yogaerfahrungen in Form von Vorträgen weiterzugeben, zu denen jeweils auch das Demonstrieren von Āsanas gehörte. Die näheren Umstände eines solchen Vortrags beschrieb van Lysebeth wie folgt: »Eines Tages rief mich Julien Tondrieau von der orientalischen Abteilung des Belgischen Museums an. Er hatte von mir gehört und wollte mit mir zusammen eine Tournee auf die Beine stellen, bei der er jeweils einen Vortrag halten würde, und ich hätte diesen mit Āsanas zu illustrieren.

Anfang der fünfziger Jahre erinnere ich mich an einen denkwürdigen Auftritt in einem Lokal in der Altstadt von Brüssel. Der Saal war zum Bersten voll, die Zuschauer standen dicht gedrängt am Tisch, auf dem ich meine Āsanas ausführen sollte. Da nur die Vordersten etwas sehen konnten, entschlossen wir uns, einen zweiten Tisch auf den ersten zu stellen, und obenauf vollführte ich meine Āsanas.«[110]

Das erste Buch von André van Lysebeth erschien 1968 unter dem Titel *J'apprends du Yoga* (deutscher Titel *Yoga für Menschen von heute* (1981)[111]). Es beschreibt die von Sivananda zusammengestellte Rishikesh-Reihe, die aus zwölf Yoga-Grundhaltungen besteht, sowie Ernährungshinweise. Van Lysebeth wollte zwar nicht, dass seine Schüler den Tagesablauf indischer Yogis kopieren, dennoch sollten sie eine ganzheitliche, gesunde Lebensweise praktizieren. Die Beschreibung der Āsanas und ihrer Varianten ist detailliert und veranlasste manchen euphorischen Rezensenten zu der Behauptung, mit diesem Buch könne man Yoga auch ohne Lehrer erlernen.

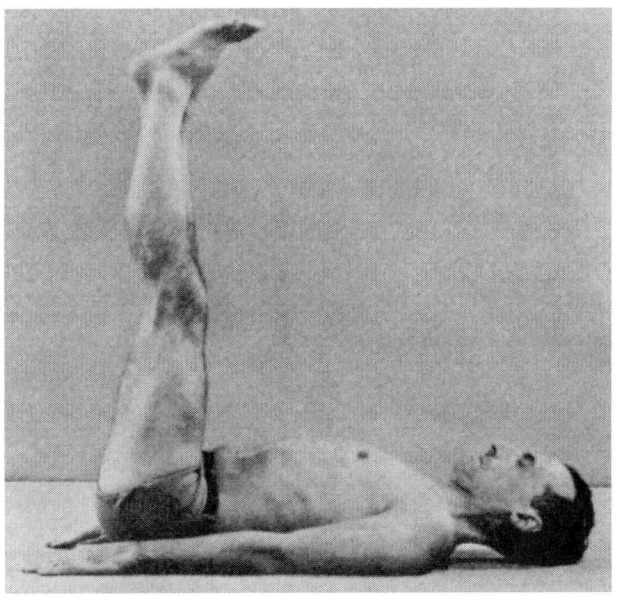

Charakteristisch für van Lysebeths Bücher sind die Fotos, auf denen der Autor und seine Frau Denise van Lysebeth die Āsanas vorführen. Ein weiteres Markenzeichen ist die konsequente Eindeutschung aller Sanskrit-Begriffe in den deutschen Buchausgaben.

Van Lysebeths nächstes Buch *Je perfectionne mon Yoga* (erschienen 1969; deutscher Titel *Durch Yoga zum eigenen Selbst* (1991)[112]) beschreibt weitere Āsanas und außerdem Kriyās, hier im Sinne »yogischer Reinigungstechniken«. Im selben Jahr veranstaltete van Lysebeth ein erstes internationales Yoga-Kolloquium im Kongresshaus von Brüssel, an dem 1500 Personen aus dem In- und Ausland teilnahmen.

Das folgende Buch, *Pranayama – la dynamique du Souffle* (1993)[113], thematisiert die verschiedenen Atemtechniken des Yoga. Nach eigenen Angaben war van Lysebeth der Erste, der bestimmte fortgeschrittene Atemübungen in einer westlichen Sprache dokumentierte und außerdem Fotos vom Praktizieren in indischen Ashrams veröffentlichte. Das Buch bietet eine gründliche Erläuterung der indischen Vorstellungen von Prāna/Apana und den Cakren und enthält als wahrscheinlich einziges Buch zu dieser Thematik den Hinweis, dass alle Versuche, Nādis und Cakren mit Strukturen des physischen Körpers zu identifizieren, gescheitert sind.

Zuletzt, 1989, erschien *Le Tantra, le Culte de la Féminité* (deutscher Titel *Tantra für Menschen von heute*), ein – leider – vergriffenes, 476 Seiten umfassendes Standardwerk, in dem André van Lysebeth die Intention des Tantra wie folgt definiert: »Fügt man der Wurzel *tan* (ausziehen, ausbreiten) das Suffix *tra* (welches das Instrumentelle ausdrückt) hinzu, dann erhält man *tan-tra*, im wörtlichen Sinn also das Instrument zur Erweiterung des Bewusstseins, um Zugang zum Überbewussten zu erlangen, das die Grundlage des Seins und Zentrum unbekannter Kräfte ist, die das Tantra erwecken und einsetzen will.«[114]

Am Ende dieses umfassendsten Buches über die Praxis und die Dimensionen des Tantra, das jemals in deutscher Sprache erschienen ist, stellt van Lysebeth fest, dass Theorie ohne Praxis nicht viel taugt und umgekehrt. Dies bringt zugleich zum Ausdruck, wie van Lysebeth stets auch Yoga in sein Leben integrierte: in einem ausgewogenen Verhältnis von Theorie und Praxis.

B. K. S. IYENGAR
(geb. 14. Dezember 1918)

Iyengar ist der Gründer und Namensstifter des Iyengar-Yoga, einer Form des Hatha-Yoga, und einer der renommiertesten Yogalehrer weltweit. Zahlreiche Yogalehrer und -einrichtungen beziehen sich auf ihn. Einige der bedeutendsten Yogapublikationen stammen von Iyengar, darunter Bestseller wie *Light on Yoga* (1966; deutscher Titel *»Licht auf Yoga«* (1993)[115]), in dem er alle klassischen Āsanas klassifiziert und beschrieben hat.

Bellur Krishnamachar Sundararaja (BKS) Iyengar wurde am 14. Dezember 1918 in Bellur geboren und wuchs in ärmlichen Verhältnissen auf. Seine Kindheit wird als schwierig beschrieben. Zur Zeit seiner Geburt wurde sein Heimatort von einer Grippe-Epidemie heimgesucht, die auch ihn erfasste und ihn als schwaches Kind zurückließ, das wechselnd an Malaria, Typhus und Tuberkulose litt und unterernährt war. Sein Vater starb, als er neun Jahre alt war.

Mit fünfzehn Jahren wurde Iyengar Schüler des berühmten Yogi Sri T. Krishnamacharya. Bei ihm lernte er in Mysore vor allem Āsana-Übungen, und schon bald begann sich sein Gesundheitszustand zu verbessern.

Auf Anregung von Krishnamacharya ging Iyengar 1937 nach Poona, um dort Yoga zu lehren. In vielen Stunden täglicher Praxis und experimentellem Selbststudium verschiedener Techniken entwickelte er seinen eigenen Stil. Da sein methodisches Vorgehen immer effizienter wurde, stiegen die Zahl seiner Schüler wie auch sein Bekanntheitsgrad stetig, doch der Zeitpunkt des internationalen Erfolgs ließ noch auf sich warten. 1943 wurde Ramamani seine Frau, in einer für Indien üblichen arrangierten Hochzeit.

1952 besuchte Yehudi Menuhin, der berühmte Violinvirtuose, Iyengar, und die beiden Männer wurden Freunde. Menuhin ermöglichte es Iyengar, in London, in der Schweiz, in Paris und an anderen Orten der Welt Yoga zu lehren. Für viele Menschen des Westens war dies die erste Begegnung mit Yoga. Die Iyengar-Methode wurde allmählich populär. 1966 veröffentlichte Iyengar das bereits erwähnte Buch *Licht auf Yoga*, das in den folgenden Jahren in achtzehn Sprachen übersetzt und zu einem Yogaklassiker wurde.

© Ralf S. Schütt

B. K. S. Iyengar in Berlin, 1996 im Haus der Kulturen der Welt

Was Yoga nach Iyengar auszeichnet, ist das genaue, detaillierte Arbeiten am Körper, wodurch während des Übens eine innere Dynamik entsteht, durch die jede Haltung zu einem den ganzen Menschen erfassenden Geschehen werden kann. Dies wirkt auf den Menschen heilsam und verjüngend. Insbesondere bei Menschen mit Erkrankungen oder Behinderungen hat B. K. S. Iyengar in vielen Fällen beachtliche Erfolge in seinem Institut erzielt, zumeist in den berühmten sogenannten Medical Classes. Erst wenn die Āsana-Praxis beherrscht wird, werden die Atemübungen des Prāṇāyāma vermittelt. Was Yoga nach Iyengar ebenfalls auszeichnet, ist der Einsatz von Hilfsmitteln (props). So werden Gürtel, Holzklötze, Stühle, feste Kissen, Gewichte, von der Wand oder der Decke hängende Seile oder eigens gefertigte Bänke und andere Hilfsmittel eingesetzt, um bei der Ausführung der Haltungen unterstützend zu wirken. Übenden mit weniger Erfahrung oder Kondition wird so ein längeres Verweilen in einer Yogahaltung ermöglicht. Eine beabsichtigte Wirkung kann dadurch auch in verschiedenen Varianten und alternativen Haltungen erreicht werden.

Der Einsatz von Hilfsmitteln ist beim Iyengar-Yoga so charakteristisch, dass sich einer der wenigen Yogawitze genau darauf bezieht. Frage: Wie viele Iyengar-Yogis braucht es, um eine Glühlampe zu wechseln? Antwort: Nur einen! – Aber dieser benötigt dafür eine rutschfeste Matte, einen Hocker, eine Bandage, ein Polster, zwei Blocks, zwei Gurte, drei Gewichte, fünf Decken, sechs Seile, sechs verschieden große Sitzbänke, ein hölzernes Pferd und ein Zertifikat der Iyengar Yoga Teachers Association.

Ende der sechziger und während der siebziger Jahre wurde Hatha-Yoga die am meisten praktizierte Form des Yoga in Europa und den USA. Weitere Berühmtheiten unter den Schülern Iyengars waren der Schriftsteller Aldous Huxley, der indische Philosoph und spirituelle Lehrer Jiddu Krishnamurti (1895–1986) und die damals neunzigjährige Königin Elisabeth von Belgien. 1975 eröffnete Iyengar das Ramamani Iyengar Memorial Yoga Institute in Poona, in Erinnerung an seine kurz zuvor verstorbene Frau.

Aus dem Lehrbetrieb zog sich Iyengar ab 1984 nach und nach zurück; er blieb aber dennoch in seiner Schule aktiv, unterrichtete spezielle Kurse und schrieb Bücher wie *Der Baum des Yoga* (2001)[116] und *Der Urquell des Yoga* (1995)[117]. Seine Tochter Geeta und sein Sohn Prashant sind inzwischen selbst zu international anerkannten Lehrern geworden. Im Jahr 2002 wurde B. K. S. Iyengar mit dem Padma Bhushan, dem dritthöchsten indischen Zivilorden nach dem Bharat Ratna und dem Padma Vibhushan, geehrt.

SELVARAJAN YESUDIAN
(1916–1998)

Selvarajan Yesudian wurde am 25. Februar 1916 als Sohn eines indischen Arztes in Sholinghur, Tamil Nadu (Südindien) geboren. Er war ein kränklicher Junge und durchlebte fast alle schweren Kinderkrankheiten und auch andere gravierende Erkrankungen. Durch die Begegnung mit seinem Meister, der ihn Yoga lehrte, änderte sich sein Leben, und aus dem schwachen Jungen wurde ein kräftiger Mann.

Im Jahre 1936 reiste er nach Ungarn, um Medizin zu studieren. In Budapest lernte er die Künstlerin Elisabeth Haich (1897–1994) kennen, die ein Faible für Mystik und Esoterik hatte und Ende der dreißiger Jahre die erste Yogaschule in Budapest gründete. Yesudian begann, mit ihr zusammen Vorträge und Kurse über Yoga zu geben. Zusammen veröffentlichten sie ein erstes gemeinsames Buch, *Sport und Yoga* (deutsche Ausgabe 1949)[118], das sofort ein Bestseller wurde. Bis heute wurden davon über vier Millionen Exemplare in über zwanzig Sprachen verkauft. Während des Zweiten Weltkriegs und der ersten Jahre der ungarischen Revolution stand Yesudian seinen Schülern und Freunden unerschütterlich bei und unterstützte sie. In den Wirren der russischen Besatzung wurde ein weiteres Wirken unmöglich, und so flüchtete er zusammen mit Elisabeth Haich 1948. Beide planten, über die Schweiz in die USA auszuwandern.

In Zürich wurden sie jedoch von Freunden gebeten zu bleiben. Sie ließen sich dort nieder und bauten die international bekannte Yogaschule Yesudian/

Haich auf. Weitere Yogaschulen entstanden in St. Gallen und Bern; im sonnigen Tessin der Schweiz entstand die Yogaschule in Ponte-Tresa. In zahlreichen Vorträgen, Yogastunden, Beratungen und durch seine Bücher gab Selvarajan Yesudian seine Erfahrungen an Zehntausende von Menschen weiter.

Der Yogaunterricht gemäß Yesudian ist durch folgende Grundsätze geprägt:
1. einen klar strukturierten Aufbau der Yogastunde;
2. die Ausführung der Übungen mit geschlossenen Augen;
3. Konzentration und Bewusstseinslenkung;
4. Verstärkung der positiven Wirkung durch Befehle;
5. entspannte Ausführung der Übungen, ohne Forcierung;
6. ruhige Stimmführung des Lehrenden;
7. ein Yogaprogramm zum Üben zu Hause.

Folgende Reihenfolge strukturiert die Unterrichtsstunden: kurze Versenkung in gerader Sitzhaltung, ein kurzer Vortrag zur Philosophie bzw. zu den Intentionen und Hintergründen des Yoga, Atemübung mit vollständiger Yogaatmung, Prāṇāyāma im Sitzen; Āsana-Praxis, bei der die Atmung den Rhythmus der Übungen bestimmt, Regeneration, Meditation und Tiefenentspannung.

1990 übergab Selvarajan Yesudian seine Yogaschule in St. Gallen an seinen langjährigen Mitarbeiter und Freund Rolf Heim, der seither zusammen mit seiner Frau Susy und seinem Sohn Rolf Victor die Schule weiterführt. Am 26. Oktober 1998 starb Selvarajan Yesudian in Zürich.

PATTABHI JOIS
(geb. 1915)

Sri Krishna Pattabhi Jois wurde an einem Vollmondtag im Juli 1915 geboren. Sein Geburtsort war das Dorf Kowshika in der Nähe der Stadt Hassan im südindischen Bundesstaat Karnataka. Obwohl in seinem Geburtsort nur 500 Menschen leben und das Dorf lediglich eine Hauptstraße hat, befinden sich dort drei Tempel: ein Vishnu-Tempel in unmittelbarer Nähe von Jois Geburtshaus und am anderen Ende der Straße ein Ganapati- und ein Shiva-Tempel. Beide sind mehrere hundert Jahre alt.

Der Vater von Pattabhi Jois war ein Astrologe und Priester, der die Pūjā-Zeremonien vieler Familien des Dorfes ausrichtete. Wie die meisten Brahmin-Jungen wurde auch Pattabhi Jois schon früh mit den Veden und den Hindu-Ritualen vertraut gemacht. Als er zwölf Jahre alt war, besuchte er eine Yoga-vorführung in seiner Schule in Hassan. Am nächsten Tag ging er los, um den Yogi zu treffen, der am Tag zuvor Āsanas vorgeführt hatte. Es war Sri T. Krishnamacharya, der wiederum bei Rama Mohan Brahmachari in einer Höhle in Tibet Yoga gelernt hatte.

Für die nächsten zwei Jahre nahm Pattabhi Jois täglich bei Krishnamacharya Unterricht. Als Jois vierzehn Jahre alt war, fand seine Brahmin-Zeremonie statt, und Jois verließ sein Dorf, um nach Mysore zu gehen, wo er die Sanskrit University besuchen wollte. Auch Krishnamacharya verließ zu jener Zeit Hassan, um zu reisen und unterwegs Yoga zu unterrichten. Mit zwei Rupien in der Tasche machte Jois sich zusammen mit zwei Freunden auf den Weg. Die über hundert Kilometer legten sie mit dem Fahrrad zurück. Es begann eine schwierige Zeit, denn Pattabhi Jois hatte kaum Geld und musste oftmals betteln gehen, um wenigstens etwas zum Essen zu haben. Aber trotz aller Widrigkeiten absolvierte er sein Studium.

Wieder besuchte er eine Yogademonstration, und wieder war es Krishnamacharya, der die Āsanas vorführte. Jois ging zu ihm und warf sich vor ihm nieder. Erneut nahm er Yogaunterricht bei Krishnamacharya.

Der Maharaja von Mysore, Krishna Rajendra Wodeyar, war zu jener Zeit sehr krank. Er hatte gehört, dass sich ein großer Yogi in Mysore aufhielt, und so rief er Krishnamacharya zu sich, und dieser heilte ihn. Der Maharaja wurde ein großer Gönner und Förderer Krishnamacharyas und ließ für ihn auf dem Grundstück der Kunstgalerie des königlichen Palastes eine Yogashala (Schule für Yoga) erbauen.

Gelegentlich wurde auch Pattabhi Jois gebeten, den Maharaja zu unterrichten. Zudem wurde er mehrfach gerufen, um Yogahaltungen zu demonstrieren. Der Maharaja mochte Pattabhi Jois und forderte ihn auf, auch am Sanskrit College Yoga zu unterrichten. Er zahlte ihm ein Stipendium, ließ ihn in seinem Speisesaal kostenfrei essen und setzte ihn auf die Gehaltsliste, worüber Pattabhi Jois ausgesprochen glücklich war. Krishnamacharya stimmte dem Ganzen zu, und so begann das Yoga Department des Sanskrit College am 1. März 1937 mit dem Unterricht. Jois leitete diese Abteilung bis 1973.

Er heiratete Savitramma, die aus einer Familie von Sanskritgelehrten stammte[119], und bezeichnete die Eheschließung als »Liebesehe«. Demnach war dies keine von den Eltern arrangierte Ehe, wie sonst in Indien üblich.

Aus der Ehe gingen drei Kinder hervor: Manju, Ramesh und Saraswati. Die Tochter Saraswati ist wiederum die Mutter von Sharath, der 1971 geboren wurde und nun als Kodirektor der Yogaschule von Mysore fungiert.

Im Jahr 1964 kam der Belgier André van Lysebeth als erster Praktizierender aus dem Westen zu Pattabhi Jois, um Yoga zu studieren und zu praktizieren. Nach einigen Jahren wuchs die Anzahl der Europäer, die nach Mysore reisten. Die ersten US-Amerikaner kamen 1972, nachdem sie Pattabhi Jois Sohn Manju im Gitananda-Ashram in Pondicherry getroffen hatten. An diesem Punkt begann die Erfolgsgeschichte des Ashtānga-Yoga nach Pattabhi Jois in Nordamerika – zunächst in Kalifornien, später auch auf Hawaii.

Die erste Reise von Pattabhi Jois und seinem Sohn Manju in die USA fand 1975 statt. Seitdem hat sich Ashtānga-Yoga weltweit stark verbreitet, insbesondere in den USA, in Frankreich, in Deutschland, in Russland, in Japan, in Israel, in England, in Kanada, in Australien und Neuseeland. Seit nunmehr siebzig Jahren unterrichtet Pattabhi Jois ununterbrochen die gleiche Methode, die er 1927 von Krishnamacharya gelernt hat. Diese bezieht sich auf das Prinzip des Vinyāsa Krama, das er in eigener Weise interpretiert. Jois beruft sich auf eine in den dreißiger Jahren in Kalkutta entdeckte Schrift, auf die er seine Form von Übungsreihen des Ashtānga-Vinyāsa-Yoga gründet, wobei der Begriff Ashtānga auf den achtgliedrigen Pfad des Patañjali weist, der den geistigen Hintergrund seines Systems bildet, und Vinyāsa meint eine Āsana-Praxis, bei der die Āsanas nicht gehalten, sondern durch dynamische Bewegung miteinander verbunden werden. Patthabi Jois lehrt in diesem Sinne sechs feststehende Übungsreihen mit aufsteigendem Schwierigkeitsgrad, die, verbunden mit rhythmischer *Ujjāyī*-Atmung[120] und *bandhas*, sehr kraftvoll und schweißtreibend ausgeführt werden. Ein weiterer wesentlicher Aspekt zum Erlangen eines ruhigen und konzentrierten Geistes ist die Ausrichtung des Blickes auf einen bestimmten Punkt, was *drishti* genannt wird.

SATCHIDANANDA
(1914–2002)

Satchidananda wurde am 22. Dezember 1914 im südindischen Bundesstaat Tamil Nadu als Sohn wohlhabender und gläubiger Hindus geboren, die ihren Sohn Ramaswamy nannten. In seiner Kindheit spielte er mit seinen Freunden gern das Rollenspiel »Der Guru und seine Schüler«. Als Erwachsener machte er Karriere als Manager bei Indias National Electric Works, und man beschrieb ihn zu jener Zeit als »umgänglichen Kettenraucher«. Er verliebte sich, heiratete und richtete sich auf ein Leben mit einer Familie ein. In späteren Lebensjahren sagte er, dass er sich mit seiner Rolle des Haushälters und des Vaters von zwei Söhnen im Grunde zu keinem Zeitpunkt gänzlich identifiziert habe.

Nach dem frühen Tod seiner Frau verließ Ramaswamy seine Kinder, um die sich nun seine Mutter kümmerte, und ging den großen spirituellen Fragen nach. Es ging ihm nicht darum, irgendetwas aufzugeben, sondern eine neue Perspektive zu gewinnen, wie er sagte. Die Reise führte ihn in die Berge und in den Dschungel. Über mehrere Jahre machte er heilige Männer und spirituelle Meister ausfindig, darunter solche, von denen es hieß, sie seien über 150 Jahre alt. Für mehrere Wochen hielt er sich im Ramana-Maharshi-Ashram auf. Schließlich traf er auch auf Swami Sivananda, der ihn zum Samnyāsin weihte und in ihm das Potenzial eines Guru erkannte. Dabei erhielt er den Namen Satchidananda.

Ende der fünfziger und einen Großteil der sechziger Jahre leitete Satchidananda das Kandy Thapovanam, einen Ashram auf Sri Lanka. Bereits hier unterrichtete Swami Satchidananda seinen integralen[121] Stil des Yoga, modifizierte und modernisierte alte Gepflogenheiten, lernte Autofahren und bemühte sich, die Fragen spirituell Suchender möglichst rasch zu beantworten. Diese Modernisierung wurde von orthodoxen Hindus zunächst abgelehnt, doch im Nachhinein sah man ein, dass sie im Sinne einer effektiveren Verbreitung des Integralen Yoga nützlich und notwendig war.

Auf Anfrage des US-amerikanischen Künstlers Peter Max, der ein Schüler Satchidanandas war, besuchte dieser 1966 New York. Offensichtlich gefiel ihm das, was er dort vorfand, denn bald nach diesem ersten Besuch zog Satchidananda in die USA und nahm die amerikanische Staatsbürgerschaft an. Seine Lehre des Integralen Yoga und der Erleuchtung verbreitete er nun von seinem neuen Wohnsitz aus.[122] Eines seiner Prinzipien lautete: »Truth is one, paths are many« (»eine Wahrheit, viele Pfade«).

International bekannt wurde Satchidananda durch seinen Auftritt beim Woodstock Festival im August 1969, wo er das legendäre, von 400 000 Menschen besuchte Rock- und Drogen-Picknick auf einem Farmgelände in Bethel, im Bundesstaat New York, mit einer Ansprache eröffnete.

Im Lauf der Jahre verfasste Satchidananda mehrere Bücher, hielt Hunderte von Vorträgen und ordinierte eine Reihe von westlichen Schülern zu Saṃnyāsins. Zu dem damit verbunden Verzicht auf weltliche Dinge sagte er: »Etwas verlieren wirst du nicht. Hast du dich anderen einmal zugewandt, werden sich alle anderen dir zuwenden.«

Er gründete das Integral Yoga Institute, und 1986 wurde in Yogaville, Virginia, das Monument Light of Truth Universal Shrine (LOTUS) errichtet, das Satchidanandas Vision von einer harmonischen Welt widerspiegeln soll.

Am 19. August 2002 starb Satchidananda in seiner Heimat in Südindien. Für sein Bemühen um ein friedliches Miteinander und Verständnis füreinander wurde Satchidananda mit mehreren Preisen ausgezeichnet, unter anderem dem Martin Buber Award for Outstanding Service to Humanity, dem Juliet Hollister Interfaith Award, dem Bnai Brith Anti-Defamation Leagues Humanitarian Award und dem Albert Schweitzer Humanitarian Award.

Zu Satchidanandas allgemein bekannten Anhängern gehören der Dichter Allen Ginsberg, die Jazz-Musikerin Alice Coltrane und der Schauspieler Jeff Goldblum.

SIVANANDA RADHA
(1911–1995)

Während des Zweiten Weltkriegs gelang der in Berlin geborenen Sylvia Demitz, die eine erfolgreiche Tänzerin war, die Flucht aus Deutschland; ihren Ehemann kostete sie das Leben. 1947 heiratete sie den Komponisten Albert Hellmann, der anderthalb Jahre nach der Hochzeit durch einen Blitzschlag verstarb. Sylvia Hellmann emigrierte zunächst nach England, 1951 zog sie nach Kanada. Mit 44 Jahren brach sie nach Indien auf, um in Rishikesh bei Swami Sivananda zu lernen.

1956 wurde sie von ihrem Lehrer als Samnyāsin geweiht und kehrte ein Jahr später auf Empfehlung Sivanandas nach Kanada zurück – sie sollte dem Westen den Yoga nahebringen, wie Sivananda ihn ihr vermittelt hatte.

Swami Sivananda Radha gründete zunächst den Sivananda Ashram Vancouver in Burnaby, British Columbia, der 1963 nach Kootennay Bay in die kanadischen Berge verlegt wurde und den bis heute gültigen Namen Yasodhara Ashram erhielt. Dort wird nach wie vor das von Swami Radha entwickelte Kundalini-Yoga-System »hidden language« (»verborgene Sprache«) vermittelt, in dem die symbolische Bedeutung der einzelnen Āsanas und deren Wirkung auf die Psyche ein wichtige Rolle spielen. Dieses Konzept ist ausführlich in zwei Büchern von Swami Radha dargelegt; zum einen in *Geheimnis Hatha-Yoga – Symbolik, Deutung, Praxis* (1991)[123], zum anderen in *Kundalini-Praxis – Verbindung zum inneren Selbst* (1992), dessen Originalausgabe 1978 unter dem Titel *Kundalini – Yoga for the West* erschien. 1995 starb Swami Radha an Herzversagen.[124]

MUKTANANDA
(1908–1983)

Muktananda entstammte einer reichen Grundbesitzerfamilie aus dem südindischen Distrikt Karnataka und wurde in der Nähe der Küstenstadt Mangalore geboren. Mit fünfzehn Jahren traf er den Wandermönch Bhagavan Nityananda, der ihn so beeindruckte, dass er bald nach dieser Begegnung sein Elternhaus verließ. Er lebte für einige Jahre im Ashram von Swami Siddharudha und lernte dort Yoga, Vedānta und Sanskrit. Nach dem Tod Siddharudhas begann er ein Leben als Sadhu, als wandernder Bettelmönch, zu führen. Obwohl er schon sehr früh für seine Meisterschaft des Yoga bekannt war, erklärte Swami Muktananda oft, dass seine geistige Reise erst anfing, als er *Shaktipata*, die geistige Einweihung, von Bhagawan Nityananda erhielt, in dessen Ashram in Ganeshpuri er 1947 kam. Diese Erfahrung und die folgenden Jahre wurden von Muktananda in seinem Buch *Spiel des Bewusstseins* (deutsche Ausgabe 1975)[125] beschrieben.

Mit diesem Ereignis wurde Muktanandas Kundalini erweckt. Neun Jahre später erlangte Muktananda den Zustand der Erleuchtung. Nach dem Tod Nityanandas (1961) nannte Muktananda seinen Ashram zu Ehren Nityanandas Sri Gurudev Ashram.

Im Westen wurde Muktananda vor allem durch seinen Schüler Baba Ram Dass (Richard Alpert) bekannt, einen Mitarbeiter des »LSD-Guru« Timothy Leary. Mit der wachsenden Popularität in den USA stieg auch sein Ansehen in Indien, wo ihn vor allem Angehörige der Oberschicht und Künstler aufsuchten.

Vielen, die zu ihm kamen, gab er Shaktipata, das heißt, er übertrug seine spirituelle Kraft oder Energie auf den Schüler bzw. die Schülerin. Dies ist die zentrale Technik dieser Tradition: Energietransfer durch den Guru – durch den Blick, durch ein Mantra oder durch Berührung. Zu Schülerinnen fühlte er sich William Rodamor[126] zufolge besonders hingezogen und hatte mit einigen auch sexuelle Beziehungen.

Muktananda gründete in Indien Gurudev Siddha Peeth, eine Stiftung, die seine Tätigkeit dort organisierte, sowie in den USA die SYDA Foundation, um weltweit Aktivitäten der Siddha-Yoga-Meditation zu fördern und zu regeln. Ein berühmt-berüchtigter Schüler Muktanandas war auch Da Free John (siehe S. 105), der 1972 die Dawn Horse Community gründete und rund zehn Jahre Guru von Dr. Georg Feuerstein war.

Bis zu seinem Tod 1983 verfasste Swami Muktananda viele Bücher, von denen sechzehn heute noch erhältlich sind. Des Weiteren gründete Muktananda eine Vielzahl von Meditationszentren und eine Reihe von Ashrams in den USA, in Westeuropa und in Asien. Die Tradition, die Muktananda repräsentierte, war der im 10. Jahrhundert entstandene Kaschmir-Shivaismus[127]; das Weltbild war entsprechend tantrisch geprägt.

Kurz vor seinem Tod bestimmte Swami Muktananda noch zwei Nachfolger: Swami Chidvilasananda (geb. 1955) und Swami Nityananda (geb. 1962), der drei Jahre später seine Aufgabe als Guru beendete. Muktanandas Schülerin Swami Chidvilasananda wurde alleiniges Oberhaupt der Siddha-Yoga-Tradition und Gurumayi der Siddha-Yoga-Schüler. Sie lehrt Swami Muktanandas geistiges Vermächtnis weiterhin weltweit auf ihren Reisen.

»Nur indem man ein Fisch wird, kann man wissen, wie ein Fisch lebt. Um etwas Großes zu verstehen, muss man zuerst eins werden mit ihm. Das ist die wahre Erkenntnis.«[128]

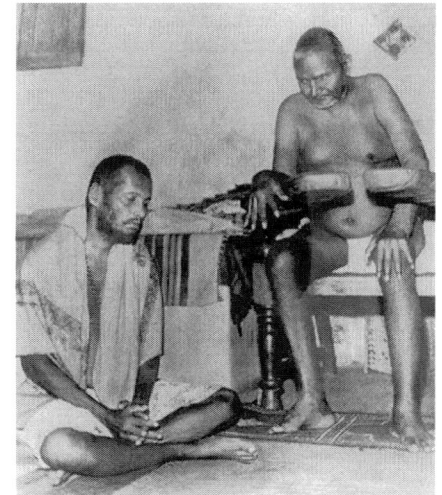

Muktananda (links) und Nityananda

THEOS CASIMIR BERNARD
(1908–1947)

Der amerikanische »Yoga-Pionier« Theos Casimir Bernard wurde 1908 in Los Angeles geboren. Bereits während seiner Collegezeit musste er wegen entzündlichem Rheumatismus behandelt werden. Er wurde in ein Spital in Arizona eingeliefert, doch der behandelnde Arzt machte ihm keine Hoffnung. Er hörte, wie der Arzt zur Krankenschwester sagte: »Er wird nicht überleben«, und entsprechend fühlte er sich auch: Er litt unter starken Schmerzen, und seine Kräfte schwanden. Die Bemerkung des Doktors spornte seinen Lebenswillen jedoch an, und er begann zu kämpfen. Seine Mutter setzte sich den Ärzten gegenüber durch und nahm ihren todkranken Sohn zu sich nach Hause, wo er sich entgegen allen Prognosen mit der Zeit wieder erholte.

Da sich Bernards Mutter für östliche Philosophie und Yoga interessierte, brachte sie auch ihren Sohn mit diesen Lehren in Kontakt. Bald darauf lernte Theos Bernard einen Inder kennen, der ihm eine erste Yogalektion erteilte und ihm die Grundlagen der hinduistischen Weltanschauung, insbesondere die rechte Lebensweise im Einklang mit den vedischen Schriften (*dharma*), den materiellen Wohlstand und seinen Erwerb (*artha*), die Erfüllung von Wünschen (*kāma*) und die Befreiung von den Bindungen an die Welt sowie vom Kreislauf der Geburten (*moksha*), vermittelte.

Der aus Kalkutta stammende Inder legte ihm nahe, sich zunächst um eine materielle Absicherung zu kümmern. An praktischen Übungen empfahl er ihm den Lotossitz (*padmāsana*), den »Magenhub« (*uddīyāna-bandha*), extremes Bauch-einziehen und -kreisen im Stand (*nauli*) sowie den Kopfstand (*shirshāsana*). Ber-nards Rheumatismus bezeichnete der Yogalehrer aus Indien als Initiation, die ihm die Einsicht bringen würde, dass wahres Glück von innen kommt. Der Leh-rer wünschte ihm Geduld und Ausdauer und reiste nach dieser Belehrung, die die ganze Nacht gedauert hatte, weiter. Fortan standen beide in brieflichem Kontakt.

Bernard suchte in den USA nach einem kompetenten Yogalehrer, fand je-doch niemanden. So blieb es beim Selbststudium. Seine Versuche, den Kopfstand nicht nur eine halbe Stunde, sondern täglich zwei Mal jeweils anderthalb Stun-den zu halten, scheiterten – das lange Halten führte zu starken Rückenschmer-zen. An der University of Arizona studierte er Jura und schloss das Studium 1931 mit dem Bachelor of Law ab. Er wechselte an die Columbia University in New York und machte 1936 dort den Magister in Philosophie.

Theos Bernard fühlte sich jetzt reif, eine Reise nach Indien zu unternehmen, um seinen Lehrer wiederzutreffen. Als er in Kalkutta eintraf, musste er jedoch vernehmen, dass dieser zwei Wochen vorher verstorben war. Ein Tantriker, der mit dem verstorbenen Lehrer bis zu seinem Tod in Verbindung gestanden hatte, nahm Theos Bernard in Empfang und begleitete ihn zu einem Swami, der ihn rituell in die erste Stufe des spirituellen Weges initiierte, indem er in ihm ein Mantra (als geheime Meditationssilbe) verankerte. Der Swami versprach Theos, ihn zu gegebener Zeit an einen Ort zu bringen, wo er seinem Wunsch entspre-chend die Gelegenheit hätte, den Hatha-Yoga-Weg bis in die Tiefe zu gehen. Vorher sollte er aber Indien durchreisen, um sich einen Eindruck vom Land zu verschaffen. Gleichzeitig erklärte er ihm: »Die wichtigste Frage ist, wie weit sich der Schüler selbst in der Hand hat.«

Theos Bernard begab sich daraufhin auf eine mehrmonatige Reise durch In-dien. Er kam auch nach Lonavla, wo er Swami Kuvalayananda begegnete. Darü-ber hinaus fand er kaum Kenner und Praktiker des Hatha-Yoga. Man empfahl ihm, in dieser Angelegenheit nach Tibet zu reisen, was er 1937 auch tat. Schließ-lich kehrte er nach Kalkutta zurück, wo er von einem Maharishi, der in der Nähe von Ranchi in einer abgelegenen Einsiedelei lebte, in Āsana und Prānā-yāma unterwiesen wurde.

Die Zeit für sein Training war auf drei Monate veranschlagt. Ihm wurde ein Raum zugewiesen, in dem er die meiste Zeit verbrachte. Vor allem ging es nun

Theos Bernard (Mitte) und Reting Rinpoche (links),
Regent Tibets, 1937 in Lhasa

darum, alle Yogaübungen, die er in den vergangenen Jahren erlernt hatte, in ein System zu bringen, zu vervollständigen und ohne jegliche Ablenkung intensiv zu üben. Den Dreh- und Angelpunkt bildeten dabei die Prānāyāma-Übungen. Entsprechend seiner zunehmenden Energie steigerte er die Praxis, bis er sie praktisch rund um die Uhr aufrechterhielt. Abschließend erhielt er eine Initiation und reiste zurück in die USA. Er besuchte die Columbia University ein zweites Mal und erlangte den Doktorgrad; Thema seiner Dissertation, die auch als Buch erschien, war *Hatha-Yoga. The Report of a Personal Experience* (1944)[129]. Danach ließ er sich in Beverly Hills, Kalifornien, nieder. Dort verfasste er drei weitere Bücher: *Heaven lies within us* (1939), in dem er die klassischen Hatha-Yoga-Texte auswertete, *Land of Thousand Buddhas* (1940) über seine Erfahrungen im nahezu unzugänglichen Tibet, sowie *Hindu Philosophy* (1947).

Auf der Suche nach Originalmanuskripten reiste Theos Bernard 1947 erneut nach Tibet. Unterwegs zu seinem Zielort wurden er und seine muslimischen Träger von Mitgliedern des Lahouli-Stammes angegriffen und getötet.[130]

ROGER CLERC
(1908–1998)

In Paris als Sohn eines Metallarbeiters geboren, wollte Roger Clerc zunächst Ingenieur werden. Das entsprach dem, was sein Vater von ihm erwartete. Mit siebzehn Jahren erkrankte er jedoch so schwer an Tuberkulose, dass die Ingenieurslaufbahn für ihn nicht mehr in Frage kam. Er arbeitete als Metzger, und im Nachsinnen über Alternativen und den Sinn seines Lebens lernte er 1933 zunächst den naturkundlich orientierten Mediziner Marcel Viard kennen, der Entspannungskurse gab.

1950 wurde Roger Clerc dann Schüler von Lucien Ferrer, von dem er sich im Hatha-Yoga unterweisen ließ. Später wurde er selbst als Yogalehrer tätig, gab Kurse in der Rue de Rivoli, beteiligte sich an der Schaffung des französischen Yogalehrerverbandes und gründete 1978 die Académie du Yoga de l'Énergie (Akademie des Yoga der Energie).

Roger Clerc passte den Yoga mehr und mehr den westlichen Bedürfnissen an, um eine möglichst breite Öffentlichkeit mit den Grundprinzipien der Yogapraxis vertraut zu machen. Sein zentrales Anliegen war das Erleben von Vitalenergie und Lebensfreude. Ein Jahr nach der Akademiegründung war Roger Clerc zudem an der Gründung der Yogaschule von Evian beteiligt und gab die Zeitschrift *Les Carnets du Yoga* sowie ab 1980 das Magazin *Yoga-Énergie* heraus.

Zu den bekanntesten Vertretern des Yoga der Energie in der Tradition von Ferrer und Clerc gehören Boris Tatzky, dessen Yogaschule sich in Aix-en-Provence befindet, die in Berlin lebende Anna Trökes und Jutta Pinter-Neise, deren Yogaschule sich bis 2001 in Düsseldorf befand und die nun in ihrem Yogazentrum bei Le Val in der Provence unterrichtet.

Nach seinen beiden Buchveröffentlichungen *Yoga de l'Énergie* (1976) und *Manuel de Yoga* (1979) erschien Clercs Buch *Grundlagen des Yoga der Energie – Eine Lebenskunst* (1990)[131], das eine Reihe von Beiträgen enthält, die seit 1981 in der Zeitschrift *Yoga-Énergie* erschienen waren. Es ist nach wie vor erhältlich. Am Ende seiner »Zusammenfassung« schreibt Roger Clerc: »Ein altes Sprichwort sagt: ›Solange Leben da ist, so lange besteht Hoffnung.‹ Können wir verzweifeln, solange die Energie in uns zirkuliert? Sollten wir nicht im Gegenteil versuchen, uns besser kennen zu lernen, um uns besser leiten zu können, um besser zu leben?«

MIRCEA ELIADE
(1907–1986)

Mircea Eliade war ein Philosoph, Romancier und Religionshistoriker, der auch sehr persönlich geprägte Schriften zu seinen in Indien gewonnenen Eindrücken und Erfahrungen zum Yoga und zur Religionsethnologie verfasste. Er lehrte zuerst in Bukarest, dann in Paris und schließlich in Chicago.

Geboren wurde er am 9. März 1907 als Sohn eines Armeeoffiziers in Bukarest. Die Familie zog zunächst nach Rimnicu-Sarat und später nach Cernavoda. In der Schule interessierten Mircea Eliade insbesondere Biologie und Chemie. Alles, was er zu diesen Fächern zu lesen bekommen konnte, las er – sein Schlafpensum lag konstant zwischen fünf und sechs Stunden. Bei seinen Recherchen zu den Philosophen der Renaissance stieß er auf *A History of Indian Philosophy*, eine Veröffentlichung von Surendranath Dasgupta. Das Werk beeindruckte ihn stark. Nachdem Eliade 1928 sein Studium der Philosophie abgeschlossen hatte, studierte er in Kalkutta direkt bei Prof. Dasgupta und arbeitete an seiner Dissertation zum Thema Yoga. Dasgupta lud Eliade ein, bei ihm im Haus zu wohnen, doch diese gute Beziehung zerbrach, als sich Eliade in Maitreya, die Tochter Dasguptas, verliebte und diese seine Liebe erwiderte. Dasgupta warf ihn daraufhin aus dem Haus.

Eliade reiste nach Rishikesh und lebte für sechs Monate in einer Einsiedlerhütte in der Gegend des Swarg-Ashrams. Er lernte Swami Sivananda kennen und ließ sich in dessen Ashram in Yoga unterweisen, praktizierte Āsanas, Prāṇāyāma und Meditation. Aufgrund seiner raschen Fortschritte prophezeite Sivananda ihm, dass er ein zweiter Vivekananda werden würde und so wie jener dazu bestimmt sei, »den Westen wachzurütteln und zum Yoga zu bekehren«. Von diesem Kompliment fühlte sich Eliade jedoch wenig geschmeichelt, da er Vivekanandas Werk als »vulgär und propagandistisch« empfand. Er wollte sich nicht zum »Wortführer irgendeiner ›Botschaft‹ aus dem Himalaya machen«[132] lassen.

Mircea Eliade lernte in Rishikesh eine Cellistin aus Johannesburg kennen, mit der er eine Zeit lang jeweils nachts Tantra der linken Hand praktizierte. Als ein in der Nachbarschaft lebender Eremit[133] dies bemerkte und Eliade eindringlich vor den Folgen des *maithunā* (ritueller Geschlechtsverkehr) ohne vorherige Initiation durch einen Guru warnte und in diesem Zusammenhang anhaltende

Fieberschauer und eine verkürzte Lebensdauer prophezeite, kehrte Eliade nach Kalkutta zurück, um seine Studien und die Arbeit an seiner Dissertation fortzusetzen. 1931 verließ Eliade Indien und setzte in Rumänien die Arbeit an seiner Dissertation bei Prof. Ionescu fort.

Für einige Jahre sympathisierte Eliade mit dem Faschismus und wurde (wie Nae Ionescu) Parteigänger der »Eisernen Garde«, einer nationalistischen und antisemitischen Organisation. Für die rechtradikale Orientierung Eliades und sein Engagement für die »Eiserne Garde« gibt es drei Gründe. Zum einen ist dies der Einfluss von Prof. Nae Ionescu, dessen Assistent Eliade nach seiner Dissertation über Yoga wurde und dem er freundschaftlich verbunden war. Zudem passte Eliades Bezugnahme auf die eurasische Bauernkultur in das Weltbild des rumänischen Faschismus. In der Organisation »Eiserne Garde« sah er eine Art christliche Revolution, die ein neues Rumänien schaffen würde.

1933 erhielt Eliade einen Literaturpreis für seinen (autobiografischen) Roman *Maitreyi*[134], in dem er seine Liebe zu der Tochter Dasguptas thematisierte. Im selben Jahr bestand Eliade die Doktorprüfung. Die Dissertation ließ er ins Französische übersetzen, überarbeitete und ergänzte den Text in den folgenden Jahren und veröffentliche ihn 1936 unter dem Titel *Yoga. Essai sur les Origines de la Mystique Indienne* in Paris und in Bukarest. Prominente Franzosen wie Georges Bataille, André Breton und Gaston Bachelard reagierten auf die Veröffentlichung begeistert, die rechte Presse griff Eliade wegen der darin enthaltenen Beiträge zur Industalkultur an.

Im Jahr 1934 heiratete Eliade Nina Mares, die zehn Jahre später an Krebs starb. Seine Anstellung als Assistenzprofessor an der Universität von Bukarest verlor er vorübergehend, da man ihn 1936 nach der Veröffentlichung von *Domnisoara Christina* der Pornografie bezichtigte. Der Roman basierte auf rumänischen Volksgeschichten und thematisierte den Stellenwert von Erotik und Tod im Leben. Der Protagonist war ein »Strigori«, eine Art Geist oder Vampir. Auch in den folgen Jahren veröffentliche Eliade weiterhin Romane und Erzählungen, zumeist mit einem autobiografischen Bezug.

1938 wurde Prof. Nae Ionescu inhaftiert und Eliade als dessen Assistent an der Fakultät für Philosophie entlassen. Ionescu wurde wegen seiner Mitgliedschaft in der rechtsextremen »Eisernen Garde« angeklagt, und bald darauf wurde auch Eliade inhaftiert. Die ersten drei Wochen verbrachte er in einer dauerbeleuchteten Zelle im Hauptquartier des Geheimdienstes. Da er zu keiner schriftlichen Distanzierung zur »Eisernen Garde« zu bewegen war, wurde er in der ersten Augustwoche in einem provisorischen Konzentrationslager interniert. Zwei Monate später stellten sich blutige Hustenanfälle ein, und er wurde in eine Klinik gebracht. Im November wurde er entlassen.

Das Akademiemitglied Alexandru Rosetti, Literat und Sprachwissenschaftler an der Universität von Bukarest, setzte sich für Eliade ein und vermittelte ihm 1940 eine Anstellung als Kulturattaché Rumäniens in London. In dieser Funktion war er von 1941 bis 1944 in Lissabon tätig. Nach dem Zweiten Weltkrieg kehrte er nach Rumänien zurück, hielt aber Kontakt zu mehreren europäischen Universitäten. Er hielt Vorlesungen an der Sorbonne in Paris und lehrte für einige Zeit an der École des Hautes Études. Zu seinem engen Freundeskreis jener Zeit gehörten Eugène Ionesco, Georges Dumézil und Georges Bataille. 1950 heiratete Eliade Christinel Cotrescu.

1957 emigrierte Eliade in die USA. Auf Einladung von Joachim Wach, Professor für Religionswissenschaft an der University of Chicago, hielt Eliade dort Vorlesungen und ließ sich in Chicago nieder. Nach Wachs plötzlichem Tod wurde Eliade als Professor für Religionsgeschichte berufen; zudem arbeitete er als Chefredakteur der *Encyclopedia of Religion*[135]. Er arbeitet zeitweise mit Carl Gustav Jung und dem Eranos-Zirkel[136] zusammen und schrieb für die von Ernst Jünger herausgegebene Zeitschrift *Antaios*. Über mehrere Jahre wurde Eliade heftig von der Kommunistischen Partei Rumäniens attackiert und – insbesondere von Romania Libera – als Ideologe der »Eisernen Garde« sowie als Feind der Arbeiterklasse diffamiert. Zu Beginn der sechziger Jahre wurde Eliade nach und nach rehabilitiert, wofür sich vor allem der rumänische Staatspräsident Gheorghe Gheorghiu-Dej einsetzte. Das Nicolas-Ceausescu-Regime bemühte sich in den siebziger Jahren, Eliade zur Rückkehr nach Rumänien zu bewegen, was dieser jedoch ablehnte.

Mircea Eliade starb am 22. April 1986 in Chicago. Vier Jahre nach seinem Tod wurde er zum Ehrenmitglied der Rumänischen Akademie gewählt.

Zu Eliades wichtigsten wissenschaftlichen Werken gehören: *Kosmos und Geschichte* 1949 (dt. 1966), *Die Religionen und das Heilige* (1949, dt. 1954), *Das Heilige und das Profane* (1959, dt. 1984), *Schamanismus und archaische Ekstasetechnik* (1951, dt. *1957), Yoga – Unsterblichkeit und Freiheit* (1952, dt. 1960), *Der Yoga des Patanjali* (1962, dt. 1999) und *Die Geschichte der religiösen Ideen* (1976–1983, dt. 1993). Sein literarisches Werk umfasst Romane, fantastische Erzählungen[137] und

Reisebeschreibungen. Die bekanntesten Werke aus diesem Bereich sind: *Das Mädchen Maitreyi* (1933), *Indisches Tagebuch* (1934), *Andronic und die Schlange* (1937), *Die Nächte in Serampore* (1940), *Das Geheimnis des Doktor Honigberger* (1940), *Der verbotene Wald* (1955) und *Auf der Mantuleasa-Straße* (1969). Die meisten seiner Werke wurden in viele Sprachen übersetzt; Fachbücher wie *Yoga – Unsterblichkeit und Freiheit* sind nach wie vor gültige Grundlage für Neuveröffentlichungen.

Mircea Eliade gehörte zu den Phänomenologen der Religionswissenschaft. Es ging ihm darum, die tiefere Bedeutung religiöser Phänomene zu begreifen, und er vertrat die Ansicht, dies sei nur durch ein Verstehen von innen heraus möglich: durch ein Erfassen des Glaubens auf der Gefühlsebene. Philosophisch setzte er sich für eine Aufwertung von Mythos und Religion ein und suchte noch in einer für ihn entzauberten modernen Welt nach Überbleibseln religiösen Verhaltens.

Das mythische Denken ist Eliade zufolge keineswegs nur eine Erscheinung vergangener Zeiten, sondern auch das Weltbild des modernen Menschen ist von mythischen Denkstrukturen geprägt. Sie werden zwar nicht mehr als solche erkannt, funktionieren aber in gleicher Weise wie bei unseren archaischen Vorfahren. Eliade stellte fest, dass die gesamte moderne Welt von »verkappten Mythologien« durchflochten ist[138], und betonte, dass die Überlegenheit des modernen Menschen gegenüber dem »Primitiven« nur scheinbar bestehe, ja, dass in vielen Teilen sogar das Gegenteil der Fall sei. Er beschreibt die tiefe, metaphysische Bedeutung mythischer Ontologie.

Dank seiner fruchtbaren Tätigkeit im Ausland und der Übersetzung seines Werkes in viele Sprachen der Welt hat Mircea Eliade internationale Anerkennung erworben. Für die Rezeption der Geschichte und Philosophie des Yoga ist er eine Art Übervater geworden, auf den sich praktisch jede Autorin und jeder Autor entsprechender Werke beruft.[139]

SWAMI GITANANDA
(1907–1993)

Geboren wurde Gitananda am 24. Juli 1907 im nordindischen Maharajganj als Sohn einer irischen Mutter und eines Sindhi-Vaters, der ein Rechtsanwalt und reicher Landbesitzer war. Sein Geburtsname war Anand Bhavanani. Den ersten Unterricht erhielt er von seiner Mutter Leelavathi, die durch die Riten der Arya Samaj[140] zum Hinduismus konvertiert war und früh verstarb – Anand war gerade acht Jahre alt. Mit zehn Jahren wurde er Schüler des Yogamaharishi Swami Kanakananda Brighu und lebte bei diesem für sechs Jahre. Danach schickte ihn sein Guru nach England zum Medizinstudium. Nachdem er den Doktorgrad erlangt hatte, wurde er Mitglied der British Royal Navy und arbeitete während des Zweiten Weltkriegs auf verschiedenen Kriegsschiffen. Aufgrund einer Verletzung schied er aus dem Militärdienst aus und setzte seine medizinischen Studien fort. Er emigrierte nach Kanada, richtete eine Arztpraxis in Vancouver ein und etablierte mit der Zeit mehrere Yogaschulen. Er arbeitete mehrere Jahre für die amerikanische Atomenergiebehörde und nahm zudem Aufträge der WHO an, in Südafrika tätig zu werden.

1967 kehrte er nach Indien zurück und gründete den Ananda Ashram in Pondicherry, 160 km südlich von Madras. Dort wurde Gitananda zum Madhiapathy ernannt, das heißt zum Priester und Verantwortlichen des uralten Tempels Sri Kambliswamy Madam. Seine religiösen Pflichten übte er mit größter Sorgfalt und Gewissenhaftigkeit aus. Gitananda errichtete das International Centre of Yoga Education and Research an der Küste des indischen Ozeans, sechs Kilometer nördlich von Pondicherry, und wude ein politisch ambitionierter Aktivist für die Rechte der Hindus. Von 1968 bis zu seinem Tod am 29. Dezember 1993 leitete er sechsmonatige Intensivausbildungen für Yogalehrer, die in dieser Form auch heute noch fortgeführt werden – jeweils vom 2. Oktober bis zum 31. März.

Dr. Gitananda zu Ehren wurde von den Behörden Pondicherrys 1993 ein jährlich stattfindendes Yogafestival etabliert, bei dem prominente Redner Vorträge halten, ein Yogawettbewerb durchgeführt wird und ein Kulturprogramm mit dem klassischen südindischem Tanz Bharata Natyam und karnatischer Musik stattfindet.

Gitanandas Lehren zeichneten sich durch ihren rationalen, wissenschaftlichen und systematischen Charakter aus. Viele priesen ihn als den »Vater des modernen wissenschaftlichen Yoga«, einen Titel, den er sich mit Yogalehrern wie Sri Yogendra, Kuvalyananda und Desikachar teilt. Zudem war er 1989 Hauptsponsor des ersten Internationalen Yoga-Wettbewerbs, und er förderte auch Yoga als Sport. Dr. Gitananda gehört zu jenen Pionieren, die die Konzepte und Ideen des Yoga dem westlichen Denken näherbrachten. Die intensiven, sechs Monate langen Ausbildungskurse zum Internationalen Yogalehrer in seinem Ashram in Pondicherry leitete er persönlich. Insgesamt unterrichtete er Yoga von 1968 an 25 Jahre lang.

Gitananda starb am 29. Dezember 1993 im Alter von 87 Jahren. Seine Schüler umschreiben seinen Tod als das »Erreichen des Mahāsamādhi«, also als einen bewussten Austritt aus dem physischen Körper.

Gitanandas Werk und seine Lehren werden von seiner Gattin und Schülerin Yogacharini Yogamani Puduvai Kalaimamani Meenakshi Devi Bhavanani und ihrem Sohn Dr. Ananda Balayogi Bhavanani weitergeführt.

Gitananda mit seinem Sohn Ananda, Mitte der siebziger Jahre

LUCIEN FERRER
(1901–1964)

Lucien Ferrer ist, beeinflusst von dem Indologen und Professor für Philosophie, Constant Kerneiz[141], zusammen mit seinem Schüler Roger Clerc der Begründer des »Yoga der Energie«. Zunächst unterrichtete Ferrer die »Methode Kerneiz«. Kerneiz hatte nach mehreren Indienaufenthalten seine Auffassung von Yoga und seine Unterrichtsweise in dem Werk *Hatha-Vidya* und weiteren Veröffentlichungen über Yoga beschrieben.

Ferrer war zudem stark vom tibetischen Yoga geprägt, insbesondere von der Traditionslinie Tilopa, Naropa, Marpa, und so sind die »achtzehn Bewegungen des Naropa« eine Übungsfolge, die zum »Yoga der Energie« gehört und in dieser Tradition nach wie vor Teil des Unterrichts ist.

Seinen Yogaunterricht begann Lucien Ferrer stets mit dem »Erlauschen der Tiefe«; dessen, was er »die Quellen der Energie« nannte (…) Nach und nach entwickelte er, seiner Intuition vertrauend, eine pädagogische Vorgehensweise, deren Ziel es war, alle seine Schüler zur gleichen intuitiven Fähigkeit zu führen, wie er selbst sie besaß, um ihnen die Erfahrung der Tiefe zu ermöglichen. Dazu brauchte er die Energie als Medium (…)« – So beschreibt ihn Boris Tatzky, der gegenwärtig renommierteste Vertreter dieser Yogarichtung.[142]

Trotz bester Gesundheit spürte Ferrer 1964, dass sein Leben zu Ende ging. Er setzte Roger Clerc als seinen Nachfolger ein und verstarb im Oktober desselben Jahres.

Die 18 Bewegungen des Naropa

NIL HAHOUTOFF
(1900–1982)

Der in Tiflis (georgisch Tblissi) geborene Nil Hahoutoff verließ, wie andere
Landsleute auch, das kommunistische Russland 1917. Er gehörte zu den vielen
Emigranten aus der UdSSR, die zu jener Zeit in Paris Zuflucht suchten. Dort
traf er einen englisch sprechenden Inder, der Unterricht in Yoga erteilte. Im Gegensatz zu heutigen Gepflogenheiten – man geht an einem bestimmten Tag der
Woche zu einer festgelegten Uhrzeit zum Yogaunterricht –, verbrachte Nil
Hahoutoff ganze Tage und Nächte mit seinem Yogalehrer, um sich die Techniken und spirituellen Dimensionen des Yoga zu erarbeiten. Mitunter war es auch
eine kurze Begegnung, in der es lediglich um eine einzelne Frage oder um das
Reflektieren eines bestimmtes Themas ging. Auch in die Praxis des vierzigtägi-
gen Fastens weihte sein Lehrer ihn ein. Diese über zehn Jahre andauernde
Unterrichtsform führte Nil Hahoutoff zu einer inneren Reife, die ihn befähig-
te, auf eine charismatische Weise zu unterrichten. Nil Hahoutoff war daran gelegen, den Yoga in seiner Komplexität zu erhalten. Die Grundlagen dafür waren
Hatha-Yoga und Jñāna-Yoga.

Die Studenten kamen zu seinen Stunden, Seminaren und Wochenenden,
ohne dass es eine eigene Yogaschule gegeben hätte, wie es heute üblich ist. Nil
Hahoutoff trennte nicht zwischen seiner beruflichen und seiner Privatsphäre –
er repräsentierte den Yoga förmlich, sprach nicht nur darüber, sondern lebte ihn.
Insofern war er ein Vorbild für andere. Seine Art des Unterrichtens war, wie sein

© Gabriela Rosa da Silva

Philippe de Fallois

Schüler und Nachfolger Philippe de Fallois es beschreibt, angenehm, verständnisvoll, und er bearbeitete die anstehenden Themen mit erstaunlichem Unterscheidungsvermögen. Durch seine klaren Erläuterungen verdeutlichte er seinen Schülerinnen und Schülern die vielfältigen Verwirrungen, die unsere Kultur prägen – durch Yoga vermittelte Nil Hahoutoff Klarheit.

So, wie Hahoutoff Yoga verstand und vermittelte, war es (ihm) wichtig, eine körperlich energetische Basis herzustellen und die Regeln von Yama und Niyama zu befolgen, die er als Basis des Yoga bezeichnete, ohne die sich das Bewusstsein nicht entwickeln kann. Viel Wert legte er auch auf eine energetische (pranische), vegetarische Ernährung, die ihm zufolge für die Gesundheit essenziell ist.

Die Körperarbeit in der Tradition von Nil Hahoutoff ist anspruchsvoll. Im Mittelpunkt dieser Schule stehen intensives Dehnen und das Aufrichten der Wirbelsäule sowie sehr kraftvolle Āsanas, welche oftmals lange gehalten werden. Dabei kommen auch Hilfsmittel wie Stühle, Blöcke und Gurte zum Einsatz. Die Atmung wird in alle Übungen einbezogen.

Nil Hahoutoff engagierte sich in verschiedenen Bereichen. Neben dem Yoga, der an erster Stelle stand, wandte er sich dem klassischen Ballett zu, in dem er Karriere machte. Der Krieg unterbrach diese Arbeit. Nil Hahoutoff wurde nun in der Resistance aktiv. Nach dem Krieg engagierte er sich für die Erziehung und Rehabilitation von jungen Behinderten in Südfrankreich. Schließlich kehrte er nach Paris zurück, um dort bis zum Ende seines Lebens Yoga zu unterrichten, im Geist und in der Atmosphäre eines Ashrams.

Sein Nachfolger Philippe de Fallois (geb 1948) beschreibt ihn als einen »Kalyana Mitra« (einen Freund, der hilft): »Stets geduldig, verfügbar, aufmerksam dem anderen gegenüber, voller Humor, lebendig, visionär, von klarem Gedanken, geprägt von Buddhi[143]. Er orientierte, führte, erhellte wie ein fürsorglicher Vater. Er war in das Leben verliebt, mit einem Wort: ein edler und gefühlvoller Leiter und großer Humanist.«

In den sechziger Jahren kümmerte sich Nil Hahoutoff auch um die Ausbildungskriterien für Yogalehrer und engagierte sich für die französische Föderation der Yogalehrer. Zu den bekanntesten Schülern und Nachfolgern Nil Hahoutoffs zählen die beiden auch regelmäßig in Deutschland unterrichtenden Franzosen Philippe de Fallois und Patrick Tomatis, der auch Präsident der École Française de Yoga ist.

Die einzige Veröffentlichung von Nil Hahoutoff ist das Buch *Gymnastique évolutive pour tous*, das 1979 erschien und dessen Neuauflage von 1993 immer noch lieferbar ist.

INDRA DEVI
(1899–2002)

Geboren wurde die »First Lady of Yoga«, die von ihren Anhängerinnen oft auch liebevoll Mataji genannt wurde, am 12. Mai 1899 in Riga, der Hauptstadt der Provinz Litauen, im zaristischen Russland. Sie war die Tochter von Alejandra Labunskaia, einem Mitglied des russischen Adels, und von Vasili Peterson, einem schwedischen Bankdirektor. Die wohlhabenden Eltern tauften ihre Tochter Eugene Peterson, entsprechend den Riten der russischen orthodoxen Kirche.

Mit fünfzehn Jahren las Eugene Peterson ein Buch von Tagore, das ihr Interesse an Indien weckte. Sie war Schülerin an der die Schauspielschule in Moskau, doch durch die Ereignisse der Oktoberrevolution von 1917 wurde es lebensnotwendig, die Flucht zu organisieren, was Mutter und Tochter 1920 schließlich gelang. Als ausgebildete Schauspielerin und Tänzerin wurde Eugene Peterson Mitglied einer Berliner Theatergruppe und bereiste ganz Europa.

Von der indischen Kultur und Spiritualität angezogen, entschied sich Eugene Peterson 1927, mit dem Schiff nach Indien zu reisen und dort zu leben. Unter dem Künstlernamen Indra Devi spielte sie in Hindi-Filmen, entwickelte sich zu einem Filmstar und heiratete den tschechoslowakischen Diplomaten Jan Strakaty, der als Botschafter in Bombay tätig war.

Aufgrund einer Herzkrankheit begann sie Yoga zu üben – unter der Anleitung von Sri Krishnamacharya am Palast des Maharaja von Mysore in Südindien. Sie war die erste westliche Schülerin Krishnamacharyas, und nach einem Jahr Unterricht forderte Krishnamacharya sie auf, Yoga im Westen publik zu machen. Andere Kursteilnehmer jener Zeit sind heute Yogameister mit eigenem Stil und großer Gefolgschaft, wie zum Beispiel B. K. S. Iyengar und Pattabhi Jois.

Indra Devi lernte in jener Zeit auch Mahatma Gandhi, Rabindranath Tagore und Jawaharlal Nehru kennen. Nach einigen Jahren begleitete sie ihren Ehemann nach China und eröffnete während der japanischen Besatzung die erste Yogaschule Shanghais – im Haus von Song Meiling, auch genannt »Madame Chiang Kai-shek«, der Frau des nationalistischen Führers.

Nach dem Ende des Zweiten Weltkriegs kehrte Indra Devi nach Indien zurück, wo sie ihr erstes Buch, *The Technique of Health and Happiness* (1946), schrieb. 1947 starb ihr Ehemann. Sie verlegte ihren Wohnsitz nach Kalifornien und wurde Yogalehrerin. Auch Hollywood-Stars gehörten zu ihren Schülern.

1953 heiratete sie Sigfrid Knauer, einen in Los Angeles praktizierenden Arzt. Indra Devi nahm die US-amerikanische Staatsbürgerschaft an und ließ ihren Künstlernamen offiziell anerkennen, womit sie ihre baltischen Wurzeln verbarg.

Zu dieser Zeit stellte Indra Devi fest, dass es gar nicht einfach war, Yoga in Amerika zu fördern. Zufällig erhielt sie die Unterstützung von Elizabeth Arden, der international bekannten Kosmetikexpertin, die zu jener Zeit bereits eine erfolgreiche Beauty-Produktlinie vertrieb und eine der wohlhabendsten Frauen

© Fundacion Indra Devi, Argentina

Indra Devi in China,
1938

Indra Devi (rechts)
mit dem Stummfilmstar
Gloria Swanson

der USA war. Da sie ein Faible für die Ethik und Lebensweisheit des Yoga hatte, wurde Elizabeth Arden eine Förderin Indra Devis und ihrer Yogamethoden, die sie in ihre Gesundheitsprogramme an ausgewählten Badekurorten integrierte.

Dies machte die Amerikaner sehr schnell mit Indra Devi und ihrer Vermittlung des Yoga bekannt. Als die Schauspielerin Jennifer Jones das Yogastudio von Indra Devi aufsuchte, um – auf Empfehlung ihres Psychotherapeuten – mittels Yoga wieder zu innerem Frieden und Ausgeglichenheit zu gelangen, konnte ihr Indra Devi mit Āsanas und Meditation helfen. Dies sprach sich herum, und so kamen mehr und mehr Filmstars zu ihr, unter anderem auch Greta Garbo und der Stummfilmstar Gloria Swanson, die eine ihrer besten Freundinnen wurde.

Während eines Besuchs in Moskau 1960 hielt Indra Devi einen Vortrag für Beamte des Kremls, der zur offiziellen Bewilligung von Yogaunterricht in Russland führte. Sie reiste um die Welt, hielt Vorträge und unterrichtete Yoga in fünf Sprachen (Englisch, Spanisch, Russisch, Französisch und Deutsch), die sie allesamt fließend sprach.

Wie viele westliche Yogalehrer war auch Indra Devi keine Missionarin des Hinduismus. Sobald sie darauf angesprochen wurde, sagte sie: »Ich gehöre keiner Religion an. Alles ist nur zwischen Gott und mir.«

1966 wurde sie Anhängerin Satya Sai Babas und nannte ihren Unterricht »Sai Yoga«. Als ihr zweiter Ehemann, Dr. Sigfrid Knauer, 1984 starb, zog Indra Devi nach Sri Lanka, wo sie einige Zeit wohnte. Dann wurde sie von Anhängern Satya Sai Babas nach Argentinien eingeladen und nahm die Einladung an. Auch in ihrem hohen Alter war sie noch agil und aktiv und gab Unterricht. Sie wurde mit Einladungen für Seminare, Workshops und Konferenzen geradezu überschwemmt. Die Vorlesungssäle waren oft überfüllt.

In Argentinien wurde David Lifar ihr persönlicher Assistent, der sich um die organisatorischen Angelegenheiten kümmerte. Mit seiner Unterstützung wurde die Fundacion Indra Devi gegründet. Während der fünfzehn Jahre, die sie in Buenos Aires lebte, fuhr Indra Devi fort, um die Welt zu reisen, um ihre Botschaft der Liebe, des Friedens und der Aufklärung zu verbreiten. Mit ihrer warmherzigen Ausstrahlung erreichte sie stets die Herzen der Menschen. Sie wurde von jenen, die ihre Ansichten nicht teilten, ebenso respektiert und geachtet wie von jenen, die sie teilten. An Buchveröffentlichungen erschienen in den sechziger und siebziger Jahren *Forever Young, Forever Healthy − Yoga For Americans* (mit einem Vorwort von Gloria Swanson) und *Yoga, the Technique of Health and Happiness.* In deutscher Sprache erschienen *Yoga leicht gemacht* (1960)[144], *Ein neues Leben durch Yoga* (1973)[145] und *Yoga für Sie* (1978)[146].

Zu Indra Devis Überzeugungen gehörte unter anderem diese: »Gewaltlosigkeit ist einer der Schlüssel des Yoga. Und am besten fangen wir gleich bei uns selbst an. Dazu gehört das Erkennen unseres eigenen Rhythmus und die Einsicht, diesen zu respektieren.«

Indra Devi war eine der größten geistigen Wegbereiterinnen des Yoga im Westen. Die Einfachheit ihrer Methoden und ihr Charisma waren ein Schlüssel für Tausende von Menschen, die mit Yoga begannen. Ihr Leben überspannte das gesamte zwanzigste Jahrhundert, und sie machte ihren Einfluss von Indien bis nach Europa, von Hollywood bis nach Südamerika geltend.

Im Februar 2002 erlitt Indra Devi einen Schlaganfall, der ihre rechte Seite lähmte, und ihr Gesundheitszustand verschlechterte sich in den folgenden Wochen konstant. Mit 102 Jahren starb Indra Devi am 25. April 2002 in Argentinien. Ihr Körper wurde eingeäschert und ihre Asche in den Río de la Plata, den »silbernen Fluss«, der Buenos Aires durchfließt, zerstreut.

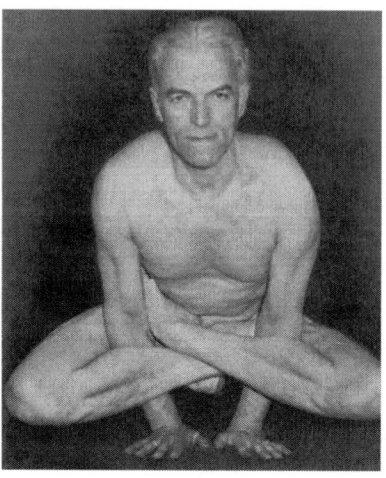

BORIS SACHAROW
(1899–1959)

Der als Sohn des »militärischen medizinischen Experten und Professors für innere und äußere Kinderkrankheiten Dr. Leo Sacharow«[147] in Zhemerinka geborene Exilrusse Boris Sacharow war einer der Pioniere des Yoga in Deutschland.
Ursprünglich wollte er nach dem 1917 absolvierten Abitur in St. Petersburg
Elektrotechnik studieren, doch durch den Ausbruch der Revolution studierte
er schließlich in Odessa an der Universität und am Polytechnikum. Nebenher
erforschte er Yoga und indische Philosophie und erlernte Sanskrit. Aufgrund
der anhaltenden politischen Unruhen wollte er das »bolschewistische Russland«
1922 verlassen, was ihm trotz mehrfacher Versuche misslang. Boris Sacharow
schaffte es, sich an der Columbia University in New York zu immatrikulieren,
dennoch wurde ihm die Ausreise verwehrt. Im November 1926 gelang es ihm
schließlich, nach Berlin zu entkommen, wo er ein Studium an der Technischen
Universität begann. Nach zwei Jahren waren seine finanziellen Mittel erschöpft,
und er begann, als Sprachlehrer für Russisch, Französisch und Englisch sowie als
Zeichner und als Taxifahrer zu arbeiten. Erneut versuchte Sacharow, in die USA
zu gelangen, fand jedoch keinen Bürgen und blieb so – notgedrungen – in
Deutschland.

1937 gründete er in Berlin sein Yogazentrum und hielt regelmäßig Vorlesungen über Yoga und indische Kultur. Daraus entwickelte sich die »Yogaschule für
Indische Körperertüchtigung«, die er 1939 im Berliner Stadtbezirk Schöneberg

etablierte – die erste Yogainstitution dieser Art in Deutschland. Nach eigenen Aussagen hatte Boris Sacharow rund einhundert Schüler und verdiente im Monat durchschnittlich 1250 Mark. Darüber hinaus verschickte er Lehrbriefe und gab zahlreichen Schülern Fernunterricht, die sich auf etwa fünfzig größere deutsche Städte verteilten. Auch an der Berliner Lessinghochschule war Sacharow als Dozent tätig und vermittelte dort Yoga und Hindu-Philosophie. Während andere Kollegen inhaftiert wurden, konnte Sacharow die Nationalsozialisten vom »wissenschaftlichen Charakter dieser Doktrinen« überzeugen und erhielt eine Spezialerlaubnis. Swami Sivananda, sein im nordindischen Rishikesh lebender Meister, an dessen Vorgaben er sich orientierte, verlieh ihm zu jener Zeit den Titel »Yogi-Raj«, was Sacharow als gleichwertig mit der Ehrendoktorwürde bezeichnete.

Im November 1943 wurden Sacharows Räumlichkeiten durch Bomben komplett zerstört, dabei verlor er all sein Hab und Gut. Er versuchte es erneut, aber auch die neu gegründete Yogaschule wurde bald von Bomben getroffen. Seine einzige Einnahme waren nun die Fernkurse. 1945 gelang ihm die Flucht nach Karlsbad (jetzt Karlovy-Vara). Von dort wurde er von amerikanischen Streitkräften nach Bayreuth evakuiert und als Agent für Wohnraumbeschaffung und Dolmetscher für das amerikanische Hauptquartier angestellt. Als Dolmetscher war er zudem bis 1950 in Fürth und in Nürnberg für den American Court of Restitution Appeals tätig. Sacharow baute ein Yogazentrum in Nürnberg auf und lehrte an verschiedenen Volkshochschulen. Am 6. Oktober 1959 kam er bei einem Autounfall ums Leben.

Die wichtigsten Veröffentlichungen von Boris Sacharow sind *Indische Körperertüchtigung – in zwölf Lehrbriefen* (1950/1960)[148], *Das Große Geheimnis – über das tantrische Werk Gheranda Samhita* (1954)[149], *Das Öffnen des Dritten Auges* (1958)[150], *Yoga aus dem Urquell* (1957)[151] und *Kriya Yoga* (1988)[152]. Geplant waren zwei weitere Veröffentlichungen: *Yoga für Blinde* und *Der Christliche Yoga*. Im Schlusswort seines Buches *Das Große Geheimnis – Die verborgene Seite der Yoga-Übungen* zieht Sacharow indirekt ein Fazit seines Lebenswerkes: »Wir haben unser Möglichstes getan, um den Schleier über den Geheimnissen der Theorie und Praxis zu lüften. Für den praktischen Teil desselben verbürgen wir uns mit unserer eigenen langjährigen Erfahrung sowie mit der unserer Schüler. Was das Theoretische anlangt, so haben wir versucht, jede unserer Behauptungen durch authentische Schriften zu belegen.«[153]

YOGENDRA
(1897–1989)

Sri Yogendra wurde am 18. November 1897 als einziger Sohn eines Lehrers im nordwestlichen Gujarat geboren. Sein Geburtsname war Manibhai Haribhai Desai. Im Alter von vierzehn Jahren erkrankte er an Typhus. Ein Lehrer empfahl ihm kräftigende Körper- und Atemübungen und Nahrungsergänzungen. Zwei Jahre später war er ein gesunder und kraftvoller Hobbyringer. Mit achtzehn Jahren zog er nach Bombay, um dort am College zu studieren – sein Vater wünschte, dass er eine Karriere im Staatsdienst ansteuerte, der damals von den Briten beherrscht wurde.

Ein Jahr später, 1916 also, wurde der hundertachtzehnjährige Yogameister Paramahamsa Madhavadasaji (1798–1921) in Bombay erwartet, und Manibhai Haribhai Desai begleitete einen Freund zu einer Versammlung, bei der Madhavadasaji sprechen sollte. Er selbst war mehr an einer modernen und reformierten Gesellschaft, weniger an traditionellen Werten und Strukturen interessiert. Doch die Begegnung mit Madhavadasaji beeindruckte ihn so sehr, dass er das College (nach Einwilligung seines Vaters) verließ und dem als heilig verehrten und im Hatha-Yoga erfahrenen Madhavadasaji in den Ashram nach Malsar, Gujarat, folgte, wo er fortan Yoga studierte.

Das Lehrer-Schüler-Verhältnis der beiden war noch von der traditionellen Art, die seitens des Lehrers mit der Erwartung verknüpft ist, dass der Schüler der

Welt entsagt. Doch für Manibhai Haribhai Desai stand von Anfang an fest, dass er wieder in die Gesellschaft zurückkehren und eine Familie gründen würde. Nach zwei Jahren der Yoga-Ashram-Erfahrung entschloss sich Manibhai Haribhai Desai, den Ashram zu verlassen. Er hatte erkannt, dass Yoga aus »den Wäldern« heraus und vom Nimbus des Okkulten und der weltverneinenden Entsagung weg musste, um allen Menschen zugänglich zu werden. Yoga sollte keine Methode für elitäre Zirkel sein, die in »splendid isolation« ihre Meditation pflegen; vielmehr sollte es in den Familienalltag und in das Arbeitsleben integriert werden und seine positiven Wirkungen entfalten. Aus dieser Aufgabenstellung ergab sich als »Arbeitsmethode« der klassische Yoga, im Verständnis von Sri Yogendra eine Kombination aus Hatha-, Karma-, Jñāna-, Bhakti- und Rāja-Yoga. Das gesetzte Ziel waren eine ganzheitliche Entwicklung der Persönlichkeit und eine Yogapraxis, die auch im Alltag zum Ausdruck kommt.

So eröffnete er am 25. Dezember 1918 sein The Yoga Institute in der Nähe von Bombay und wurde zu einem der herausragenden Väter der modernen Yoga-Renaissance.

Ende 1919 ging Sri Yogendra nach New York und erstaunte mehrere Ärzte mit seinen »übernatürlichen« yogischen Fähigkeiten. Man stellte ihm ein Haus zur Verfügung, und er behandelte dort wie in seinem Institut bei Bombay Kranke mit Yogaübungen. 1922 kehrte er nach Indien zurück, vor allem, um sich um seinen schwer kranken Vater zu kümmern.

1927 heiratete er Sitadevi, ein junges Mädchen aus Südindien. Aus der Ehe gingen zwei Söhne hervor. In der Folgezeit besuchte Yogendra verschiedene Ashrams im Himalaya, sammelte und erforschte Yogatexte, übersetzte diese und schrieb selbst über sein Verständnis von Yoga, den er als großes Potenzial zur Förderung von Gesundheit, Selbsterkenntnis und Bewusstseinserweiterung ansah, das jedem offenstehen sollte.

Das von Yogendra geleitete Yoga Institute, das 1948 in einen Vorort Bombays, Santa Cruz, auf eigenen Grund und Boden zog, war von Anfang an auf dem Gebiet der Psychosomatik und der Yogatherapie tätig. Mittlerweile liegen Zehntausende von Behandlungsakten über alle Sparten menschlicher Erkrankungen vor, die im Institut durch Yogatherapie geheilt wurden.

Mitte der siebziger Jahre zog sich Yogendra Schritt für Schritt von den Aufgaben und Verpflichtungen des Instituts zurück und übergab die Leitung schließlich seinem älteren Sohn, Jayadeva Yogendra, und dessen Frau Hansa Yogendra. Das Yoga Institute Bombay etablierte sich als Zentrum für persönliche und ge-

sellschaftliche Bildung, wozu nicht zuletzt auch das Gebiet der Gesundheitsvor-
sorge gehört. Seit Jahren finden regelmäßig Kurse und Workshops für Infarkt-
patienten, Diabetes- und Asthmakranke statt, wobei herausragende Vertreter aus
der Ärzteschaft zur Mitarbeit eingeladen werden.

Im Auftrag der indischen Regierung wurden Konzepte zur Yogalehrerausbildung erarbeitet, die das Institut auch selbst durchführt. Als nach einem Titel für
die von Santan Rodriques verfasste Yogendra-Biografie gesucht wurde, schlug
Yogendra »Der Haushälter-Yogi« vor, denn dieser Punkt war ihm von Anfang an
wichtig: als Yogi in einer Beziehung und in Beziehung zu anderen zu leben und
Verantwortung zu übernehmen für sich und für andere. Und so war der Titel
der Biografie schließlich *The Householder Yogi − Life of Shri Yogendra* (1982).[154]

Wenige Wochen vor seinem 93. Geburtstag starb Sri Yogendra. Sein Ansehen und die Grundlagen seiner Tradition werden weiterhin gepflegt − sowohl
in dem von ihm gegründeten Institut als auch von Schülern, die inzwischen
eigene Yogaschulen leiten. Zu Letzteren gehören beispielsweise Hella Naura in
Hamburg, die seit 1996 vierteljährlich die Zeitschrift *Yoga und ganzheitliche
Gesundheit* herausgibt, und Christian Schmidt, Professor für Wirtschaft an der
Nürnberger Georg-Simon-Ohm-Fachhochschule, der das Yoga Institut Nürnberg leitet, das sich ausdrücklich zur Tradition des von Sri Yogendra begründe-
ten Yoga Institute Bombay bekennt.

PARAMAHANSA YOGANANDA
(1893–1952)

Paramahansa Yogananda wurde am 5. Januar 1893 in Gorakhpur, am Fuße des Himalaya-Gebirges, geboren und erhielt den Namen Mukunda Lal Ghosh. Schon in seiner Kindheit ging die Tiefe seiner Wahrnehmungen und geistigen Erfahrungen über das übliche Maß hinaus. In seiner Jugend, die er überwiegend in Kalkutta verbrachte, suchte er viele Heilige und Philosophen Indiens auf, in der Hoffnung, einen erleuchteten Lehrer zu finden.

Im Jahr 1910, im Alter von siebzehn Jahren, begegnete Mukunda Ghosh dem indischen Heiligen Swami Sri Yukteshwar (1855–1936), der aus Bengalen stammte, Schüler von Lahiri Mahasaya (1828–1895) war und in einem Ashram im Norden Kalkuttas lebte, und erkannte in ihm seinen Meister. Er verbrachte den größten Teil der nächsten zehn Jahre mit ihm und empfing Sri Yukteshwars strenge, aber liebevolle geistige Schulung. Nachdem er 1915 sein Staatsexamen an der Universität Kalkutta bestanden hatte, legte er das Mönchsgelübde ab und erhielt den Namen Paramahansa (Skrt.: höchster Schwan, höchste Seele, die sich in der Welt bewegt, aber von ihr nicht berührt wird) Yogananda (Skrt.: Yoga-freude).

1917 begann er sein Lebenswerk mit der Gründung einer Jungenschule, in der neuzeitliche Erziehungsmethoden durch eine Schulung in Yoga und geistigen Idealen ergänzt wurden. Heute gibt es 21 Schulen dieser Art in Indien.

Sri Yukteshwar und Yogananda, Kalkutta 1935

Drei Jahre später vertrat er Indien als Delegierter beim »Congress of Religious Liberals« (Kongress der Freireligiösen Bewegung) in Boston, wo seine Ansprache über das Thema »Religion als Wissenschaft« begeistert aufgenommen wurde. Während der nächsten Jahre hielt er Vorträge und Seminare in den USA und weihte Tausende von Menschen in die Technik des Kriyā-Yoga ein, womit weder der religiös orientierte Kriyā-Yoga des Patañjali noch die Reinigungsübungen des Hatha-Yoga gemeint sind, sondern eine eigene Praxis, bei der die persönliche Einweihung und eine Form der Meditation im Mittelpunkt stehen.

1925 errichtete Paramahansa Yogananda in Los Angeles ein internationales Mutterzentrum der Self-Realization Fellowship, jener Organisation, die er bereits 1920 gegründet hatte, um seine Lehre über die Wissenschaft und Philosophie des Yoga und dessen Meditationsmethoden zu verbreiten. Erst 1935 kehrte er für kurze Zeit nach Indien zurück. Wenige Monate nach dem Tod seines Gurus Sri Yukteshwar im März 1935 begab er sich wieder in die USA.

Ab 1936 schränkte er seine Vortragstätigkeit in Amerika ein und begann, Bücher zu schreiben. Sein bekanntestes Buch, *Autobiographie eines Yogi*, erschien

1946 und wurde als Bestseller in 26 Sprachen übersetzt. Es ist ein einzigartiger Lebensbericht eines indischen Yogi, zugleich auch eine Einführung in die vedische Philosophie und schon allein deswegen ungewöhnlich, weil es für Yogis unüblich ist, eine Autobiografie zu verfassen. Zugleich schrieb Yogananda Kommentare zur Bhagavad Gītā (*God Talks with Arjuna: The Bhagavad Gītā;* 1996) sowie zum Neuen Testament (*The Second Coming of Christ: The Resurrection of the Christ within You;* 1979), die beide nicht mehr zu seinen Lebzeiten veröffentlicht werden konnten. In seinen Kommentaren zum Neuen Testament arbeitete er die grundlegende Übereinstimmung der Lehren von Christus mit anderen Lehren, zum Beispiel denen der Bhagavad Gītā und des Yoga, heraus.

Bei der Self-Realization Fellowship (SRF) sind neben seinen Büchern in diversen Sprachen auch die Lehrbriefe von Yogananda erhältlich (auch in deutscher Übersetzung). Yogananda verfasste 160 solcher Lehrbriefe. Ernsthaft Interessierten soll damit der Zugang zum Kriyā-Yoga erleichtert werden. Während der ersten dreißig Lektionen wird sowohl mit dem Mantra »Hamsa« als auch mit »OM« meditiert. Nach einem Jahr Übungspraxis und nach Erfüllung einiger Vorbedingungen kann man sich durch die SRF auch persönlich in die Technik des Kriyā-Yoga einweihen lassen.

Am 7. März 1952 hielt Paramahansa Yogananda in Los Angeles auf einem Bankett zu Ehren des indischen Botschafters Sri Binay R. Sen eine Ansprache und starb unmittelbar danach. Sein physischer Körper, der über mehrere Wochen frei von Verwesungserscheinungen blieb, stellte dadurch einige Wissenschaftler vor ein Rätsel.

Yogananda verstand es, zwischen Ost und West eine Brücke zu schlagen. Durch seine universelle Lehre und sein beispielhaftes Leben hat er Menschen aller Rassen, Kulturen und Glaubensbekenntnisse zu innerem Frieden verholfen.

Inzwischen findet Paramahansa Yogananda als einer der großen geistigen Persönlichkeiten des 20. Jahrhunderts allgemein Anerkennung. In Indien wurde ihm sogar eine Briefmarke gewidmet. Neben der Self-Realization Fellowship und ihrer indischen Ausgabe, der Yogoda Satsang Society, gibt es noch das Ananda Cooperative Village, eine spirituelle Organisation, die von Yoganandas direktem Schüler Swami Kriyananda (J. Donald Walters) gegründet wurde und geleitet wird. Ananda Cooperative Village führt ebenfalls die Verbreitung von Yoganandas Lebenswerk fort.

TIRUMALAI KRISHNAMACHARYA
(1888–1989)

T. Krishnamacharya wurde am 18. November 1888 nahe der südindischen Stadt Mysore geboren. Der Familienstammbaum lässt sich bis ins 9. Jahrhundert zu dem berühmten Heiligen und Gelehrten Sri Nathamuni, dem Verfasser der Yoga-Rahasya, zurückverfolgen. Die Yoga-Rahasya (Yoga-Geheimnisse) wurde in mehreren klassischen Schriften erwähnt, ging jedoch verloren. Bei einem Besuch des Schreins von Sri Nathamuni fiel Krishnamacharya in Ohnmacht. Während seiner Ohnmacht erschien ihm Sri Nathamuni und rezitierte die Yoga-Rahasya. So konnte T. Krishnamacharya die ersten vier Kapitel, bei denen es vor allem um Yoga als Therapieform geht, aufzeichnen.

Zunächst erhielt er Unterricht von seinem Vater, der früh verstarb. Dann war er Schüler an der Brahmatantra Parakala Mutt in Mysore und lernte gleichzeitig am dortigen Royal College. Stipendien ermöglichten es ihm, Vedānta, Sāmkhya und die Veden an verschiedenen Universitäten in Indien zu studieren. Den größten Teil seines Studiums absolvierte er in Varanasi (Benares) und in Kalkutta, den beiden Hochburgen der philosophischen Tradition Indiens. Sehr schnell erhielt er die höchsten Auszeichnungen in sämtlichen Fächern der indischen Philosophie. Er vertiefte sein Wissen über den hinduistischen Yoga im Himalaya und über den buddhistischen Yoga in Burma, das damals zu Indien gehörte. Anschließend ging er nach Kaschmir, um den Sufismus zu studieren. Eine Zeit lang war er als Philosophie-Professor an den Universitäten von Benares und Kalkutta tätig. Neben dieser Aufgabe wurde er in ganz Indien als Ehrengast an verschiedene Königshöfe und in Klöster eingeladen, um an einem seit Menschengedenken währenden indischen Brauch, nämlich den philosophischen Debatten, teilzunehmen. Aus ihnen ging er nicht nur regelmäßig als Sieger hervor, sondern er verstand es zudem, dem beiwohnenden Publikum dieser Debatten auf einfache und überzeugende Weise die praktischen Aspekte der philosophischen und religiösen Disziplinen zu erklären. Er beherrschte etwa fünfzehn indische Sprachen.

1916 reiste T. Krishnamacharya in den Himalaya, wo er am Kailash neben dem See Manasarowar seinen Lehrer, Sri Ramamohan Brahmachari, einen gelehrten Yogi, traf. Dieser beeinflusste die Richtung seines Leben durch den Auftrag, Yoga zum Wohl und zur Förderung der Gesundheit der Menschen zu unterrichten. Nach sieben Jahren kehrte Krishnamacharya nach Mysore zurück und studierte Ayurveda und Nyāya (Logik).

Als er den Gesundheitszustand des jungen Maharaja von Mysore, der an Diabetes und Zeugungsunfähigkeit litt, deutlich verbessern half, ermöglichte dieser ihm, die später so berühmt gewordene Mysore-Schule zu eröffnen. Und Krishnamacharya unterrichtete die königliche Familie. Der Yogaunterricht erlangte immer mehr Bedeutung. Krishnamacharyas Yogapraxis und sein Unterricht waren und blieben stets mit der Philosophie des Yoga verknüpft.

Von 1933 bis 1955 unterrichtete er an dieser Schule und schrieb sein erstes Buch *Yoga Makarandam*. Wie schon seine Vorfahren wurde er der Lehrer des Königs, außerdem ernannte man ihn zum Philosophen des königlichen Hofes. Etwa um 1935 waren Europäer seine ersten nichtindischen Schüler. Da immer mehr Europäer kamen, um unter seiner Leitung zu studieren, lernte er Englisch, um in dieser Sprache unterrichten zu können. Zu seinen renommiertesten Schülern gehörten Indra Devi, B. K. S. Iyengar und Pattabhi Jois. Sie trugen wesentliche Aspekte seines Wissen in den Westen.

1952 wurde T. Krishnamacharya nach Madras gerufen, um einen Politiker nach einem Herzanfall zu behandeln, und siedelte sich in Madras an. Sein Sohn T. K. V. Desikachar und A. G. Mohan wurden dort seine eifrigsten Schüler.

Tirumalai Krishnamacharya hatte sechs Kinder, drei Söhne und drei Töchter. Sie und auch seine 26 Jahre jüngere Frau, Shrimathi Namagiriammal, wurden von ihm unterrichtet. Obwohl sein ältester Sohn, T. K. Srinivasan, perfekt dazu ausgebildet war, Yoga zu unterrichten, zog er es vor, sich auf indische Philosophie zu spezialisieren. Zur Zeit ist er eine Autorität in Nyāya und Mīmāmsā, zwei der wichtigsten philosophischen Systeme der indischen Tradition. Die beiden anderen Söhne, T. K. V. Desikachar und T. K. Sribhashyam, haben ihre ursprünglichen Berufe aufgegeben, um sich ganz dem Unterrichten des Yoga zu widmen. Die zweite Tochter von T. Krishnamacharya, Srimathi Alamelu, ist eine der ersten Frauen, die er in den Veden unterrichtete.

Den Bruder seiner Frau, B. K. S. Iyengar, begann Krishnamacharya im Yoga zu unterrichten, als dieser noch ein Kind war. Entsprechend einer alten Tradition wohnte B. K. S. Iyengar während dieser Jahre bei seinem Lehrer. Im Alter von fünfzehn Jahren begann er, Yoga zu lehren. Und auch T. K. Sribhashyam wurde seit seiner frühesten Kindheit von seinem Vater unterrichtet. 1956 begann er, in Madras Yoga zu unterrichten, und setzte gleichzeitig sein Universitätsstudium fort. T. K. V. Desikachar ließ sich von seinem Vater erst in den sechziger Jahren unterrichten, nachdem er bereits als Ingenieur gearbeitet hatte. Im Gedenken und in Dankbarkeit seinem Vater gegenüber verfasste T. K. V. Desikachar eine einfühlsame Biografie zu Leben und Lehren seines Vaters, die 1998 unter dem Titel *Health, Healing and Beyond. Yoga and the Living Tradition of Krishnamacharya* und 2000 in deutscher Übersetzung unter dem Titel *Yoga – Gesundheit von Körper und Geist* (2000)[155] erschien und die er seiner Mutter widmete.

T. Krishnamacharya unterrichtete seinen Schwager und seine beiden Söhne bis zu seinem Tod.

Die angebotenen Vergünstigungen der königlichen Höfe lehnte T. Krishnamacharya stets ab. Aus seiner Situation Vorteile zu ziehen lag ihm fern.[156]

Krishnamacharya lebte lange Zeit ausschließlich von den bescheidenen persönlichen Einnahmen, die er als Vorarbeiter auf einer Kaffeeplantage durch den Transport von Steinen und Sandsäcken auf Baustellen und dadurch, dass er seine Kenntnisse der indischen Medizin (Ayurveda) zur Verfügung stellte, erhielt. Um seinen ethischen und philosophischen Prinzipien treu bleiben zu können, trat er große Teile seines Erbes an seine Brüder und Schwestern ab. Ebenso lehnte er die Ehrenpositionen ab, die ihm an Königshöfen oder in Klöstern angeboten wurden, um frei und wahrhaftig in seiner Lehre zu bleiben. Seine Frau, Srimathi Namagiriammal, folgte seinem Beispiel und teilte sein einfaches Leben. Sowohl für ihn als auch für ihre Kinder verkörperte sie das lebende Beispiel der Philosophie.

In seinem alltäglichen Leben praktizierte T. Krishnamacharya strikt die hinduistische Religion; zugleich respektierte er alle anderen religiösen, traditionellen und zeitgenössischen philosophischen Lehren.

Er traf spirituelle Meister anderer Konfessionen, und es kam auch vor, dass er religiöse Oberhäupter, Yogameister, namhafte Philosophen und Staatsmänner unterrichtete. T. Krishnamacharya nutzte solche Kontakte nie, um persönliche Vorteile daraus zu ziehen.

B. K. S. Iyengar, T. K. V. Desikachar und T. K. Sribhashyam sind die Schüler, die dem Meister am nächsten standen. Seit mehreren Jahren werden nun sie weltweit eingeladen, um die Lehre des Yoga weiterzugeben, die sie von Sri T. Krishnamacharya erhielten.

Tirumalai Krishnamacharya, der über 101 Jahre alt wurde, war einer der bedeutendsten Yogis und Yogameister des 20. Jahrhunderts. Er trug maßgeblich zur Reform und zur Renaissance des klassischen Yoga wie des Hatha-Yoga bei. Sein Engagement galt dem Individuum, um das jeweilige Potenzial zu »unvorstellbarem Wachstum und unermesslicher Freiheit zur Entfaltung zu bringen«. Die drei Grundprämissen des Tirumalai Krishnamacharya lauten: »Jedes Individuum ist absolut einzigartig. Alle Schöpfung ist real. Alles verändert sich.«

Einst Schüler
T. Krishnamacharyas,
heute selbst Yogameister –
B. K. S. Iyengar (links)
und Pattabhi Jois

SIVANANDA
(1887–1963)

Swami Sivananda, ein weiterer großer und einflussreicher Yogameister des 20. Jahrhunderts, wurde am 8. September 1887 in Pattamadai im Bezirk Tirunelveli in Tamil Nadu, Südindien, geboren. Er trug den Namen Kuppuswami. Sein Vater Vengu Iyer war ein Anhänger Shivas und Nachkomme von Appayya Dikshitar, einem Heiligen und Gelehrten des 16. Jahrhunderts. Seine Mutter hieß Parvatiammal.

Bereits in früher Kindheit zeigte sich seine Neigung zur Freigebigkeit. Swami Shuddhananda Bharati, ein Jugendfreund, erinnerte sich daran, wie Kuppuswami als kleiner Junge eines Tages mit seinem Essensteller auf die Straße hinausrannte, als er draußen einen Bettler hörte, um diesem etwas von seinem Essen abzugeben.

Während seiner Schulzeit zeichnete sich Kuppuswami sowohl im Unterricht als auch im Sport aus. Er praktizierte Gymnastik und Fechten und stand schon morgens um drei Uhr auf, um seine Übungen zu absolvieren. Bevor er sein Zimmer verließ, arrangierte er Decken und Kissen in einem spielerischen Täuschungsmanöver so, dass seine Mutter glauben sollte, er liege noch im Bett.

Da der Wunsch zu helfen Kuppuswami wichtig war, entschied er sich für eine medizinische Laufbahn. Obwohl seine Eltern von ihm erwarteten, dass er eine andere berufliche Richtung einschlug, blieb er fest bei seinem Wunsch, Arzt zu werden. Nach seiner Immatrikulation studierte er am Medical Institute in der südindischen Stadt Tanjore.

Kuppuswami war intelligent und hatte ein gutes Gedächtnis. Er arbeitete hart und kehrte auch in den Ferien nicht nach Hause zurück. Stattdessen verbrachte er seine Zeit im Krankenhaus und versuchte, noch mehr zu lernen. Bereits im ersten Studienjahr konnte er die Prüfungsfragen des fünften Jahres beantworten.

Nach Abschluss seines Studiums arbeitete Kuppuswami eine Weile in Indien und gab eine medizinische Zeitschrift mit dem Namen *Ambrosia* heraus.

Aber die Arbeit dort befriedigte Kuppuswami nicht. Er ging nach Malaya, um dort Beschäftigung zu suchen. Er erinnerte sich an seine Ankunft: »Sobald ich von Bord gegangen war, suchte ich Dr. Iyengar auf, der mich einem Bekannten, Dr. Harold Parsons, vorstellte. Ich rechnete zuversichtlich damit, eine Stelle zu finden. Dr. Parsons selbst brauchte keinen Assistenten, aber es gelang mir, ihn so zu beeindrucken, dass er mich bei Herrn A. G. Robins, dem Direktor einer Gummiplantage mit einem eigenen Krankenhaus, einführte. Glücklicherweise suchte Herr Robins damals gerade einen Assistenten für das Krankenhaus. Er war ein schrecklicher Mensch mit einem hitzigen Temperament, ein Riese von einem Mann, groß und stark. Er fragte mich: ›Können Sie ein Krankenhaus ganz allein führen?‹ Ohne zu zögern antwortete ich: ›Ja, ich kann sogar drei führen!‹ Er stellte mich sofort ein.«

Neben der Arbeit im Krankenhaus betrieb er seine eigene Praxis, und die freundliche Art Kuppuswamis sprach sich bald herum. Honorare verlangte er von seinen Patienten in der Regel nicht. Mitunter gab er ihnen sogar Geld aus seiner eigenen Tasche für ihre Diät. In Ernstfällen wachte er nachts bei den Patienten.

Seine Lieblingsbeschäftigung in der Freizeit war Radfahren. Er las Bücher über westliche Sportarten und nahm an verschiedenen Wettbewerben und Turnieren teil. Für kurze Zeit betätigte er sich sogar als Sportberichterstatter der *Malaya Tribune*.

Parallel zu seinen Aktivitäten als Arzt führte Kuppuswami eine Zeit lang ein recht luxuriöses Leben. Er legte Wert auf elegante Kleidung und baute eine Sammlung von Gebilden aus Sandelholz, Gold und Silber auf. Seine zweite Vorliebe galt großen Hüten, die er ebenfalls in großer Zahl kaufte, aber eher selten aufsetzte.

Dieser kapriziöse Lebensstil hielt Kuppuswamy nicht davon ab, seine täglichen spirituellen Praktiken auszuüben und heilige Männer aufzusuchen. Doch allmählich stellte er sich auch andere Fragen: »Gibt es kein höheres Ziel im Leben als den täglichen Kreislauf von Arbeit, Essen und Trinken? Wie ungewiss ist doch das Dasein auf dieser Erde, voller Furcht, Sorgen, Ängste, Krankheiten und Enttäuschungen. Alle Hoffnungen auf Frieden und Glück in dieser Welt enden in Schmerz, Verzweiflung und Leid.«[157]

Gedanken dieser Art beschäftigten ihn oft. Sein Beruf als Arzt führte ihm genügend Beweise für die Leiden der Menschen vor Augen.

Es entwickelte sich eine Überzeugung, dass es einen Ort der Geborgenheit, des vollkommenen Friedens geben müsse. Folgerichtig gab er sein angenehmes, bequemes Leben auf und kehrte nach Indien zurück auf der Suche nach einem idealen Ort für Gebet, Meditation, Studium und eine höhere Form des Dienstes an der Welt.

Als Kuppuswami nach vielen Jahren nach Hause zurückkehrte, wurde er von seinen Eltern und den Familienmitgliedern liebevoll empfangen. Doch während der Fuhrmann noch sein Gepäck ablud, wurde er schon vermisst – er war verschwunden, ohne das Haus überhaupt betreten zu haben. Seine Familie vermutete, dass er Freunde besuchen wollte. Doch Kuppuswami war tatsächlich auf und davon! Er wollte der Welt, dem Wohlstand und der Familie sofort und ohne vorherige Erklärungen und Kompromisse entsagen.

1924 kam Kuppuswami im Alter von 37 Jahren in Rishikesh (Nordindien) an. Nachdem sich das Armenhaus geweigert hatte, ihm Essen zu geben, saß er eines Tages am Ufer des Ganges. Swami Vishwananda, ein betagter, ehrwürdiger Heiliger, warf zufällig einen Blick auf ihn. Die ungewöhnliche Ausstrahlung Kuppuswamis zog seine Aufmerksamkeit auf sich und führte bald dazu, dass er ihn in den Orden der Samnyās einweihte. Am 1. Juni 1924 trat Kuppuswami als Swami Sivananda in den Orden ein und ließ sich im Swarg Ashram nieder.

Trotz strengster Askesepraktiken und verlängerter Meditationszeiten fand Sivananda Zeit, kranken Mönchen und Pilgern zu helfen. Er reinigte die Räume der Kranken und hielt in ernsten Fällen manchmal die Nacht über Wache.

Etliche Mönche waren durch Fehlernährung und die extreme Winterkälte geschwächt, viele von ihnen litten an wiederkehrenden Fieberanfällen und Ruhr. Swami Sivananda wollte ihnen helfen, brauchte dafür jedoch Arzneimittel und Medikamente, für die erst Geld beschafft werden musste. Er erinnerte sich an seine Rücklagen bei einer malayischen Versicherungsgesellschaft, und es gelang ihm, 5000 Rupien zu beziehen. Diesen Betrag hinterlegte er beim Post-

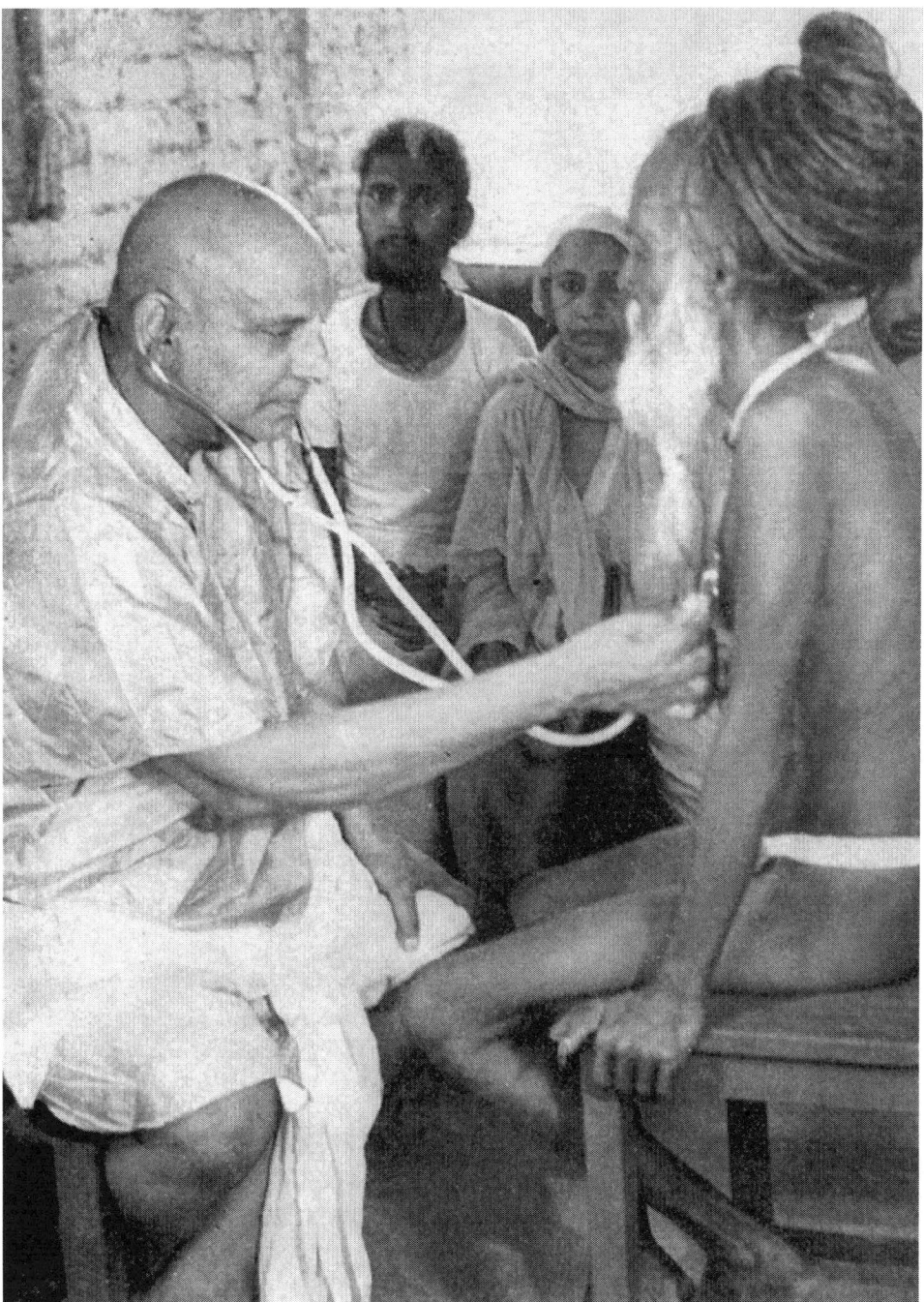

Swami Sivananda in seiner Funktion als Arzt

amt und nutzte die Zinsen für Medikamente und Nahrungsmittel für die kranken Mönche Rishikeshs.

Innerhalb einiger Monate organisierte er dieses medizinische Hilfsprogramm noch besser. In der Folge entstand die Satya-Sevashram-Apotheke für Mönche und Pilger.

Im Swarg Ashram führte Swami Sivananda ein Tagebuch, in dem er seine Gedanken aufzeichnete. Aus diesen Tagebuchaufzeichnungen geht hervor, dass er zu jener Zeit mitunter bis zu sechzehn Stunden täglich zu meditieren pflegte. Seine Methode, eine bestimmte Disziplin aus dem Bereich des Yoga zu entwickeln, bestand darin, eine herauszugreifen und sie einen Monat lang intensiv zu praktizieren.

Über seine eigene Gottesverwirklichung sagte Sivananda einem Schüler gegenüber: »Während meiner spirituellen Praxis machte ich keine besonderen Erfahrungen. Es gab weder äußere noch innere Hindernisse im Fortschreiten meines Sādhana. Das war das einzig Auffallende. Ich meditierte in tiefer Versenkung, dem Grundton meines inneren Lebens. So machte ich sanfte, aber stetige Fortschritte und erreichte bald die höchste spirituelle Erfahrung.«[158]

1936 gründete Swami Sivananda die »Divine Life Society« in einem Gebäude, das früher als Kuhstall gedient hatte. Aber es dauerte nicht lange, bis Suchende von seiner charismatischen Persönlichkeit angezogen wurden, so dass die Gesellschaft und die Schar der Anhänger schnell wuchs.

Swami Sivananda pflegte einfache Umgangsformen; oft erschien er kindlich, zugleich aber auch wie ein ehrwürdiger Weiser. Er verneigte sich vor Sadhus und Straßenkehrern, vor Steinen, vor Pflanzen und vor Eseln. Und auch Kleinkinder sprach er ausgesprochen höflich an.

Seine Gedanken beeinflussten Menschen auf der ganzen Welt. Sivanandas Verständnis von Gott und Göttlichkeit kommt in der folgenden Anekdote gut zum Ausdruck: Eine Gruppe von Swamis, die gerade unterwegs zum Armenhaus war, vermied einen bestimmten Weg. Sivananda bemerkte dies und fand auch den Grund heraus: Auf diesem Weg befand sich die Hütte eines Mönchs, der an Cholera litt. Sivananda ging sofort zu ihm, pflegte ihn und tadelte die anderen Swamis: »Ihr seid alle hierher nach Rishikesh gekommen, um Gott zu suchen. Nun liegt Gott in der Gestalt eines kranken Mönches im Sterben, und ihr habt nicht das Herz, Gott in ihm zu sehen und ihm zu helfen!«

Er lehrte, was er selbst im täglichen Leben praktizierte. Authentizität machte seine Persönlichkeit aus.

»Gib den Hungrigen zu essen; nach einer Weile werden sie wieder hungrig sein. Gib den Unbekleideten etwas anzuziehen; sie werden bald wieder Mangel leiden. Gib den Bedürftigen Geld; sobald sie es ausgegeben haben, werden sie neues brauchen. Gibt man aber allen göttliches Wissen, dann stellt man ihnen alles Nötige zur Verfügung, damit sie selbst für sich sorgen können.« Dies war Swami Sivanandas Maxime.

Swami Sivananda starb am 14. Juli 1963. Er hinterließ zahlreiche Anhänger auf der ganzen Welt, die seine Lehre weiterverbreiten, und auf deren Aussagen und Darstellungen basiert dieses Porträt.

Paramahansa Yogananda zollte Swami Sivananda noch zu dessen Lebzeiten wie folgt Tribut: »Das Leben des großen Rishi Swami Sivananda ist ein vollkommenes Beispiel selbstlosen Handelns. Er segnet Indien und die Welt durch seine Gegenwart.«[159]

KUVALYANANDA
(1883–1966)

Swami Kuvalyananda könnte man als einen Pionier des wissenschaftlichen Yoga bezeichnen. Auch er hat maßgeblich zur weltweiten Verbreitung des Yoga beigetragen. Durch seine Arbeit und Ansichten entwickelte sich in der alten traditionellen Yogadisziplin eine weltoffene Haltung, die der modernen Zeit angepasst war und sich auch an rationalen und wissenschaftlichen Aspekten orientierte. Insbesondere durch die wissenschaftliche Vorgehensweise Swami Kuvalyanandas wurde Yoga auch international mehr und mehr akzeptiert und für das Gesundheitswesen und die allopathische Medizin zugänglich.

Geboren wurde Kuvalyananda am 30. August 1883, zu einem Zeitpunkt, als der Nationalgeist von »Mother India« allmählich wieder erwachte. In seiner College-Zeit wurde er stark von Aurobindo Ghose (später Sri Aurobindo) beeinflusst, der als junger Mann Vorlesungen in Baroda hielt. Unter diesem Einfluss wurde er nach seinem akademischen Abschluss an der Bombay University ein engagiertes Mitglied der nationalen Lokmanya, Tilaks Bewegung der Selbstverwaltung (Svaraj).

Während mehrerer Reisen durch Indien registrierte Kuvalyananda, in welch hohem Maße die Bevölkerung ungebildet, abergläubisch und krank an Körper und Geist war. Ihm wurde bewusst, wie wichtig hier die Bildung und Ausbildung war. Um diese Idee zu verbreiten und umzusetzen, wurde er Mitglied der Khandesh Education Society von Amalner, in der er 1916 schließlich zum Leiter des National College wurde.

Seine Zusammenarbeit mit der Jummadada Vyayamshala[160] von Baroda und deren Mentor, Rajaratna Manikrao, der ebenfalls ein herausragender Vertreter der indischen Körperkultur war, machte Kuvalyananda deutlich, wie viele unterschiedliche Systeme der Körperkultur in Indien existieren – Yoga eingeschlossen. Dieser Stellenwert des Yoga eröffnete ihm eine neue Sichtweise. Er begeisterte sich für die verschiedenen physischen und psycho-spirituellen Aspekte, was ihn zu einem wachsenden Verständnis der tieferen Bedeutung des Yoga führte. Sein Lehrer wurde der berühmte Yogin Paramahamsa Madhavadasaji aus Bengalen, der sich in Malsar, in der Nähe der Stadt Baroda, niedergelassen hatte, direkt am Ufer des Flusses Narmada.

Die Einsichten in die Yogadisziplin unter der Anleitung von Madhavadasaji gaben Swami Kuvalayanandas Leben und Karierre eine scharfe Wendung. Er wagte es, sich einem völlig neues Aufgabenfeld von einer bis dahin unbekannten Seite zu nähern. 1920 begann er im Baroda Hospital die Auswirkungen der Yogapraxis auf den menschlichen Körper zu untersuchen, wobei ihm einige seiner Studenten halfen. Seine subjektiven Erfahrungen wurden mit wissenschaftlichen Untersuchungen unter Laborbedingungen verbunden. Die Ergebnisse fielen sehr gut aus, was ihn endgültig vom uralten System des Yoga überzeugte. Zugleich ging er davon aus, dass die wissenschaftliche Annäherung an den Yoga zum einen den Yoga selbst, aber mehr noch die spirituellen und materiellen Werte in einer humanen Gesellschaft wieder neu beleben würde. Dies wurde zu seinem Lebenswerk und zu seiner Botschaft.

AUROBINDO
(1872–1950)

Sri Aurobindo wurde als Aurobindo Akroyd Ghose am 15. August 1872 in Kalkutta, Bengalen geboren. Seine Eltern waren der Arzt Dr. Krishnadhan Ghose und Swamalata, die einer hochangesehenen Familie aus Konnagar angehörte. Krishnadhan hatte in England studiert und war mit dem Titel des M. D. (»medicinae doctor«) zurückgekehrt. Sri Aurobindos Großvater mütterlicherseits war Raj Narayan Bose, ein einflussreicher Autor der bengalischen Literatur und gewissermaßen der »Großvater« des indischen Nationalismus.

Aurobindo wurde im Alter von vier Jahren auf die eine Klosterschule in Darjeeling geschickt. Im Alter von sieben Jahren sandte ihn sein Vater zur Ausbildung nach England, zuerst nach London, dann nach Cambridge auf das King's College, wo er sich als Student für europäische klassische Literatur auszeichnete. Im Jahr 1890 bestand er die Indian Civil Service Examination mit großer Anerkennung; er fiel jedoch im Reiten – eine damals für die Einstellung im Staatsdienst unerlässliche Prüfung – durch und konnte daher nicht dem Verwaltungsdienst der indischen Regierung beitreten.

Als er im Jahr 1893 nach Indien zurückkehrte, wurde er zunächst Vizepräsident der staatlichen Hochschule in Baroda. Von 1893 bis 1906 vertiefte er sich sehr in die Quellen des Sanskrit und in die bengalische Literatur, Philosophie und politische Wissenschaft. Aurobindos Gelehrsamkeit erregte bald die Aufmerksamkeit seiner Umgebung. In diese Zeit fiel seine Heirat mit Mrinalini Devi.

Aurobindo war ein vollendeter Gelehrter des Griechischen, und er erhielt hohe Auszeichnungen in Latein. Auch lernte er Französisch und eignete sich ein wenig Deutsch und etwas Italienisch an, um Goethe und Dante in ihrer Originalsprache zu studieren. Mit der Weisheit der alten vedischen Schriften war er gut vertraut.

Dann gab er seine Stellung auf und arbeitete am Bengal National College. Er stürzte sich kopfüber in politische Aktivitäten und wurde zu einer herausragenden Figur der nationalistischen Unabhängigkeitsbewegung dieser Zeit.

Aurobindo gab das englische, täglich erscheinende Journal *Bande Mataram* heraus und schrieb zahlreiche kritische Artikel. Während der folgenden Monate gab er außerdem das wöchentlich erscheinende *Dharma* heraus, ebenfalls in englischer Sprache. Er verbreitete seine Botschaft: »Unser Ideal von Swarajya (staatliche Unabhängigkeit) ist absolute Autonomie, absolute Selbstherrschaft, Freiheit von fremder Kontrolle.« Er befürwortete öffentlich den Boykott von britischen Gütern, britischer Justiz und allem, was britisch war. Er wies Menschen immer wieder dazu an, passiven Widerstand gegen die Briten zu leisten, schloss aber auch den bewaffneten Kampf nicht aus.

Sri Aurobindo, der Prophet des indischen Nationalismus, war einer der Pioniere des politischen Erwachens in Indien. Er war der Führer der revolutionären Bewegung und spielte eine große Rolle im nationalen Kampf des Landes.

Ein Bombenanschlag auf eine britische Einrichtung, bei der zwei unbeteiligte Zivilisten getötet wurden, führte zur Inhaftierung Aurobindos – obwohl er mit dem Anschlag nichts zu tun hatte. Ein Jahr verbrachte er ohne offiziellen Prozess im Alipore Zentralgefängnis in Einzelhaft. In einer schmutzigen Zelle dieses Gefängnisses begann er, die Vision seines zukünftigen Lebens, seine göttliche Mission, zu entwickeln. Nach der Freilassung floh er in die südindische Hafenstadt Pondicherry, die als französische Kolonie Sicherheit vor den Repressalien der Briten bot.

Sri Aurobindo begann seine Yogapraxis im Jahr 1904. Er hatte keinen Guru oder sonst jemanden, der ihn unterwies, bis er 1908, wenn auch nur für kurze Zeit, Guru Vishnu Bhaskar Lele in Baroda traf, einen Yogi aus Maharashtra. Nach nur drei Tagen Meditation konnte Aurobindo problemlos den Anweisungen des Yogi folgen, den Geist zum Schweigen zu bringen und ihn von dem konstant vorhandenen Wust an Gedanken zu befreien.

Sri Aurobindo schrieb einmal in einem Brief über seine Yogapraxis: »Ich begann Yoga im Jahr 1904 ohne einen Guru. Im Jahr 1908 erhielt ich bedeutsame Hilfe von einen Mahratti-Yogi und habe dann die Grundlage meines Sadhana gefunden.«

Als er mit seinem Selbststudium begann, stützte er sich auf einige Grundsätze, die ihm von einem Freund, einem Schüler von Brahmananda aus dem Kloster Ganga Math, vermittelt worden waren. Zu Beginn war die Praxis auf Prāṇāyāma beschränkt. Aurobindos praktische und meditative Ausrichtung bezog sich stets auf die Lehren der Bhagavad Gītā und auf die Upanishaden. Dies mündete schließlich in seine Konzeption des Integralen Yoga. Was er selbst darunter verstand, hat Aurobindo in einem Brief an einen Schüler verdeutlicht: »Was ist der Integrale Yoga? Es ist ein Weg der vollkommenen Gott-Verwirklichung, einer vollkommenen Selbst-Verwirklichung, einer vollkommenen Erfüllung unseres Wesens und Bewusstseins, eine vollkommene Transformation unserer Natur – und dies beinhaltet eine absolute Vervollkommnung des Lebens hier und nicht eine Rückkehr zu einer ewigen Vervollkommnung sonst wo. Das ist das Ziel, aber auch die Methode beinhaltet die gleiche Integralität …«[161]

An anderer Stelle, wiederum in einem Brief, führt Aurobindo aus: »Dieser Yoga erkennt den Wert des kosmischen Daseins an und betrachtet dieses als Realität; sein Ziel ist es, in ein höheres Wahrheitsbewusstsein oder in ein Göttliches supramentales Bewusstsein einzutreten … Hierfür ist jedoch die Hingabe des vergänglichen *Mentals*, Lebens und Körpers an jenes höhere Bewusstsein unerlässlich, da es für das sterbliche menschliche Wesen zu schwierig ist, durch die eigene Kraft zu einem supramentalen Bewusstsein jenseits des Mentals zu gelangen, in welchem die Dynamik nicht länger vom Mental geprägt wird, sondern von einer anderen Macht herrührt.«[162]

Sri Aurobindo war zunächst von Kalkutta nach Chandranagar und später dann, am 4. April 1910, nach Pondicherry gereist. In Pondicherry wohnte er einige Zeit bei einem Freund, der mit vier weiteren Freunden in einer Wohngemeinschaft zusammen lebte. Nach und nach erhöhte sich die Zahl der Bewohner, und langsam bildete sich ein Ashram.

Über die Aufgaben dieses Ashrams äußerte sich Aurobindo in einem Gespräch mit D. K. Roy am 4. Februar 1943:

»… Es gibt im Wesentlichen zwei Wege. Einer ist der des Buddha, der, wie du weißt, der Ansicht war, dass, obgleich du eine gewisse Hilfe oder Anleitung von anderen erhalten kannst, gleichgültig ob sie ein Guru sind oder nicht, du deinen Weg doch allein gehen musst; das heißt, mittels deiner eigenen Bemühung den Weg durch das Unterholz schlagen musst; anders gesagt, ist dies der uralte Pfad der Tapasya (intensiver spiritueller Übungen). Der andere Weg ist, den Guru als Stellvertreter des Göttlichen anzusehen, der den Weg kennt und darum klarerweise in der Lage ist, anderen dabei zu helfen, ihn zu finden. Das ist der Weg, dem die hiesigen Aspiranten im Ashram folgen – der Weg der Guruvad.«[163]

Im Jahr 1920 gesellte sich Mirra Alfassa (1878–1973), eine Französin[164], die zunächst in Begleitung ihres Mannes Paul Richard nach Pondicherry gekommen war, zu Sri Aurobindos Zirkel. Sie wurde zur »Mutter« und übernahm den Vorsitz über den Ashram. Jeden Morgen gab sie den Anhängerinnen und Anhängern Darshan vom Balkon, der zu ihrem Zimmer gehörte. Sie überwachte jede noch so kleinste Angelegenheit in der Organisation des Ashram.

Der Ashram begann, *Arya*, ein in englischer Sprache verfasstes Journal, unter dem Management der »Mutter« und Paul Richard herauszugeben. Die wichtigsten Arbeiten Aurobindos erschienen als Serie in diesem Magazin. Nach sechseinhalb Jahren wurde die Herausgabe von *Arya* eingestellt.

Der berühmte indische Autor und Nobelpreisträger Rabindranath Tagore besuchte einmal den Ashram und sagte zu Aurobindo: »Du hast die Worte, und wir warten darauf, sie von dir entgegenzunehmen. Indien wird durch deine Stimme zur Welt sprechen.«

1926 zog sich Aurobindo von allen äußeren Kontakten zurück und pflegte den Kontakt zu seinen Schülern nur noch über Korrespondenz.

Heute gibt es zahlreiche Praktizierende im Aurobindo-Ashram bzw. in Pondicherry, die in mehr als hundert Häusern untergebracht sind. Auch in dem benachbarten, 1968 von der »Mutter« gegründeten Ort Auroville leben zahlreiche Anhänger der Lehre Aurobindos. In Pondicherry engagieren sich viele in verschiedenen Aktivitäten, die mit dem Ashram verbunden sind – einige in der Molkerei, andere im Gemüsegarten, wieder andere in der Wäscherei und in der kleinen Bäckerei. Viele der jungen Mädchen arbeiten in der zum Ashram zugehörigen Druckerei. Für die Ashram-Bewohner sind alle Arbeiten Teil der Praxis. Der Ashram hat auch eine eigene Schule. Eine Berufsausbildung wird den Schülern im Alter zwischen vierzehn und achtzehn Jahren vermittelt. Die Ashram-Bewohner im Sri Aurobiondo Ashram sind keine Samnyāsins, denn auch Aurobindo selbst war kein Samnyāsin. Der Ashram ist weltoffen. Neben Hindus gibt es dort Christen, Muslime und auch Mitglieder anderer Konfessionen.

Sri Aurobindos Philosophie ist pragmatisch. Sie basiert auf Fakten, Erfahrung und persönlicher Verwirklichung sowie darauf, die Vision eines Sehers, eines Rishi zu haben. Aurobindos Spiritualität ist zudem mit Rationalität verbunden.

Sri Aurobindo zufolge besteht das Ziel nicht nur in der Befreiung des Individuums von den Fesseln, die es behindern, sondern auch darin, »den Willen des Göttlichen zu erfüllen, eine spirituelle Transformation zu bewirken und die göttliche Natur und ein göttliches Leben in das mentale, vitale und physische Leben der Menschheit zu bringen«.[165]

Zur Selbstfindung führen in der Terminologie Aurobindos folgende Stufen eines evolutionären Prozesses: Aus dem materiellen Körper geht das »Vital« (die Lebenskraft) hervor, daraus entwickelt sich das »Mental« (die Denkkraft), anschließend öffnet sich das »Übermental« (das, was das Denken übersteigt), in dem jedoch noch Unterschiede zwischen personalem und apersonalem Gottesbild bestehen. Endziel ist das »Supramental« (das absolute Bewusstsein), das jenseits mentaler Konzeptionen liegt und keine Unterscheidungen zulässt. Es geht beim Integralen Yoga nach Aurobindo demnach nicht um eine spezifische Yogapraxis oder um eine bestimmte Meditationsform, sondern um den Vollzug der Selbstfindung, die mit einer Haltung der Hingabe einhergeht und letztlich in der Realisierung des Absoluten mündet.

»Eine gefestigte und unfehlbare Bestrebung, die von unten her ruft, und eine Höchste Gnade, die von oben herab antwortet, dies sind zwei Kräfte, die in ihrem Zusammenspiel etwas Großes bewirken können. Wenn die Transformation integral sein soll, dann sollte integral die Zurückweisung von allem, was sich dem in den Weg stellt, bedeuten«, sagte Sri Aurobindo.

Eine andere zentrale Aussage Aurobindos lautet: »Unsere Aufgabe ist es, in das Ebenbild Gottes hineinzuwachsen, in Ihm zu wohnen, ein Kanal Seiner Freude und Macht und ein Instrument für Seine Arbeit zu sein. Geläutert von allem, was *asubha* (böse) ist, sollten wir in der Welt als Dynamos der göttlichen Elektrizität wirken und sie begeisternd und strahlend unter der Menschheit verbreiten, so dass, wo auch immer sich jemand befindet, Hunderte von Menschen um ihn herum mit Seinem Licht und Seiner Kraft angefüllt werden, angefüllt werden mit Gott und Ananda (Glückseligkeit). Kirchen, Theologien und Philosophien haben in der Errettung der Menschheit versagt, da sie sich mehr mit intellektuellen Weltanschauungen und Institutionen beschäftigt haben.«[166]

Aurobindo war sowohl Poet als auch Politiker und Philosoph. Seine Schriften – philosophisch und poetisch – sind in ihrem Geist indisch und in ihrem Rhythmus und in ihrer Sprache westlich. Für die Nationalisten Indiens war und ist er eine Inspiration. Seine Schüler und Nachfolger in Pondicherry beschreiben Aurobindo wie folgt: »Als das Kronjuwel des wiederauflebenden Indiens, als der Tapferste unter den Patrioten, als der Scharfsinnigste unter den Intellektuellen und als der Subtilste unter den Sehern erfüllte Sri Aurobindo das glorreiche Ziel, der Welt zu zeigen, dass (…) jemand, der die richtige Synthese kennt, östliche und westliche Kulturen glücklich vereinen kann, ohne dass dabei notwendigerweise Feindschaft entstehen muss.«[167]

Im Alter von 78 Jahren starb Aurobindo am 5. Dezember 1950 um 1.30 Uhr in Pondicherry. Publikationen von Aurobindo sind unter anderem *Das Ideal einer geeinten Menschheit* (1973); *Die Synthese des Yoga* (2. Aufl. 1976); *Essays über die Gita* (1977); *Briefe über den Yoga – Integraler Yoga und andere Wege* (1977–1983); *Gedanken und Aphorismen mit Erläuterungen der Mutter* (1979); *Grundlagen der indischen Kultur und die Renaissance in Indien* (1984); *Savitri – Legende und Sinnbild* (1985); *Über sich selbst* (1994); *Sämtliche Gedichte* (1994); *Das Göttliche Leben* (2. Aufl. 1999).

In dem Buch *Licht auf Yoga*[168], das Auszüge aus Briefen enthält, die Sri Aurobindo an seine Schüler schrieb, äußert er sich über Yoga wie folgt: »Man kann Yoga praktizieren und Erleuchtungen empfangen im Geist und in der Vernunft. Man kann Kraft erringen und in reicher Fülle alle Arten von Erfahrungen im Vitalen haben. Man kann sogar im Physischen überraschende Wunderleistungen zustande bringen. Wenn aber die wahre hintergründige Seelenkraft sich nicht manifestiert, wenn die psychische Natur nicht in den Vordergrund tritt, dann ist überhaupt nichts Wesentliches getan.«

Teil 2

DER STAMM

Szene an einem Gopuram des Nāgeshvara-Tempels in Kumbakonam

6
DIE GROSSEN YOGIS DES MITTELALTERS

Der Hatha-Yoga als Bestandteil des Tantra

Wer sich im indischen Mittelalter mit Yoga befasste, kam – fast zwangsläufig – auch mit Tantra in Berührung, einer Strömung, die sich um 500 n. Chr. in Indien auszubreiten begann. Dies vor Augen, schreibt Georg Feuerstein: »Um den traditionellen Hatha-Yoga und seine Ziele zu verstehen, müssen wir verstehen, dass dieser Zweig des uralten Baumes des Yoga ein integraler Bestandteil des tantrischen Erbes ist.«[169]

Sowohl im Tantra als auch im Hatha-Yoga ist Aktivität gefragt. Es ist ein Weg des Handelns, und so wurde Tantra in einem Buch über tibetische Mystik als der Weg des Affen beschrieben, eine Formulierung, die sich auf das Verhalten von kleinen Affen bezieht, die sich an die Mutter anklammern, also aktiv werden müssen, um mitgenommen zu werden, im Gegensatz etwa zu Katzen, die sich passiv hochnehmen lassen. Es geht nicht (mehr) um Weltentsagung, sondern um Hinwendung zur Welt. Der menschliche Körper wird zum »Tempel Gottes«. Spekulationen und Glaubenssätze spielen ebenso wenig eine Rolle wie die Vermittlung durch einen Priester oder Geistlichen. Ernsthaft Suchende (*sādhaka*) müssen selbst etwas für ihre spirituelle Entwicklung tun, und um die Einheit zu erfahren, müssen sie schrittweise vorgehen. Auch hierin ist das Tantra dem Hatha-Yoga wesensverwandt. Disziplin ist erforderlich, und der Wandel bezieht den gesamten Lebensstil mit ein. Was traditionellen Hatha-Yoga und Tantra weiterhin eint, ist das Praktizieren von Āsanas (Körperhaltungen), Prānāyāma (Atemtechniken) und Dhyāna (Meditation).

Über den Schüler des Tantra schreibt der Indologe Heinrich Zimmer: »Dem tantrischen Sādhaka aber liegt nicht so sehr daran, in konventioneller Form weiterzuleben, als die Tiefen des Lebens zu ergründen und ihre zeitlosen

Geheimnisse zu entdecken. (…) So kam es zur großen tantrischen Grundregel – die sich so stark von den frühen hinduistischen Yogalehren unterscheidet: Yoga (die Anjochung des empirischen Bewusstseins an das transzendente Bewusstsein) und Bhoga (›Genuss‹, Erfahrung von Lebensfreude und -leid) sind das Gleiche. (…) Aber es bedarf eines Helden (*vāra*), um mit vollkommen ausgewogenem Gemüt dem unermesslichen Wunder der Weltschöpferin zu begegnen und es in sich aufzunehmen: sich ohne hysterische Reaktionen in Liebe zu vereinigen mit der Lebensmacht, welche die Shakti (seiner eigenen Ganzheit) ist.«[170]

Shakti (hergeleitet von *shak*, »fähig sein oder die Kraft haben, etwas zu tun«) wird auch beschrieben als Potenz, als dynamisches oder auch schöpferisches Prinzip der Existenz. Von daher rührt die Formulierung *Shivah shaktivihināh shavah* (»Shiva ohne Shakti ist eine Leiche«).

Die Verschmelzung der Polaritäten zur Einheit hat sowohl im buddhistischen als auch im hinduistischen Tantra eine zentrale Bedeutung. Unterschiedliche Pole wie Mikrokosmos und Makrokosmos, Sonne und Mond, Shiva und Shakti, männlich und weiblich werden nicht als Gegensätze wahrgenommen, sondern als Synthese, deren Bestandteile zusammengehören wie die zwei Seiten einer Medaille.

Ein weiteres gemeinsames Merkmal, das ebenso auf Tantra wie auf den Hatha-Yoga zutrifft, ist die sogenannte »Erweckung der Macht der Schlange«, auch bekannt als Kundalini-Shakti oder Kundalini-Yoga. Die als zusammengerollte Schlange beschriebene Vitalenergie Kundalini soll vom unteren Ende der Wirbelsäule durch die verschiedenen feinstofflichen (nicht mess-, aber erfahrbaren) Energiezentren (*cakras*) durch Atem-, Körper- und Konzentrationsübungen im Körper hinaufgeführt werden zum *Sahasrāra-Cakra* (›tausendblättriger Lotos‹), das am Scheitelpunkt lokalisiert wird, wo schließlich die Vereinigung von (männlichem) Shiva (dem Sinnbild für reines Bewusstsein) und (weiblicher) Shakti stattfinden kann. Auch bei dieser tantrischen Praxis, wie auch in einigen Schulen des Hatha-Yoga, ist die Initiation (*dīkshā*), in der dem Schüler vom Guru unter anderem ein persönliches Mantra übergeben wird, Voraussetzung und wichtiger Bestandteil.

Herkunft, Ziel und Wesen des Tantra

In der Regel wird das 5. Jahrhundert n. Chr. als Entstehungszeit der esoterischen Tradition des Tantrismus angegeben. Einige Autoren gehen jedoch davon aus, dass der Tantrismus in der vorarischen Induskultur (ca. 2800–1800 v. Chr.) entstanden ist. So merkt der amerikanische Mythenforscher und Professor für Psychologie Joseph Campell (1904–1987) an: »Der Kult der Shakti, der Göttin, spielt eine sehr große Rolle im modernen Hinduismus. Er steht im Gegensatz zur betont patriarchalen Einstellung der vedischen, streng arischen Tradition und legt es nahe, die Wurzeln des Tantra im nichtarischen, vorarischen, drawidischen Boden zu suchen. Bemerkenswert ist die Tatsache, dass Shiva, der universale Gott und Gemahl der Göttin (zu ihr stehend wie die Ewigkeit zur Zeit), auch der oberste Herr der ebenfalls nichtvedischen Yogaschulen ist.«[171]

Die buddhistischen Tantras basieren in ihrer Substanz auf der Yogācāra- und Madhyamaka-Philosophie von Asanga und Nāgārjuna, die hinduistischen Tantras gründeten primär auf der Sāmkhya-Philosophie und der All-Einheitslehre (*advaita*) der Upanishaden. Der Tantrismus entwickelte sich insbesondere in Tibet sowie in den nördlichen und südlichen Grenzbereichen Indiens, in Kaschmir, in Assam und im drawidischen Südindien, und er orientierte sich an unterschiedlichen Gottheiten (Shiva, Vishnu, Ganesha, Surya), was wiederum zu unterschiedlichen Schwerpunkten führte: Mal stehen die Rituale im Vordergrund, mal die Spontaneität (*sahaja*).

Ziel des Tantra ist »die persönliche Befreiung (*mukti*), die Transzendenz des Selbst, des gewöhnlichen Bewusstseins. Dies wird meist ausgedrückt, indem man vom Erreichen grenzenloser Seligkeit (*ānanda*) oder Freude spricht.« – So formuliert es Georg Feuerstein in seinem Buch *Gott und die Erotik – Spirituelle Dimensionen der Sexualität.*

Der menschliche Körper gilt nicht länger als Hindernis auf dem Weg zur Befreiung, sondern als Tempel, als Ort des Erkennens. Ein wichtiger Begriff, der sich mit dem Tantra entwickelte und beispielsweise dem Yoga neue Impulse gab, ist *bhoga*, der Genuss, der an die Stelle der Askese tritt. Sinnliche Freude wird als Mittel zur Befreiung (*moksha*) eingesetzt. Das heißt, der Weg des Tantra zur Erleuchtung ist »süßes Spiel« (*līlā*), ist lebens- und körperbejahend.

Die von den Sinnen vermittelte Wirklichkeit und die übernatürliche Wirklichkeit werden nun als identisch wahrgenommen. In der Konsequenz werden sowohl »das Konzept der Heilssuche als auch das der Weltverstrickung bedeutungslos.«[172] Durch das eigene sinnliche Erleben von Einheit und Identität spielen Konzepte keine oder nur noch eine untergeordnete Rolle. Die Befreiung (*moksha*) und der Sinnesgenuss (*bhoga*) sind im Tantra kein Widerspruch.

Heinrich Zimmer fasst das Besondere des Tantra wie folgt zusammen: »Was die vedischen Weisen in den Himmelshöhen des Makrokosmos gefunden und erkannt hatten, das fand der Adept des Tantra leiblich in sich, in seinem Mikrokosmos wohnend, und er nannte es ebenfalls ›Gott‹. Hatten die Angehörigen der Brahmanen-Kaste in vedischen Zeiten die Göttliche Kraft (*brahman*) durch öffentliche Opferhandlungen beschworen, so brachte der tantrische Gläubige, gleichgültig welcher Kaste angehörend, durch die einfachen, wesenhaft persönlichen Rituale in den Zirkeln der tantrischen Eingeweihten sein eigenes Ich zum Opfer und beschwor damit die heilige Kraft (*shakti*) seines eigenen Erscheinungswesens, damit sie sich in seinem Leben manifestiere.«[173]

Dieser revolutionäre Wandel lässt sich durch die Konzentration der tantrischen Bewegung an der geografischen Peripherie Indiens sowie durch den starken Einfluss der Reformkräfte aus den unterprivilegierten sozialen Schichten erklären. Die Werte und Dogmen der etablierten Religionen wurden in Frage gestellt bzw. praktisch umgewertet.

Tantra war (bzw. ist) offen für alle, unabhängig von Rasse, Kaste und Geschlecht. Das Weibliche wurde wieder wertgeschätzt und die Göttin verehrt. Der Tantrismus brachte eine Renaissance der weiblichen Gottheiten, die zuvor von der von den Brahmanen geprägten Religion Indiens zugunsten männlicher Gottheiten (Shiva, Vishnu, Krishna) entthront worden waren: Die Manifestationen der Großen Göttin hießen nun Durga, Kali, Radha, Saraswathi und Lakshmi.

Die zwei Grundformen des Tantra

Neben dem okkulten (schwarzen) tantrischen Weg, auf den hier nicht eingegangen werden soll, gibt es den Weg der linken Hand, auch als rotes Tantra bekannt, und den Weg der rechten Hand, auch weißes Tantra genannt.

Im Weg der linken Hand (*vāma-mārga*) wird die sexuelle Vereinigung (*maithunā*) tatsächlich – rituell – vollzogen und zwar als fünfter und letzter Punkt einer ausgedehnten Zeremonie, die ein hohes Maß an Konzentration und Selbstbeherrschung erfordert, zwei Tugenden, die auch für den Hatha-Yoga essenziell

Skulptur einer Yoginī aus dem 10. Jh.

sind. Die initiierten Teilnehmer – Männer und Frauen – sitzen paarweise im Kreis. Neben dem Rezitieren von Mantras und dem Meditieren werden nach und nach vier aphrodisierende Substanzen, *madya* (Wein), *mamsa* (Fleisch), *matsya* (Fisch) und *mudra* (geröstetes Getreide), eingenommen, bis es schließlich zur rituellen körperlichen Vereinigung kommt. Es geht dabei nicht darum, sinnliche Lust zu zelebrieren, sondern um die Erfahrung der Einheit, des »Einswerdens der im Menschen polarisierten Urwirklichkeit (im Sinne eines erneuten Zusammenführens von ursprünglich verbundenen Gegebenheiten, d. A.), die sich als männlich und weiblich darstellt. Die Zurückführung des weiblichen, der Bewegungsenergie *(shakti)*, zum männlichen Pol (als der statischen Energie, *shiva*), ist das Höchste der tantrischen Praxis.«[174]

Das linkshändige Tantra ist demnach die physische Praxis der Verschmelzung von Shiva und Shakti auf der transzendenten Ebene mit dem Ziel, die dem Göttlichen eigene Glückseligkeit zu erfahren. Dies soll ohne Verlust des Spermas geschehen, da dies mit dem Verlust von Lebensenergie gleichgesetzt wird.

Im Weg der rechten Hand (*dakshinā-mārga; dakshinā:* rechts, geschickt, klug; *mārga:* Pfad, der Weg des spirituellen Strebens) wird das Ritual der sexuellen Vereinigung rein symbolisch oder metaphorisch vollzogen. Dies ist die Art, wie Tantra im Yogaunterricht vermittelt wird. Die verschiedenen Stufen und Vorgänge werden visualisiert, ohne dass die Teilnehmer miteinander in Kontakt kommen. Madya wird zur berauschenden Erkenntnis, Mamsa steht für die Kontrolle der Sprache, Matsya symbolisiert die feinstofflichen Energiekanäle *idā*- und *pingalā-nādī,* Mudra steht für den Zustand der inneren Sammlung und Konzentration; und Maithunā wird zum Symbol der Vereinigung.

Trotz Differenzen:
Die Basis des Tantra und des Hatha-Yoga

Innerhalb des Tantra gab und gibt es zahlreiche Schulen und Richtungen mit unterschiedlichen Schwerpunkten oder Prägungen. Selbst die beiden Meister des Hatha-Yoga Matsyendra und Goraksha, die sich durch ihr Lehrer-Schüler-Verhältnis nahestanden, wichen in ihren Ansichten erheblich voneinander ab, was in den Abschnitten über sie (siehe S. 213 ff.) näher ausgeführt wird.

Was die unterschiedlichen Schulen und Traditionslinien des Tantra wie des Hatha-Yoga trotz bestehender Differenzen verband und verbindet, ist der Gedanke, dass die Welt als Teil oder Erscheinung des Göttlichen, das allem immanent ist, angesehen wird. Daraus folgt, dass die Welt, so wie sie ist, als Lebensgrundlage akzeptiert wird.

Für Tantriker gilt ebenso wie für Hatha-Yogis, was im *Kularnava Tantra* formuliert wurde: »Wenn jemand zu Boden fällt, dann muss er mit Hilfe des Bodens wieder aufstehen.«

Svātmārāma (14. Jh. n. Chr.)

Was die Yogawelt mit dem Namen Svātmārāma verbindet, ist sein schriftliches Grundlagenwerk Hatha-Pradīpikā, das oftmals auch als Hatha-Yoga-Pradīpikā bezeichnet wird. In den ursprünglichen Sanskrit-Manuskripten ist ausschließlich von der Hatha-Pradīpikā die Rede, was mit »Leuchte der Notwendigkeit« zu übersetzen wäre. Im übertragenen Sinne ist die Erörterung oder Kommentierung der Hatha-Yoga-Praxis gemeint.

Über die Person Svātmārāma ist kaum etwas bekannt. Als Lebenszeitpunkt dieses indischen Tantrikers in der Tradition der Nātha-Yogis (siehe S. 215) wird im Allgemeinen die Mitte des 14. Jahrhunderts genannt, und sein Name, der oft mit dem Zusatz Yogīndra oder Yogin verwendet wird, bedeutet Lust (*ārāma*) am eigenen Selbst (*svātman*). Der französische Hatha-Yoga-Lehrer Boris Tatzky interpretiert dies als »Der die Freuden aus dem Selbst herleitet«.

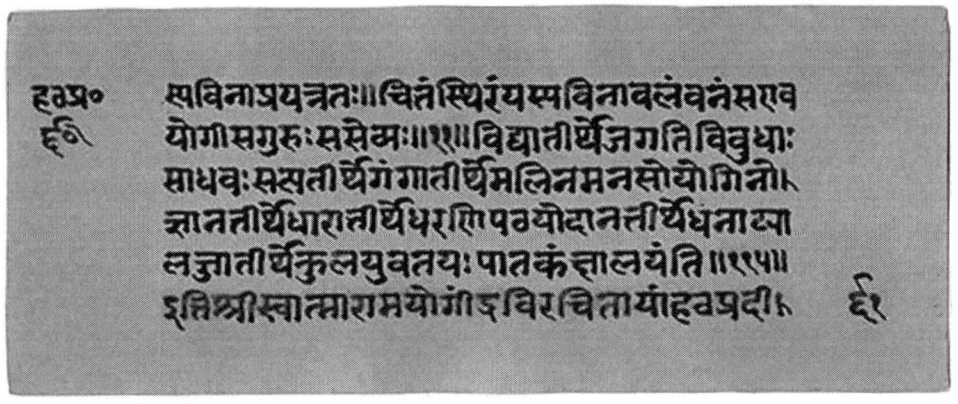

Textausschnitt aus der Hatha-Yoga-Pradīpikā,
Indien, 19. Jh.

Svātmārāma nennt als seine Lehrer Gorakshanātha und Matsyendranāth (siehe S. 213 ff.), doch dies ist eher im übertragenen Sinne zu verstehen, denn die beiden Genannten lebten rund fünfhundert Jahre vor ihm. Im Gegensatz zu ihnen wie auch zu Patañjali existiert von Svātmārāma bemerkenswerterweise keinerlei Abbildung. Für die verschiedenen Buchausgaben, die zwischen vier und zehn Kapiteln variieren (von der Zahl der Verse her zwischen 389 und 1553), werden in der Regel Yogamotive der indischen Miniaturmalerei aus dem 19. Jahrhundert verwendet, oder es wird ganz auf Abbildungen verzichtet.

Svātmārāmas Hatha-Prādīpikā ist ein Kompendium, das sich aus Anweisungen und Ansichten älterer Schriften zusammensetzt, aus denen zum Teil wörtlich zitiert wird. Svātmārāmas Vorgehensweise ist also eklektizistisch, das heißt, er hat zusammengetragen und zusammengefasst, was Generationen von Yogis bereits vor ihm (geheim) gelehrt und niedergeschrieben hatten. Von allen Quellentexten des Hatha-Yoga, zu denen unter anderem die Gheranda-Samhitā, die Shiva-Samhitā und das Goraksha-Shataka gehören, ist die Hatha-Prādīpikā das bekannteste und meistpublizierte Werk. Bekannt ist gerade im Westen jedoch oft nur der Umstand, dass es diese Schrift gibt und dass darin neben Āsanas und Prānāyāma auch weniger geläufige Dinge wie Reinigungstechniken (*kriyā*), Verschlüsse bzw. Muskelkontraktionen (*bandha*) und Gesten und Siegel (*mudrā*) behandelt werden. Dabei enthält die Hatha-Prādīpikā viel mehr, als die meisten ahnen bzw. als ihnen von Yoga-Lehrenden vermittelt wird.

Die inhaltlichen Schwerpunkte der
Hatha-Prādīpikā des Svātmārāma

Das erste Kapitel der geläufigsten, in vier Kapitel gegliederten Ausgabe der Hatha-Prādīpikā beschreibt die Voraussetzungen für die Übungen, ethische Grundlagen und einzelne Āsanas, wobei die »vollkommene« Sitzhaltung *Siddhāsana* favorisiert wird.

Das zweite Kapitel befasst sich primär mit (schweißtreibendem) Prānāyāma, gibt dazu teilweise präzise Anleitungen – mit Zeitvorgaben – und empfiehlt dicken und phlegmatischen Menschen sechs Reinigungsübungen. Dabei wird insbesondere *naulī*, das »Quirlen« oder Kreisen der Bauchmuskulatur, hervorgehoben.

Im dritten Kapitel geht es vor allem um Mudrās und Bandhas, aber auch um den halben Schulterstand *Viparitakarani* und tantrische Techniken wie zum Beispiel *Vajrolī-Mudrā*. Vereinfacht ausgedrückt, geht es bei diesem darum, beim Koitus den Samen (*bindu*) zu bewahren. In der von Vishnu-devananda herausgegebenen Ausgabe fehlt dieser Abschnitt jedoch ganz, in der von Hermann Walter übersetzten Ausgabe[175] ist er zunächst in Latein wiedergegeben und im Anhang dann doch noch ins Deutsche übersetzt.

Das vierte Kapitel schließlich beschreibt den Zustand von Samādhi (»von allen Zuständen befreit, von allen Gedanken verlassen ist nun der Yogin gleich

Haltung des Löwen (Simhāsana)

einem Toten, aber erlöst«[176]) sowie Meditation auf den inneren Klang (*nādop-āsana* bzw. *nādanusandhāna*) und preist die *Mudrā khecarī*, hier im Vers 46 als »Liebling des Shiva«.

Von Svātmārāma favorisierte Übungen und Grundsätze

In jedem Praxisabschnitt hebt Svātmārāma jeweils eine Übung hervor. So heißt es über die Āsanas: »Kein Āsana gleicht dem Siddhāsana.«

Würde sich der Schüler oder Leser auf die empfohlenen Übungen Svātmārā-mas beschränken, so wären dies die folgenden:

- Siddhāsana (vollkommener Sitz mit gebeugten Beinen, bei dem die linke Ferse am Damm und die rechte Ferse am Schambein liegt),
- Naulī (Quirlen des Bauches; gilt nur für phlegmatische Menschen),
- Bhastrikā-prāṇāyāma (geräuschvolle »Blasebalg«-Atmung),
- Khecarī-mudrā (Umbiegen der Zunge und Berühren des Rachens),
- Uddīyānabandha (Einziehen des Bauches),
- Vajrolī (Bewahren bzw. Hochziehen des Samens) und
- Nādanusandhāna (Versenkung in den Klang).

Statt komplexer und abwechslungsreicher Übungsfolgen empfiehlt Svātmārāma die Konzentration auf wenige, einzelne Übungen, wobei die Dauer der Übung in der Regel kontinuierlich gesteigert werden sollte. Die Umkehrhaltung Vipa-rita-Karanī beispielsweise sollte am ersten Übungstag vier Minuten lang gehal-ten und jeden weiteren Tag um je vier Minuten gesteigert werden bis zu dem Punkt, an dem sie drei Stunden lang gehalten wird. Wer dies in dieser Weise übt, so Svātmārāma, der wird »weder Runzeln noch graue Haare« an seinem Körper sehen und den Tod besiegen.

Von den oben genannten Praktiken, die in den jeweiligen Abschnitten her-vorgehobenen werden, gibt es nochmals eine Auswahl, die Svātmārāma bevor-zugt und gleich im ersten Kapitel herausstellt: »Es gibt kein Āsana gleich dem Siddhāsana, keinen Kumbha[177] gleich dem Kevalakumbha[178], keine Mudrā gleich der Khecari und keinen Laya[179] gleich dem Nāda[180].«[181]

Zwei Verse zuvor fragt er bereits provokativ und rhetorisch, wozu eigentlich die vielen anderen Āsanas gut sein sollen, wenn einmal das Siddhāsana geglückt ist und der Atem durch Kevala-Kumbhaka gehemmt wird.

Svātmārāmas Credo und Grundsätze

Üben, üben, nochmals üben – am Ende des ersten Kapitels macht Svātmārāma in den Versen 64 bis 66 deutlich, worauf es (ihm) beim Hatha-Yoga ankommt und worauf nicht. Ausschlaggebend für Fortschritt und Vollendung sind praktisches und unermüdliches Üben, ergänzt durch Studium der entsprechenden Schriften (*shastra*). Keine Rolle spielen hingegen Alter, Konstitution und Gesundheitszustand, ebenso wenig das Tragen bestimmter Kleidung und das Sprechen über Yoga (wie etwa bei den oft mehrstündigen *Satsanga*, Zusammenkünften mit spirituell Fortgeschrittenen).

Nicht ohne Rāja-Yoga

Gleichwohl ist der Hatha-Yoga für Svātmārāma kein Selbstzweck, sondern Zuflucht und Grundlage für jene, die sich in den gesamten Yoga vertiefen. Gemeint ist die Verbindung des Hatha-Yoga mit dem Rāja-Yoga, was von Svātmārāma mehrfach hervorgehoben wird. So heißt es zum Beispiel im Vers 76 des zweiten Kapitels: »Ohne Hatha-Yoga gelingt der Rāja-Yoga nicht, ohne Rāja-Yoga gelingt der Hatha-Yoga nicht, daher soll man bis zum Ende beide üben.«[182]

Und im Vers 126 des dritten Kapitels heißt es: »Ohne Rāja-Yoga übt man vergebens Āsana, Kumbhaka und die verschiedenen Mudrā.«[183]

Samādhi, Befreiung und Unsterblichkeit

Am Ende des abschließenden vierten Kapitels bringt Svātmārāma in den Versen 104 und 108 seine Auffassung vom Sinn und Stellenwert der Hatha-Yoga-Praxis auf den Punkt. »Der Geist ist der Same, Hatha das Feld, höchste Entsagung das Wasser. Durch diese drei entsteht die Zauberliane Unmani[184].«

»Der Yogin, der Samādhi erreicht hat, wird vom Tod nicht verzehrt, vom Karma nicht gequält und von keinem anderen erreicht.«[185]

Yājñavalkya (13. Jh. n. Chr.)

Jener Yājñavalkya, von dem hier die Rede ist, hat nichts mit dem berühmten Yājñavalkya der Brihad-Āranyaka-Upanishad zu tun, der wahrscheinlich ältesten Upanishad, die im 8. Jh. v. Chr. entstand und in der ebenfalls eine Frau namens Gargī als Gesprächspartnerin auftaucht.

Der Autor der Yoga-Yājñavalkya-Samhitā lebte vermutlich im 13. Jh. n. Chr. – darauf lässt sich aufgrund der Textanalysen schließen. Die gelegentliche Datierung auf den Zeitraum 2. bis 4. Jh. n. Chr. (wie sie auch Desikachar vertritt) berücksichtigt nicht die vielen Parallelen zu den deutlich später entstandenen Quellentexten des Hatha-Yoga wie auch die in der Yoga-Yājñavalkya enthaltenen Merkmale tantrischer Literatur. Es mag sein, dass die mündlich tradierte

Grundlage für diesen Text bis ins 2. oder 4. Jh. n. Chr. zurückgeht, die Aufzeich-
nungen auf den Palmblättern jedoch sind deutlich jüngeren Datums.

Neben einer von Prahlad C. Divjanji herausgegeben Ausgabe, die 1954 in
Bombay erschien, existieren zwei weitere Ausgaben der Yoga-Yājñavalkya. Die
eine wurde vom Krishnamacharya Yoga Mandiram herausgegeben und basiert
auf einer Übersetzung Krishnamacharyas aus dem Sanskrit ins Telugu, die von
T. K. V. Desikachar ins Englische übertragen wurde. Die zweite Ausgabe stammt
von A. G. Mohan (wie T. K. V. Desikachar ebenfalls ein langjähriger Schüler
Krishnamacharyas), der sich auf den Originaltext bezieht und diesen sowohl
übersetzte als auch kommentierte.

Yājñavalkyas Yogakompendium ist in der Form eines Dialogs verfasst. Yājñavalkya, dessen Name sich mit »Opfer/Hingabe/Verehrung mit dem Bastge-
wand« übersetzen lässt, lehrt und erklärt seiner Frau Gargī den Yoga, der von
ihm als Verbindung (*samyoga*) des individuellen Kerns (*jīvātman*) mit dem Höchsten (*parātmān*) definiert wird.

Yājñavalkya unterweist Gargī

Die Darlegungen beginnen mit yama und niyama, fahren mit Āsanas und Prānāyāma fort und münden schließlich in Pratyāhāra[186], Dhāranā[187], Dhyāna und
Samādhi. Es ist das Ashtānga-Yoga-Konzept des Patañjali; der Begriff Ashtānga
wird auch mehrfach im Text erwähnt. Zugleich gibt es eine Reihe von Gemeinsamkeiten und Ähnlichkeiten mit den Yoga-Upanishaden und der Hatha-Pradīpikā.

Kundalini als Hindernis

Worin sich die Yoga-Yājñavalkya-Samhitā von vergleichbaren Texten unterscheidet, ist die Offenheit unter anderem gegenüber weiblichen Adepten, der Verzicht auf die Reinigungsübungen und das ausführlich dargelegte Konzept der Kundalini, welche entgegen sonstiger Auffassung und Vermittlung hier als Hindernis beschrieben wird, das es zu beseitigen gilt. In den Versen 11 und 12 des letzten Kapitels heißt es wörtlich: »Mit Hilfe von *prana vāyu*[188] und *agni* (dem inneren Feuer), die Gedanken auf Gott gerichtet, wird die Kundalini verbrannt (*kundalinīm dahati*). Wurde die Kundalini vom Feuer ›gekocht‹, weicht sie zur Seite, und der Weg ist geöffnet. Dann bewegen sich *prāna vāyu* und *agni* nach oben. Solch eine Person ist frei von Krankheit.«[189]

Für Krishnamacharya war dieses Konzept der Kundalini überzeugend. Es entsprach seiner eigenen Erfahrung und Auffassung. Auch sein Sohn T. K. V. Desikachar folgt dieser Ansicht und nennt die Yoga-Yājñavalkya-Samhitā den »kohärentesten und klarsten Text zu diesem Thema«. Er vergleicht Kundalini mit Avidyā (Unwissenheit) und zieht eine Parallele zwischen dem Auflösen des Kundalini-Hindernisses und dem Moment, da Avidyā, das Nicht-Wissen, beseitigt wird.

Irritierend (und für manche Anhänger des Kundalini-Yoga sogar verstörend) an diesem anders gearteten Konzept ist vor allem der konträre, destruktive Umgang mit der Symbolik der Schlange, die für Fruchtbarkeit steht, als Zeichen kosmischer Energie gilt und das weibliche Prinzip symbolisiert. Allerdings handelt es sich bei dem Kundalini-Konzept lediglich um die Imagination einer feinstofflichen Substanz, die, je nach Vorstellung, zum Aufsteigen oder eben zum Verschwinden gebracht werden kann, damit die Lebensenergie (*prāna*) frei fließt. Wer in der Kundalini jedoch ein quasi reales Lebewesen oder ein göttliches Wesen sieht, wird sich mit diesem Konzept nicht anfreunden können.

Goraksha (Gorakshanātha) (10. Jh. n. Chr.)

Zweifellos ist Goraksha einer der großen Meister des Hatha-Yoga, für einige ist er gar *der* Begründer und Meister des Hatha-Yoga schlechthin. Seine Name bedeutet »Rinder hütend, Rinderhirt« (Skrt.: Gorakshaka), was auf seine Tätigkeit in der Jugendzeit verweist. Oft wird sein Name mit *nātha* erweitert, was 1. Herr bzw. Gatte und 2. Hilfe bzw. Zuflucht bedeutet und ein Ehrentitel ist; zudem wird seine Name gelegentlich in Hindi wiedergegeben, was dann als Gorakhnāth zu lesen ist. Der Dichter Kabir (1440–1518) pries Goraksha als den Meister, der die Verbindung mit dem Göttlichen fand.

Goraksha stammt, wie sein Lehrer Matsyendra (siehe unten), aus Bengalen, jener ostindischen Provinz, die nach der Aufspaltung der britischen Kolonie zu Pakistan gehörte und 1971 zur Volksrepublik Bangladesh proklamiert wurde. Überliefert ist zudem, dass Goraksha in seiner Jugend mit dem Hüten der Rinder

verbrachte, was, wie gesagt, auch sein Name zum Ausdruck bringt. Die Umstände seiner Geburt sind in einer Legende beschrieben:

Während der mit übernatürlichen Fähigkeiten begabte Matsyendra von Haus zu Haus zog, um zu betteln, traf er eine Frau, die sehr traurig war. Der Grund ihrer Traurigkeit war die Tatsache, dass sie noch kein Kind bekommen hatte. Matsyendra versprach ihr, das Problem zu lösen, und gab ihr Asche, die sie essen sollte – dies würde sie zur Mutter machen. Als sie dies den Nachbarn erzählte, lachten diese sie aus und erklärten ihr, dass man Yogis nicht trauen solle. So warf sie die empfangene Asche auf einen Heuhaufen.

Als Matsyendra zwölf Jahre später wieder an ihr Haus kam, fragte er die Frau nach dem Befinden ihres Kindes. Völlig verdutzt sagte sie: »Ich habe nie ein Kind zur Welt gebracht!« Matsyendra erinnerte sie an die Begegnung zwölf Jahre zuvor und daran, dass er ihr Asche gegeben habe, die sie verzehren sollte. Die Frau berichtete ihm vom Spott der Nachbarn und ihren Zweifeln und zeigte Matsyendra jene Stelle, wo sie sich der Asche entledigt hatte. Matsyendra schritt zum Heu, teilte es und förderte dort einen zwölfjährigen Jungen zutage, der gerade meditierte. Die wohlhabende Frau freute sich über ihren Nachwuchs und wollte mit ihm ins Haus gehen, aber Matsyendra verweigerte dies. Er selbst machte seinen Anspruch auf den Jungen geltend und nahm ihn mit sich als seinen Schüler, unterwies ihn in Yoga und Meditation und verlieh ihm übernatürliche Kräfte.[190]

Wie alle Mythen und Legenden enthält auch jene Geschichte Spuren einer wahren Begebenheit und gibt wichtige Hinweise auf das Leben Gorakshas und den Beginn der Beziehung zu Matsyendra. Vielleicht liegt in dieser Legende auch der Schlüssel zu dem Umstand, dass Goraksha Zeit seines Lebens eine stark ablehnende Haltung gegenüber Frauen hatte und für ihn »jede Frau bloß Mutter, nichts weiter«[191] war.

Eine weitere Legende stellt genau dies in den Mittelpunkt:
Sowohl Goraksha als auch Matsyendra sollten in ihrer Tugendhaftigkeit auf die Probe gestellt werden. Eine junge Frau verführte alle anwesenden Yogis und hatte bei allen ein leichtes Spiel. Nur einer blieb standhaft und erlag der Schönen nicht: Goraksha. Er wurde in ihren Armen zum Säugling und wollte nur gestillt werden(!). Da aber Matsyendra, sein Lehrer, der schönen Frau erlegen

war und mit ihr in das männerlose Land Kadalī reiste, sah es Goraksha als seine Pflicht an, seinen Lehrer wieder auf den Pfad der Tugend zurückzubringen. Um überhaupt eingelassen zu werden, musste er sich als Tänzerin verkleiden. Auf diese Weise verschaffte er sich Zugang. Durch ein Lied gelang es Goraksha, den seine Sinnlichkeit auslebenden Matsyendra zu erreichen und umzustimmen. Plötzlich erkannte er in Kadalī[192] die Stadt der Illusionen (*māyāpurī*).

In einer variierten und im Detail veränderten Erzählweise dieser Legende reiste Matsyendra nach Ceylon und verliebte sich in die dortige Königin. Sie lud ihn ein, in ihrem Palast zu leben, und bald schon hatte sich Matsyendra an das Leben am Hofe der Königin gewöhnt. Als Goraksha davon hörte, nahm er die Gestalt einer Frau an, reiste nach Ceylon und gelangte in den königlichen Harem. Auf diese Weise stellte Goraksha seinen Lehrer zur Rede und bewegte ihn zur Rückkehr nach Indien.

In all den Legenden, mit Ausnahme derjenigen, die den Beginn der Schülerschaft thematisiert, wird Goraksha als tugendhafter, diszipliniert und asketisch lebender Yogin beschrieben, der seinem Lehrer in punkto spiritueller Standfestigkeit und sittsamer Enthaltsamkeit deutlich überlegen war.

Trotz einer gemeinsamen Basis liegen dem zwei unterschiedliche Orientierungen zugrunde. Während Matsyendra ein Tantriker der Kaula-Linie war, bei dem die Shakti-Verehrung dominierte, war Goraksha ein puritanischer Nāthasiddha-Yogin (siehe unten), der im Shivaismus seine Basis fand und vehement gegen tantrische Praktiken der linken Hand zu Felde zog.

Nātha-Yoga, Nātha-Yogins,
Nāthasiddha-Sampradāya

Möglicherweise gehörte Goraksha dem traditionellen Orden der Nātha-Yogins nicht nur an, sondern war sogar sein Initiator. Zumindest wird er immer wieder – zusammen mit seinem Lehrer Matsyendra – als Begründer des NāthaYoga-Ordens angeführt. Die Nātha-Yogins selbst nennen als wahren Begründer jedoch Ādinātha, womit Shiva gemeint ist, sowie Nātha-Gurus wie Ude und Rudraga, die vor Goraksha und Matsyendra lebten.

Kānphatā-Yogi mit den charakteristischen Ohrringen

Der von Hatha-Vidya und Kundalini-Yoga geprägte Nātha-Yoga war eine Re-
formbewegung, die der brahmanischen Orthodoxie keine Bedeutung beimaß
und umso mehr Zuspruch und Anhängerschaft von Menschen der unteren Kas-
ten erhielt. Der Orden Nāthasiddha-Sampradāya war die Siddha-Tradition[193]
schlechthin, innerhalb derer es zahlreiche Untergruppierungen gab. Auch die
Nātha-Yogins bilden heute noch eine eigene Gruppe, deren Mitglieder sich
Kānphatās nennen und an den großen, runden Ohrringen zu erkennen sind. Das
Wort Kānphatā bezieht sich auf die durchlöcherten Ohren. Mit dem doppel-
schneidigen »Bhairavi-Messer« werden die Knorpel in der Mitte beider Ohren-
muscheln durchstochen,[194] und im zweiten Schritt der Initiation werden große
runde Ohrringe angebracht, die man *darshans* oder *kundal* nennt. Vor diesem
Vorgang werden Nātha-Yogis noch Aughārs genannt, was »unfertig, unvoll-
endet« bedeutet und sich von *an gadh* ableitet: ohne (*an*) festen Halt bzw. fest-
halten (*gadh*).

Dass die Nāthas oder Nāthasiddhas frei waren vom Dogma orthodoxer Brahmanen, ohne sektiererischen, alleinigen Wahrheitsanspruch, und sich von daher
leicht von verschiedenen Seiten vereinnahmen ließen, ist auch den Schriften
ihres Meisters Goraksha anzumerken (siehe S. 217 ff.).

Vom Nicht-Tod

Angaben zum Zeitpunkt und zu den Umständen des Todes von Goraksha gibt es trotz der Fülle an Legenden und Hinweisen auf seine Person und seine Wirkungsstätten nicht. Dass dies so ist, ist sicher kein Zufall und auch kein Versäumnis der Chronisten und Geschichtenerzähler.[195] Vielmehr entspricht es Gorakshas Ruf als Mahāsiddha. Einem großen, vollkommen befreiten Yogi wie ihm wird zugetraut, dass er aufgrund seiner übernatürlichen Fähigkeiten unter Umständen noch unter den Lebenden weilt. Es gibt aber auch die Legende, dass Goraksha mit Hilfe seiner zaubermächtigen Meditationsmatte lebendig in den Himmel gelangt ist.

Gorakshas Schriften

Von den verhältnismäßig zahlreichen Texten, die Goraksha zugeschrieben werden, ragen zwei heraus: das Goraksa-Shataka sowie die Siddha-Siddhānta-Paddhati.

Die Siddha-Siddhānta-Paddhati[196] ist ein 353 Verse umfassendes und in sechs Kapitel gegliedertes Werk. In wörtlicher Übersetzung und heutigem Sprachgebrauch lautet der Titel »Wie man vollkommen wird – ein methodisches Lehrbuch« oder »Vollkommenheit als höchstes Ziel – ein Leitfaden«.

Die beiden Begriffe Siddha und Siddhi, die darin eine große Rolle spielen und von daher den Titel prägen, leiten sich von der Wurzel *sidh* her, was 1. vertrieben und 2. vollendet, vollkommen heißt. Ein Siddha ist also ein Vollendeter, ein Heiliger, zugleich aber auch ein Zauberer, jemand, der über außergewöhnliche Fähigkeiten verfügt, weshalb das Sanskritwort für Hexe auch Siddhayogini ist.

In der Siddha-Siddhānta-Paddhati finden sich Ausführungen zu Themen aus verschiedenen Bereichen, so zum Beispiel zur Kosmologie, Philosophie, Psychologie und natürlich auch zur subtilen (feinstofflichen) Physiologie. Teile des Textes sind deutlich tantrisch, und so spielen nicht nur die »dreifach geteilte Shakti und deren Ausdehnungen und Kontraktionen« eine wichtige Rolle, sondern auch der Lingam, das Symbol für Fruchtbarkeit, auf den man laut Vers 4 der zweiten Unterweisung meditieren soll. Am Ende wird andererseits gelobt, wer die Sinne züchtigt und verbrennt.

Ausführlich wird die Lehre von den neun Cakren, den sechzehn Ādhāras (Konzentrationspunkte), den drei Lakshya (Objekte oder Zeichen der Meditation) und den fünf Vyoman (Himmel, Äther) im menschlichen Körper ausgeführt. Des Weiteren enthält die Siddha-Siddhānta-Paddhati eine Einführung in die zwei Zustände der Kundalini-Shakti, die unmanifestiert (kosmisch) und manifest (individuell) und im letztgenannten Zustand schlafend oder erwacht sein kann.

Wie im Yoga-Sūtra wird der achtgliedrige Yoga vorgestellt, und die einzelnen Glieder werden von Goraksha erläutert. So heißt es zu Āsana: »Sitzhaltung bedeutet, die Selbstform erreicht zu haben (*samāsannatā*). Svastikāsanam, Padmāsanam und Siddhāsanam – aus deren Mitte wähle man einen nach Belieben und verweile gesammelt in ihm. – Dies ist die Definition der Sitzhaltung.«[197] Der wörtlich wiedergegebene Sanskritbegriff *Sāmāsannatā* bedeutet symmetrisch, gleichmäßig zusammensitzen und auf ebenem Boden sitzen. Das ist von der enormen Vielfalt der Stand-, Dreh-, und Umkehrhaltungen in den Yogapraxisbüchern des 20. Jahrhunderts und der Gegenwart weit entfernt. Goraksha stellt drei Sitzhaltungen zur Auswahl, von denen eine gewählt werden soll.

Gemäß der Definition in Vers 31 des zweiten Kapitels ist nur derjenige ein echter Yogi, der die oben aufgeführte feinstoffliche Anatomie (neun Cakras, sechzehn Energiepunkte etc.) kennt. Die Vereinigung dieses echten Yogis mit dem Höchsten ist das, was von diesem selbst erkannt werden muss und nicht äußerlich zu vermitteln ist. So lautet der Beginn der fünften Unterweisung. Im Mittelteil dieser Unterweisung werden die Fortschritte und besonderen Fähigkeiten des Siddhayogin beschrieben, die sich im Verlauf von zwölf Jahren des Übens einstellen. Dieser Prozess beginnt mit der Freiheit von Krankheiten und allgemeiner Beliebtheit im ersten Jahr und endet mit Allwissenheit im elften und Gleichstellung mit Shiva im zwölften Jahr.

Bevor zum Schluss genau dargelegt wird, wem und unter welchen Umständen dieses Lehrbuch zugänglich gemacht werden darf und wem und unter welchen Umständen nicht, fasst Goraksha zusammen, was einen Siddhayogin auszeichnet:

»Wer vollkommen erfüllt und heiteren Gemüts ist, wer allen Glückseligkeit bringt und weise ist, wer in rechter Weise getragen ist von Gedanken des Wohlwollens gegenüber allen und allem, der mag ein hoher Siddhayogin sein. Der Yogin trauert nicht über das Vergangene und Verlorene, begehrt nicht Reichtum und Macht und empfindet keine Freude über das Erlangte. Voll der Glückseligkeit, aufgegangen in der eigenen Erkenntnis, wird er niemals behindert durch den Bereich der Zeit.« (Kapitel 6.70 und 71)[198]

In »Die hundert Verse des Goraksha«[199], der einzigen auch in Deutsch vorliegenden Schrift von Goraksha[200], ist besonders spürbar, dass es sich bei jenem Text, der als Vorlage für spätere Werke des Hatha-Yoga diente, um eine Art Protokoll und Unterstützung des mündlichen Unterrichts handelte. So wird es auch heute in der Viniyoga-Tradition praktiziert, in der die Lehrperson nach dem Einzelunterricht ein Schriftstück mit Skizzen und den wesentlichen Anweisungen anfertigt und dem Schüler aushändigt. Die 101 Verse des Goraksha-Shataka beschreiben ein sechsgliedriges Yogakonzept, das mit Āsana beginnt und mit Samādhi endet. Der mit Yama und Niyama benannte ethische Komplex, mit dem die acht Glieder[201] des Yoga-Sūtra des Patañjali beginnen, fehlt hier. Diese Grundlage wurde von Goraksha offenbar vorausgesetzt und in einem Satz komprimiert: »Ein guter Mensch vertraut auf Yoga.« (Vers 3)

Was dann folgt, sind vor allem praktische Anleitungen, man könnte es auch als die Zusammenfassung des vorangegangenen persönlichen Unterrichts verstehen: In den Versen 5 bis 9 werden Siddhāsana und Padmāsana als die wichtigsten Haltungen genannt und kurz beschrieben. Die folgenden Verse benennen die Energiezentren (cakra) und -kanäle (nadī) des Körpers sowie die sogenannten »Winde« (vāyu).

Die Kundalini wird mit den Versen 30 und 31 bedacht, dem schließen sich Kurzbeschreibungen der Bandha[202], des Mahāmudrā[203] und des Khecarī-Mudrā an. Relativ viel Raum nehmen die Verse über Prānāyāma ein (38–53); es folgen die Umkehrhaltung Viparīta-Karanī, die dazu dienen soll, die Sinne zurückzuziehen (pratyāhāra), sowie Dhāranā, Dhyāna und Samādhi. In den letzten beiden Versen wird als höchstes Stadium das Wissen von der Einheit genannt sowie Muktisopāna, die Treppe der Befreiung (mukti) bzw. Erlösung.

Das nach Goraksha benannte Āsana

Das Gorakshāsana ist eine anspruchsvolle Gleichgewichtshaltung, die selbst von B. K. S. Iyengar als schwierig bezeichnet wird. Aus der Haltung des Lotossitzes (padmāsana) heraus werden die Hüften vom Boden gehoben und der Oberkörper nach oben gestreckt, der gesamte Körper wird auf den Knien balanciert, die Hände liegen in der Grußhaltung Namasté vor der Brust. Es ist eine Übung für Fortgeschrittene, die Konzentration und Ausgeglichenheit fördert. Der Name dieser Haltung wie auch das Bemühen, sie zu meistern, ist eine Hommage an den Yogameister Goraksha. Dieser wandte sich, wie andere Mystiker des indischen Mittelalters nach ihm, einerseits gegen Äußerlichkeiten wie Rituale, gegen eine Einteilung in höher- und minderwertige soziale Gruppen sowie gegen den Dünkel der Schriftgelehrten und trat andererseits dafür ein, dass die persönliche und praktische Erfahrung der inneren Freiheit (frei von Schmerz, frei von Gegensätzen und frei von Hilfestellung durch andere) und das Wissen von der Einheit jedermann zugänglich sein sollte. Allerdings waren damit nur die männlichen Mitglieder der Gesellschaft gemeint, denn wie bereits oben ausgeführt, hatte Goraksha Zeit seines Lebens eine stark ablehnende Haltung gegenüber Frauen, und so findet man bis heute keine Frauen in den Sādhu-Orden oder im Umfeld der Nātha-Yogis. Die wenigen bekannten Ausnahmen bestätigen die Regel, und der Stellenwert dieser wenigen Frauen innerhalb des Ordens ist entsprechend niedrig.

Matsyendra (10. Jh. n. Chr.)

Dort, wo Matsyendra in der Sekundärliteratur als Guru von Goraksha auftaucht, wird mitunter behauptet, dass seine Historizität weniger gesichert sei[204] oder – wie jene von Goraksha – zwar »möglich« sei, aber vor allem eine symbolische Bedeutung habe.[205]

Dies ist nur bedingt richtig. Neben den zahlreichen Mythen und Legenden, die sich um Matsyendra ranken, gibt es auch ganz konkrete Angaben und Quellen zu seiner Herkunft und seinem Leben.

Matsyendra gehörte zur Kaste der Kaivartas und soll als Fischer in Candradvīpa, an der Küste Ostbengalens, gelebt haben. Er ist auch bekannt unter dem Namen Mīna. Beide Namen deuten auf seinen Beruf hin: »Herr der Fische«. In Bengalen hatte er auch die meisten Anhänger, und im nordöstlich an Bengalen angrenzenden Assam soll er seine ersten Unterweisungen erteilt haben. Die Legenden berichten von sechs Söhnen, von denen er zwei mit der Königin von Sri Lanka gezeugt haben soll: Nimnāth und Parashnāth.

Matsyendra

In der indo-tibetischen Tradition der 84 Siddhas führt er die Siddhas unter dem
Namen Lui-pa an und wird zeitlich vor den buddhistischen Lehrern Tilopa und
Naropa eingeordnet. Nach Angaben von Georg Feuerstein und Geshe Michael
Roach ist er bei den Tibetern auch unter dem Namen Jowo Dzambling Karpo
(»Weißer Herr der Welt«) bekannt. In Nepal wird er mit dem roten Bugama
Avalokiteshvara identifiziert und genießt den Ruf einer Schutzgottheit.

Laut Mircea Eliade findet sich die erste Erwähnung Matsyendras im Text
Kaula-Jñāna-Nirnaya. Die von Eliade gemeinte Handschrift stammt aus dem
11. Jahrhundert. Jyotishman Dam bezeichnet diesen Text als das wichtigste er-
haltene Werk von Matsyendra und übersetzt es mit »Darlegung des Wissens der
Kaulas«. Die tantrische Kaula-Tradition, als deren Begründer Matsyendra gilt,
zeichnete sich durch die Verehrung der Shakti aus; darüber hinaus waren die
Kaulas Anhänger Shivas. Das Wort »Kaula« leitet sich von *kula* ab, was 1. Herde,
Schwarm, 2. Geschlecht, Familie, 3. Wohnung, Haus bedeutet; zugleich wird es

in den Tantras wie auch in Gorakshas Siddha-Siddhānta-Paddhati für die Shakti beziehungsweise für den »verkörperten Kosmos« verwendet.

Weitere Werke, die Matyendra zugeschrieben werden, sind das Akulavīra-Tantra und die vor einigen Jahren erst entdeckte Matsyendra-Samhitā.

Neu entdeckt: Die Textsammlung Matsyendra-Samhitā

Auf der Suche nach unveröffentlichten Manuskripten des Tantra in verschiedenen britischen Bibliotheken fand der an der Kurukshetra-Universität lehrende Sanskritprofessor Debrata Sensharma ein Matsyendra zugeschriebenes Manuskript. Den ersten Teil dieses Textes veröffentlichte er zusammen mit einer ausführlichen Einführung 1994.[206] Es handelt sich um einen bedeutenden tantrischen Text, der auch die Yogapraxis der Kaula-Tradition behandelt, die zur Trika-Schule[207] gehört.

Die Matsyenda-Samhitā ist in Versen verfasst. Matsyendra, der ein Analphabet war, sang sie dem König Colendranātha vor, der sie anschließend öffentlich zugänglich machte, damit die Menschen Siddhi erlangen oder sich spirituell vervollkommnen konnten. Enrica Garzilli[208] zufolge ist die Textausgabe mit den umfangreichen Erläuterungen von Debrata Sensharma eine Mischung aus westlicher Geisteswissenschaft und religiös gefärbter indischer Tradition. Die in diesem ersten Teil der Matsyendra-Samhitā enthaltenen Geschichten sind ebenso in den Purānas zu finden wie etwa die von Matsyendra im Bauch des großes Fisches.[209]

Legendäre Begebenheiten, die Matsyendra betreffen

Die bekannteste und in verschiedenen Variationen erzählte Legende thematisiert den Empfang bzw. die Offenbarung des göttlichen Wissens durch Shiva, woraus sich oft die Identifizierung Matsyendras mit Shiva ableitet. Der älteste Mythos stammt aus dem erwähnten Text Kaula-Jñāna-Nirnaya:

Shiva hielt sich mit seiner Gefährtin Pārvatī auf der bengalischen Insel Candradvīpa auf. Während dieses Aufenthalts stahl Shivas Sohn Kārttikeya dessen heiliges Lehrbuch, das Shāstra, und warf es ins Meer. Shiva nahm nun die Gestalt eines Fischers (Matsyendra) an und fuhr hinaus auf das Meer. Er fing jenen Fisch, der das Lehrbuch verschlungen hatte, und brachte ihn an Land. Shiva in der Gestalt Matsyendras schlitzte dem Fisch den Bauch auf, entnahm das Shāstra und rettete somit den Kanon heiligen Wissens. Doch sein Sohn stahl das Lehrbuch ein zweites Mal und warf es wieder ins Meer, wo es aufs Neue von einem großen Fisch verschlungen wurde. Shiva wob daraufhin ein Netz spiritueller Kräfte und fing diesen Fisch darin, doch es gelang ihm nicht, ihn an Land zu bringen, denn der Fisch war Shiva in Gestalt Matsyendras an Kraft ebenbürtig. So legte Shiva seine Status als Brahmane ab und wurde Fischer, um den Fisch besser fangen zu können. Zum Schluss bekennt Shiva, dass er zum Fischer wurde und wie ein solcher fischte, um den Kanon der Kaulas zu retten.[210]

Gemäß einer tibetischen Version[211] der Legende belehrte Shiva seine göttliche Gattin Umā unter Wasser, damit niemand die geheimen Unterweisungen mithören konnte.

An den vielen Fischen, die Shiva und Umā im Meer umgaben, störten sich beide nicht. Dass sich im Bauch eines dieser Fische Mīna alias Matsyendra befand, der die Unterweisungen aufmerksam verfolgte, entging beiden. Als Umā während der Belehrung einschlief und Shiva fragte: »Hörst du mir noch zu?«, antwortete anstatt Umā nun Mīna alias Matsyendra spontan mit: »Ja, ich höre.« Daraufhin nahm Shiva mit Hilfe seines dritten Auges jenen im Bauch des Fisches wahr. Doch statt verärgert zu reagieren, war Shiva geradezu begeistert von diesem Aufwand und der Aufmerksamkeit Mīnas und sagte: »Nun weiß ich, wer mein wahrer Schüler ist!« Und zu Umā sagte Shiva: »Weißt du, unter diesen Umständen möchte ich lieber ihn als dich in die Geheimnisse einweihen.« Mīna nahm die Einladung dankend an und widmete sich in den nächsten zwölf Jahren der spirituellen Praxis, die ihm von Shiva selbst vermittelt wurde – im Bauch eines Fisches.

Nach zwölf Jahren fing ein anderer Fischer jenen Fisch, in dem Mīna alias Matsyendra all die Jahre verbracht hatte. Als er ihn öffnete, fand er ihn darin als vollkommenen Meister, der erkannt hatte, worauf es ankommt und was wirklich zählt.«[212]

Was diese Legende in all ihren verschiedenen Variationen auszeichnet, von denen viele erstmals im Kaula-Jñāna-Nirnaya sowie in den Bengali-Werken Mīnacetana (»Die Erweckung der Fische«), Goraksa-Vijaya (»Der Sieg des Go-

raksha«) und in dem Bengali-Gedicht Gopīcandrer Pāmcālī schriftlich niederge-
legt wurden, ist erstens die göttliche Offenbarung des (geheimen) Wissens und
zweitens die Symbolik des Meeres, des Fisches und des Fischers.

Das Motiv, wie das göttliche Wissen empfangen wird, taucht in verschiedenen, auch älteren Mythen immer wieder auf: Jemand wird Zeuge einer Belehrung, die den Charakter einer Initiation hat, und dieser Zeuge wird mit göttli-
chem Beistand zum Boten und Vermittler der Lehre.

Da der Fisch in verschiedenen Kulturen für Wachstum und Fortpflanzung
steht und das Element, in dem er sich bewegt, als Ursprung allen Lebens gilt,
steht der Herr der Fische (*matsyendra*) folgerichtig für Wachstum und Fortpflanzung. Das verträgt sich gut mit der tantrischen Tradition, zumal der Fisch durch
seine Form auch als Phallussymbol gedeutet wird. Letzteres wiederum korrespondiert mit der Symbolik der Induskultur, in der Fische häufig als Zeichen auf
Siegeln abgebildet wurden und die kultische Verehrung von Lingam-Steinen
(Phallus-Steinen) belegt ist.

Auch in einer aus Nepal stammenden Legende geht es in der Grundaussage um Fruchtbarkeit. Wieder spielt Wasser eine Rolle, diesmal in Gestalt des
Regens:

Matsyendra hielt sich häufig in Nepal auf und verweilte dort auf dem Berg Kamari. Goraksha wollte seinen Meister sehen, doch der Berg Kamari war schwer
zugänglich. So zwang Goraksha neun Schlangengötter (*nāga*) unter eine Schild-
kröte und setzte sich auf diese, wodurch der Himmel wolkenlos blieb. In der
Folge regnete es nicht mehr im Tal, und die Bewohner litten unter der Dürre
und an Hunger. Matsyendra erbarmte sich, sorgte für Regen, und das Land
wurde gerettet.

Die zweite Variante dieser Geschichte enthält ebenfalls interessante Aspekte:

Goraksha war zornig, weil ihm in Nepal nicht der große Empfang zuteil geworden war, den er erwartet hatte. Aufgrund seiner okkulten Kräfte hielt er die
Wolken unter sich fest, so dass es in der Folgezeit nicht mehr regnete. Nun bat
man Matsyendra um Hilfe und holte ihn nach Nepal. Als dieser an seinem Schüler Goraksha vorüberging, musste Goraksha seinem Meister die übliche Ehrerbietung erweisen und sich erheben. Die Wolken waren frei, und es regnete im
Übermaß.

Neben dem Aspekt der Fruchtbarkeit, für die Matsyendra eintritt – was wiederum dessen spiritueller Herkunft und Orientierung entspricht – wird auch der Unterschied zu Goraksha und der Umgang der beiden miteinander deutlich.

In verschiedenen Legenden (wie zum Beispiel der im Abschnitt über Goraksha wiedergegebenen Geschichte) wird der Meister durch seinen Schüler belehrt oder gar gerettet, eine in der Summe der Beispiele ungewöhnliche Situation. Goraksha, der Schüler, ist mit der Lebensweise oder den Entscheidungen Matsyendras, seines Lehrers und Meisters, nicht einverstanden oder gar erzürnt über dessen Lebenswandel, und sogleich reagiert und interveniert er. Mal spricht er bei Yama, dem Gott des Todes, vor und droht diesem mit der Zerstörung seiner Stadt, um den Namen seines Meisters aus der Liste der zum Tod Bestimmten streichen zu lassen; mal tötet er zwei Söhne Matsyendras, wäscht deren Eingeweide, hängt ihre Häute an einem Baum auf und erweckt sie auf Matsyendras Wunsch hin wieder zum Leben. Ein anderes Mal erscheint Goraksha vor einem von Matsyendra wiederbelebten König und erinnert ihn und damit im Grunde Matsyendra selbst, der durch seine Lebendigkeit den König zu neuem Leben erweckt hatte und in dessen Körper steckte, an seine wahre Identität.

All diese legendären Geschichten und Mythen[213] verweisen auf schamanische Praktiken und auf ein Lehrer-Schüler-Verhältnis, bei dem der Schüler keine Gelegenheit auslässt, seine Stärke oder gar seine Überlegenheit zu demonstrieren. Während bei Goraksha stets sein von *tapas* geprägtes Durchsetzungsvermögen und eine autoritäre Haltung zu spüren sind, zeichnet sich Matsyendra eher durch Güte, Geduld, Nachsicht und Weltzugewandtheit aus.

Das nach Matsyendra benannte Āsana

Die dem legendären Yogameister Matsyendra gewidmete Haltung besteht aus einer Drehung des Rumpfes im Sitzen. In der Hatha-Pradīpikā wird dieses Āsana im Vers 27 wie folgt beschrieben: »Bringe den rechten Fuß an den Ursprung des linken Oberschenkels und den linken Fuß außerhalb des rechten Knies. Halte den rechten Fuß mit der linken Hand und den linken Fuß mit der rechten Hand, und dann drehe den Kopf vollständig zur Linken. Das ist Ma-

Ardha Matsyendrāsana (halber Drehsitz)

tsyendrāsana.«[214] Die Beschreibung klingt einfacher, als die Haltung tatsächlich durchzuführen ist. Deshalb gibt es eine ganze Reihe von Variationen dieser Drehhaltung, die in der Bezeichnung dann mit *Ardha*, dem Sanskritwort für »halb« und »Hälfte«, ergänzt werden.

7

PATAÑJALI – VERFASSER DES KLASSISCHEN YOGALEITFADENS

Über Patañjali gibt es, wie so häufig bei Personen zurückliegender Epochen der indischen Geistesgeschichte, weder zuverlässige Daten noch biografische Angaben zum Aufenthaltsort, zur Familie, zu seinem Werdegang und den Umständen seines Wirkens. Lebte er in einem Ashram, oder hatte Patañjali eine Professur an einer der damaligen Bildungseinrichtungen? War er freischaffend und hatte Mühe, von seinen Einkünften zu leben, oder lebte er gar in einem Palast? Nichts davon ist bislang bekannt.

Es existieren Hinweise, dass der an acht Stellen seines Körpers missgebildete Weise Ashtavakra, der Verfasser der Ashtavakra-Gītā[215] (und durch seine Mutter Sujata Enkel des Sehers Uddālaka aus den Upanishaden), Patañjalis Lehrer gewesen sein soll. Dies ist durchaus denkbar und durch den möglichen Einfluss Ashtavakras hinsichtlich der besonderen Wertschätzung des Geistigen und einer Geringschätzung des Körpers zudem plausibel, aber dennoch vorläufig vage, weil bislang nicht belegbar.

Als Entstehungszeit für das Patañjali zugeschriebene Yoga-Sūtra wird von einigen Forschern das 2. vorchristliche Jahrhundert und von anderen ein Zeitraum zwischen dem 2. und 4. Jahrhundert n. Chr. angenommen. Der erste Kommentar erschien im 5. Jahrhundert, dabei handelt es sich um das Yoga-Sūtra-Bhāshya von Vyāsa, das wiederum Gegenstand zahlreicher weiterer Kommentare wurde und inzwischen selbst ein Klassiker ist. Ein weiterer herausragender Kommentar, das Rājamārtanda von König Bhoja, erschien im 10. Jahrhundert.

Die Lehrsätze des Patañjali sind – auch ohne Kenntnis seiner Lebensdaten und -umstände – das Grundlagenwerk des Yoga schlechthin. Viele Yogalehrerinnen und Yogalehrer mit ganz unterschiedlichen Ansätzen in ihrer Praxis und grund-

Patañjali-Figur
aus rotem Marmor,
Tamil Nadu, 2006

© Lotus-Sculpture.com

verschiedene Traditionslinien des Yoga beziehen sich auf diese Schrift. Dies liegt wohl auch daran, dass sich in den 195 prägnanten Versen ganz allgemein gültige Definitionen unter anderem über die Bedeutung des Yoga und die Qualität eines Āsana finden. Die Kürze der Verse erlaubt an manchen Stellen zudem verschiedene Deutungen, was zu einer Fülle von Kommentaren und Subkommentaren geführt hat. Allein im deutschsprachigen Raum sind derzeit zwanzig verschiedene Ausgaben des Yoga-Sūtra erhältlich[216], englischsprachige Ausgaben gibt es gegenwärtig mehr als fünfzig. Dies zeigt die Bedeutung dieser von der dualistisch angelegten Sāmkhya-Philosophie geprägten Schrift und die allgemeine Wertschätzung, die ihr und dem Yoga entgegengebracht wird. Schließlich basiert auch das Yoga-Sūtra auf bereits vorhandenen Ansichten und Darstellungen des Yoga. Die zahlreichen Yoga-Sūtra-Übersetzungen und -Übertragungen vom Sanskrit ins Deutsche oder ins Englische und vom Englischen ins Deutsche zeigen zugleich auch das breite Spektrum an Interpretationsmöglichkeiten, die zum Teil mit großen Anpassungsbemühungen an den Zeitgeist oder die persönliche Weltsicht des Übersetzers einhergehen.

Legenden

Wenn auch keine präzisen Daten über Leben und Lebensumstände Patañjalis existieren, so gibt es doch Legenden, die sich um seine Person ranken. Die sagenhaften und teils unglaubwürdigen Berichte enthalten wie alle Legenden einen wahren Kern oder Hinweis auf eine tatsächliche Begebenheit bzw. einen Wesenszug. Schon deshalb sind sie von Belang.

Gonikā, die Mutter Patañjalis, war eine unverheiratete Tapasvini, also eine Frau, die strenge Askese ausübte, und eine Yoginī. Sie galt als eine weise Frau, doch ihr fehlte ein gelehriger Schüler, dem sie ihre Wissensschätze weitergeben konnte. Im Bewusstsein dieser Situation wandte sie sich mit einem Gebet an den Sonnengott. Sie nahm etwas Wasser in die gewölbte Hand, um es zu opfern, und sprach folgenden Satz: »Dieses Wissen ist durch dich gekommen, so lass es mich dir zurückgeben.« Im nächsten Moment spürte sie, dass sich in ihrer Hand etwas bewegte. Sie öffnete die Augen und sah Patañjali.

Die Umstände seiner Geburt prägten seinen Namen: *Pata* bedeutet fallen, herabfallen, sinken, sich ereignen, und *añjali* steht für die zur Ehrerbietung zusammengelegten Hände, im übertragenen Sinne für die Zeit des Gebets; *añj* bedeutet 1. salben, schmücken, 2. ehren.

Patañjali ist also jemand, der durch ein Gebet empfangen wurde, dessen Erscheinen sich während des Betens ereignete. Im übertragenen Sinne ließe sich von der Wortbedeutung her auch sagen, Patañjali ist ein Ereignis, das Verehrung verdient.

Dazu passt auch die zweite sich um Patañjali rankende Legende, wonach er als Inkarnation der mythischen Schlange Ananta oder Shesha gilt, auf der Gott Vishnu vor einem neuen Schöpfungszyklus ruht. Diese Schlange nahm schließlich die Gestalt eines Menschen an, um zum Wohle der Menschheit zu schreiben. Zu dieser Legende passt der Vers 47 des zweiten Kapitels des Yoga-Sūtra:

prayatna-shaithilya-ananta-samāpattibhyām

In der Übersetzung von Barbara Stoler Miller, von der auch der Hinweis auf die zweite Legende stammt, lautet dieser Vers: »Man verwirklicht sie [die Körperstellung des Yoga = Āsana], indem man seine Anstrengung entspannt und wie die kosmische Schlange auf den Wassern der Unendlichkeit ruht.«

Das Sanskritwort Ananta ist sowohl ein Name für Vishnu als auch der Name für die Schlange, auf welcher Vishnu ruht, und bedeutet zudem »ohne Ende« und »Unendlichkeit«. In der Übersetzung dieses Verses durch R. Sriram wird lediglich dieser abstrakte Sinn von Ananta wiedergegeben; bei ihm heißt es: »Eine immer leichter werdende und intensive Bemühung sowie die tiefgründige Sammlung auf das Grenzenlose helfen uns, diese Haltung zu erreichen.«[217]

Hilfreich zum Verständnis von Ananta sind auch die Ausführungen von Iqbal Kishen Taimni[218] zu diesem Vers, den er selbst mit »durch Lockerung der Anstrengung und Meditation über das ›Endlose‹ (wird die Haltung beherrscht)« übersetzt. Taimni führt in seinem Kommentar zum Yoga-Sūtra aus, dass die Festigkeit im Āsana durch Meditation über Ananta, die große Schlange, die nach der Hindu-Mythologie die Erde aufrechterhält, erreicht wird, und dass bei dieser symbolischen Darstellung jene Kraft gemeint ist, die die Erde im Gleichgewicht und in ihrer Umlaufbahn um die Sonne hält.

Zu meditieren wäre also über etwas, woraus sich der Legende nach die Inkarnation Patañjalis ergab, vom symbolischen Gehalt her über etwas unbegrenzt Lebendiges, das Zyklische und Fruchtbare, auf ein universelles Prinzip.

Die Ikonographie Patañjalis

Sieht man Patañjali als Skulptur oder als Zeichnung dargestellt, dann stets in Verbindung mit einer oder »tausend« (indisches Synonym für »viele«) Schlangen sowie mit der Añjali-Mudrā- oder Namasté-Gruß-Haltung der Hände vor dem Brustkorb und – in der Variante mit vier Armen – mit jeweils identischen Gegenständen, die er in den Händen hält: ein Muschelhorn, ein brennendes Rad oder einen Diskus (*cakra*) und – äußerst selten – ein Schwert. Das Muschelhorn wird oft bei festlichen religiösen Anlässen geblasen und symbolisiert den alles durchdringenden göttlichen Schall. Darüber hinaus repräsentiert es das Element Luft. Das Muschelhorn ist typisch für die vorarischen Küstenbewohner und gehört wie auch das Rad zu den Insignien Vishnus. Das brennende Rad oder die Scheibe aus Licht versinnbildlicht Unendlichkeit und repräsentiert das Element Feuer bzw. die Sonne. Es taucht erstmals auf Steatit-Siegeln des Industals auf. Das Schwert symbolisiert Erkenntnis oder Scharfsinnigkeit; als Attribut gehört es zu Shiva und zum Gott des Todes oder der Zeit, Yama.

Die künstlerische Darstellung Patañjalis unterscheidet sich in der Anzahl und Haltung der Arme und darin, ob er in Gestalt eines Mischwesens als göttliche Schlange Ananta mit tausend Schlangenköpfen und menschlichem Unterleib oder, umgekehrt, in der oberen Hälfte als Mensch und von den Hüften abwärts als Schlange abgebildet wird. Und natürlich unterscheiden sich die einzelnen Kunstwerke auch hinsichtlich der künstlerischen Orientierung und der handwerklichen Fähigkeit des jeweiligen Künstlers.

In der am häufigsten anzutreffenden Gestaltung ist Patañjali bis zur Hüfte als Mann abgebildet, über seinem Kopf befindet sich ein von fünf Schlangen – in der Regel Kobras – gebildeter königlicher Schirm.

© Mathias Tietke

Holzfigur von K. Rajendran, Mamallapuram, Tamil Nadu

© Mathias Tietke

Mittelteil des Großreliefs »Herabkunft der Gangā«, 7. Jh., Mamallapuram

Die fünf Schlangenhauben entsprechen den fünf Elementen, die transzendiert wurden, und in der Ausführung mit sieben Schlangenköpfen entsprechen diese den fünf von Patañjali transzendierten Elementen plus dem Erreichen der Freiheit und Erleuchtung.

Die untere Hälfte des Körpers Patañjalis hat die Form einer dreifach spiralförmig gewundenen Schlange, welche die schlafende Kundalini-Shakti, kreatürliche Lebensenergie, symbolisiert.

Insbesondere bei den Skulpturen gibt es unmittelbar hinter Patañjali häufig noch einen Bogen, der einen Ein- oder Ausgang darstellt und auf Patañjalis Rolle als Pförtner oder Führer hindeutet, der durch diesen Zugang den Weg zum Bewusstsein weist, wodurch das Selbst oder das Beständige in einer sich permanent verändernden Welt erfahren werden kann.

Patañjali wird auch mit dem Schlangenkönig (*nāgarāja*) identifiziert, wie er beispielsweise in der Mitte des weltgrößten Flachreliefs »Herabkunft der Gangā«[219] in Mamallapuram im südindischen Bundesstaat Tamil Nadu dargestellt ist. Mitten in jenem Spalt, in dem bei zeremoniellen oder rituellen Anlässen das oberhalb des Felsens in einer Zisterne gesammelte Wasser in Kaskaden herabstürzte, windet sich jener Schlangenkönig mit menschlichem Oberkörper und schlangenförmigem Unterleib in wellenförmigen Bewegungen hinauf. Unter ihm und etwas kleiner befindet sich seine Shakti, die Schlangenkönigin, in identischer Pose, und darunter nochmals eine Kobra, die sich zu voller Größe aufgerichtet hat.

Auf beiden Seiten des gespaltenen Granitfelsens sind über einhundert Figuren angeordnet: Tiere (unter anderem eine Gruppe von Elefanten und ein Yoga übender Kater, dem einige Mäuse zusehen), vereinzelt sitzende meditierende Menschen; größtenteils jedoch Menschen, die sich auf den Spalt zubewegen. Auch der Yogi Bhagīratha ist dargestellt, der der Legende nach unbedingt Wasser brauchte, um »die Seelen seiner Ahnen zu befriedigen«, wie Robert Strasser in *Südindien – Land der Dravidas und tausend Tempel*[220] schreibt. Durch Yoga und Tapas konnte er schließlich Brahmā und Shiva überzeugen, ihm zu dem benötigten Wasser zu verhelfen: Die Flussgöttin Gangā ergoss ihre Wasserflut auf die Erde, und Shiva fing das vom Himalaya in die indische Ebene herabstürzende Wasser mit seinen Haaren auf, so dass die Gewässer sanft flossen. So wurden die Erdbewohner beglückt – dank der Disziplin und der geistigen Kräfte des Yogi Bhagīratha.

Edapalayam, Ekambareswara-Tempel

Melakadambur, Shiva-Tempel

Kurangaduthurai, Abatsathayesvara-Tempel

Vadapathimangalam, Arunachalesvara-Tempel

Eine weitere künstlerische und ebenso großartige wie großflächige (32 x 14 Meter) Illustration eines Mythos aus dem Epos Rāmāyana ist ein Relief, das im 7. Jahrhundert entstand und in dessen Zentrum möglicherweise Patañjali dargestellt ist.

Eine andere nennenswerte Steinskulptur von Patañjali (siehe Abb.) befindet sich an der nördlichen Fassade des Sanktums des Sri Amrtakatesvam Tempels in Melakkadambur, Süd Arcot, ebenfalls im südindischen Bundesstaat Tamil Nadu.

Entstehung eines Standardwerkes

Das Yoga-Sūtra wird einmütig Patañjali zugeschrieben, wenn auch mit unterschiedlicher Einschätzung, wie viel davon originär von ihm stammt und wie viel von ihm lediglich zusammengetragen wurde. Darüber hinaus soll er zuvor auch das Mahābhāshya, ein Grundlagenwerk über Grammatik, sowie die Caraka-Samhitā, eine Abhandlung über Ayurveda, verfasst haben. Letztere soll entstanden sein, nachdem Patañjali ein intensives Tanztraining absolviert und dadurch viel über die Funktionen des Körpers erfahren hatte. Das Yoga-Sūtra entstand demnach als Krönung seines Schaffens oder mit dem Fokus auf dem Bewusstsein als Ergänzung zu den vorherigen Werken – diese Position wird zumindest von B. K. S. Iyengar vertreten.

Auch T. K. V. Desikachar erwähnt diese drei Werke, die Patañjali zugeschrieben werden. Er fügt auf das Yoga-Sūtra bezogen jedoch hinzu, dass Patañjali ebenso wenig der »Verfasser« des Yoga-Sūtra sei wie Vyāsa der Verfasser der Bhagavad Gītā, sehr wohl aber ein genialer Grammatiker und ein Gelehrter, der die »jahrtausendealten mündlichen Überlieferungen« zusammentrug und kodifizierte (das heißt, dass er vorhandene Überlieferungen, Blätter und Handschriften in einem Kodex zusammenfasste). Als Zeitpunkt gibt Desikachar 200 Jahre vor »westlicher Zeitrechnung« an.

Mircea Eliade legt sich hingegen bei der Lebenszeit Patañjalis nicht fest und erwähnt lediglich die divergierenden Zeitangaben, die vom 3. Jahrhundert v. Chr. bis ins 5. Jahrhundert n. Chr. reichen. Er weist zudem darauf hin, dass Kapitel 4 (*Kaivalyapada*) des Yoga-Sūtra ganz sicher nicht von Patañjali stammt, sondern später hinzugefügt wurde. Als Gründe nennt er den besonderen Charakter dieses Kapitels, das gegenüber den vorherigen Kapiteln fast um die Hälfte kürzer ist und Probleme behandelt, die schon im zweiten Kapitel thematisiert werden.[221] Dieser Ansicht haben sich auch andere angeschlossen.[222] Den Kontroversen über das Alter des Yoga-Sūtra misst Eliade jedoch kaum Bedeutung zu, da die von Patañjali geschilderten Askese- und Meditationstechniken weit in die Vergangenheit zurückreichen und der Originaltext wiederholt verändert wurde, um ihn an neue »philosophische Situationen« anzupassen.

Patañjalis Definition des Yoga und das System der acht Glieder

Es gibt zahlreiche Definitionen und Erklärungen, was Yoga ist. Die Definition von Patañjali ist jedoch die klassische und weltweit bekannteste. Sie steht gleich zu Beginn im Yoga-Sūtra 1.2:

yogash citta-vritti-nirodah

Hier eine Auswahl an Übersetzungen dieser Definition:

> »Yoga ist jener Zustand, in dem die seelisch-geistigen Vorgänge zur Ruhe kommen.«
> (B. Bäumer)

> »Yoga entsteht, wenn die nach außen strebende Fliehbewegung unseres Geistes (des mentalen Bewusstseins) verlangsamt, unterbrochen, angehalten wird.«
> (G. Blitz)

> »Yoga ist die Fähigkeit, sich ausschließlich auf einen Gegenstand, eine Frage oder einen anderen Inhalt auszurichten und in dieser Ausrichtung ohne Ablenkung zu verweilen.«
> (T. K. V. Desikachar)

> »Yoga (ist) die Stilllegung der Citta-Vrittis. / Yoga (ist) die Stilllegung der Bewegungen des Geistes.
> (H. Maldoner)

»Yoga ist die Kontrolle der Gedankenwellen im Geist.«
(Swami Prabhvananda)

»Yoga ist der Zustand, in dem die Bewegungen des Citta [des meinenden Selbst] in eine dynamische Stille übergehen.«
(R. Sriram)

»Yoga ist das Aufhören des Kreisens der Gedanken.«
(B. Stoler Miller)

»Yoga ist die Unterdrückung der Modifikationen der Psyche.«
(I. K. Taimni)

Ein breites Spektrum an Formulierungen für jene vier Sanskritworte, die auf einen Prozess des Umschaltens, einen Perspektivwechsel von außen nach innen, eine konsequente Beruhigung weisen. Neu ist diese Feststellung nicht, denn zumindest in ähnlicher Weise und mit identischem Fazit ist es bereits in den Versen 10 und 11 im sechsten Kapitel der Katha-Upanishad zu lesen: »Wunschlos die Sinne, die Strömungen der Gedanken und Gefühle angehalten, das Herz voll Friede – dies ist der allerhöchste Stand, Yoga wird er genannt.[223] Und dennoch ist es die Definition von Patañjali, die weithin verbreitet ist.

Wirklich neu oder einzigartig ist im Hinblick auf die Shvetāshvatara- und die Maitrāyani-Upanishad auch der achtstufige (*Ashtānga*) Yogaweg im Yoga-Sūtra (2.29–3.3) nicht, aber auch er ist letztlich das meistzitierte Stufenmodell: 1. Yama (fünf Regeln, die sich auf das Verhalten in Beziehung zur äußeren Welt beziehen); 2. Niyama (fünf Regeln, die sich auf das persönliche Verhalten beziehen); 3. Āsana (das Praktizieren von Körperübungen, ursprünglich die Sitzhaltung); 4. Prānāyāma (das Praktizieren von Atemübungen); 5. Pratyāhāra (die Sinne nach innen richten); 6. Dhāranā (sich auf eine Sache konzentrieren); 7. Dhyāna (den Zustand der Meditation erreichen und halten) und 8. Samādhi (das Im-Einklang-Sein mit dem, was wir tun oder empfinden, und innere Freiheit erfahren).

Dass sich die unterschiedlichsten Yogis und Yogaschulen weltweit primär auf das Yoga-Sūtra beziehen und die darin enthaltenen Aussagen bevorzugen, liegt sicher an der knappen, zugespitzten Versform und an den jeweils weiterführenden Definitionen. So heißt es zum Beispiel über die ideale Beschaffenheit eines

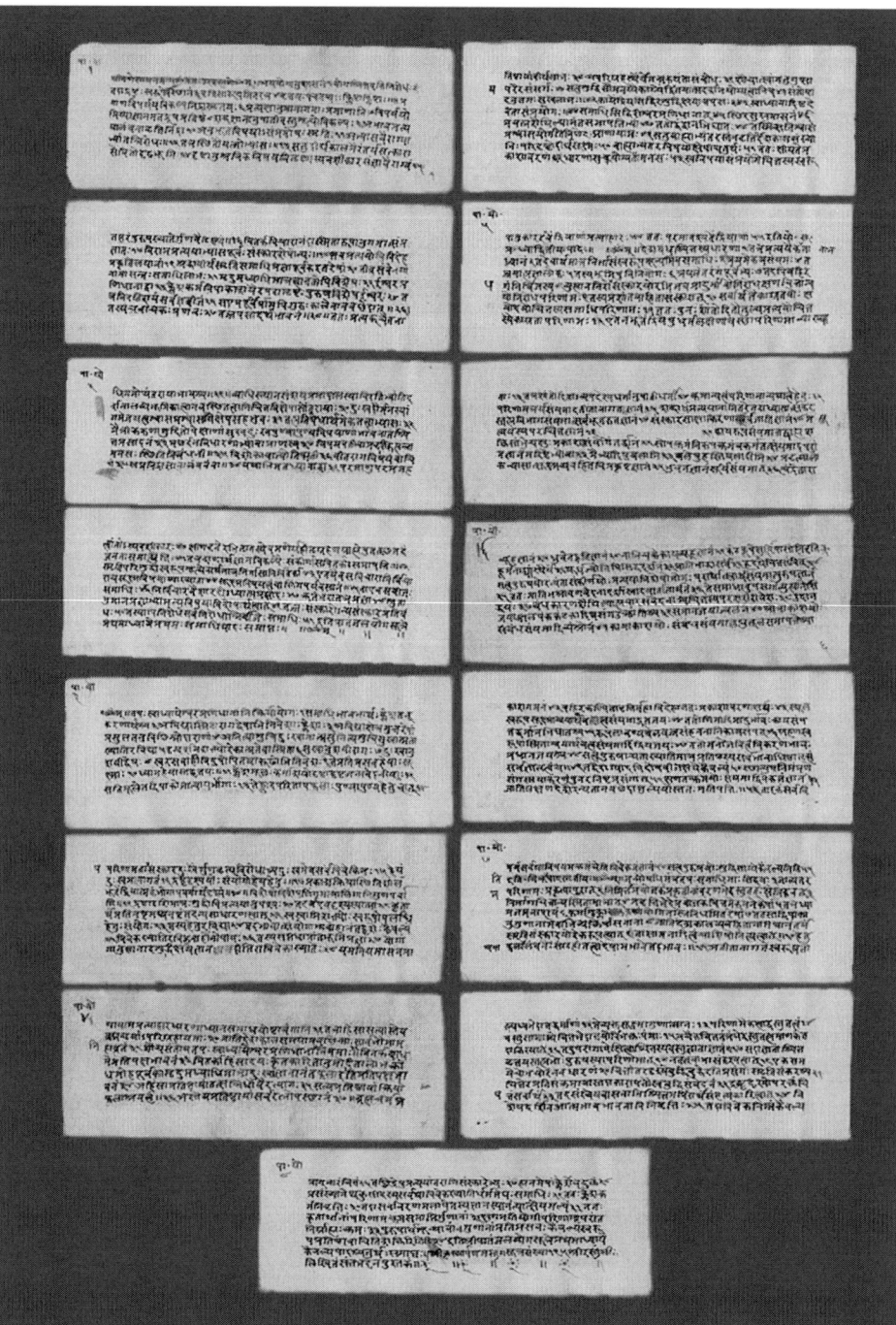

Yoga-Sūtra

Āsana: *sthirasukhamāsanam* (Yoga-Sūtra 2.46), was besagt, die (Sitz-)Haltung möge ebenso leicht wie fest, ebenso bequem wie stabil sein. Die angestrebte Qualität des Prānāyāma wird als möglichst lang oder verlängert und fein, subtil, gemildert definiert.[224] Als Resultat entsteht die Fähigkeit des Geistes, sich zu konzentrieren, womit die fünfte Stufe erreicht und der äußere Weg abgeschlossen ist.[225]

Die drei Stufen (*anga*) des dann folgenden inneren Weges sind Gegenstand des dritten Kapitels, das mit »Vibhūti-Pāda, psychische Kräfte« überschrieben ist. Dhāranā, Dhyāna, Samādhi zusammen ergeben Samyama, die (nach Maldoner) »Gesamtbändigung« oder »Einspitzigkeit des Geistes«.

Durch Samyama erlangt man (unter anderem) die Kräfte eines Elefanten (3.24), das Wissen von Subtilem, Verborgenem und Entferntem (3.25), das Wissen von der Welt (3.26), das Verschwinden von Hunger und Durst (3.30), plötzliche Erleuchtung und übernatürliche Sinneswahrnehmungen (3.33 u. 3.36).

Der Umgang mit außergewöhnlichen Fähigkeiten

Nachdem Patañjali aufgelistet hat, welche außergewöhnlichen Kräfte durch die letzten drei Stufen des achtstufigen Systems erreicht werden können, stellt er eben diese beeindruckenden Fähigkeiten in Frage. Zum einen bezeichnet er die übernatürlichen Sinneswahrnehmungen (auch wenn sie als Vollkommenheiten erscheinen mögen) als Hindernisse für Samādhi, zum anderen nennt Patañjali im Vers 50 des dritten Kapitels die speziellen Kräfte und Kenntnisse als Ursache der Übel, die dem Realisieren der Freiheit, dem Leben ohne Abhängigkeiten (*kaivalya*) im Wege stehen:

tad-vairāgyād-api-dosa-bīja-kshaye kaivalyam

Hier zwei Interpretationen dieser Stelle:

»Aufgrund von Gelassenheit selbst diesen Kräften gegenüber erscheint die Freiheit des Geistes mit der Zerstörung der Samen der Schädigungen.« (B. Stoler Miller)

»Wenn keine Gier und auch keine Herrschsucht mehr existiert, ist das, was uns gefangen hält, im Keim zerstört. Nun wird die höchste Freiheit geboren.«
(G. Blitz)

Weder die Kunststückchen indischer Fakire noch der Exhibitionismus US-amerikanischer Yogastars, die ihre Kräfte und Fähigkeiten gern zur Schau stellen, haben mit dem Wesen des Yoga, wie er hier zum Ausdruck kommt, zu tun. Von der Freiheit oder der Losgelöstheit (*kaivalya*), dem Ziel des Yogaweges, sind sie mindestens so weit entfernt wie jeder andere, der keine Āsanas und kein Prānāyāma praktiziert und niemals meditiert. Was Patañjali mit jenem Sūtra ausdrückt, entspricht dem, was auch in den Sprüchen Salomos (16,18) zum Ausdruck kommt: »Wer zugrunde gehen soll, der wird zuvor stolz; und Hochmut kommt vor dem Fall.«[226]

Jaimuni, Vyakrapathar und Patañjali, Nataraja-Tempel, Chidambaram

Das Ziel des Yoga

Ziel des Yoga, wie ihn Patañjali darlegt, ist es nicht, möglichst schwierige und eindrucksvolle Körperhaltungen zu beherrschen. Ebenso wenig besteht der Sinn darin, Gott zu realisieren oder unsere reale Umwelt mit all ihren schönen und hässlichen Seiten weltabgewandt als irrelevante Täuschung und große Illusion zu betrachten. Gemäß Patañjali besteht das Ziel des Yoga vielmehr darin, sich von den verschiedensten Konditionierungen zu lösen, eine ungetrübte, unabhängige Sicht des Sehenden (*drashtri*) zu verwirklichen, um Freiheit (*kaivalya*) und Menschsein (*purusha*) zu verwirklichen.

Für dieses Ziel ist der Yoga wie auch der von Patañjali erstellte Leitfaden ein Wegweiser. Sich auf diesem von jedem selbst zu findenden und zu begehenden Weg zu bewegen ist ein Prozess, den jeder Mensch, der einen Sinn und eine Orientierung sucht, eigenständig vollziehen muss. So ist auch die im Yoga-Sūtra getroffene Aussage, wonach künftiges Leid zu vermeiden ist (*heyam duhkam anāgatam*)[227], ein deutliches Plädoyer dafür, dass jeder für das, was kommen wird, (mit)verantwortlich ist. Weder der Yoga noch das Yoga-Sūtra sind der Weg oder das Ziel, ebenso wenig, wie ein Globus oder eine noch so brillante Landkarte dafür geschaffen sind, sich darauf fortzubewegen.

Kommentare und Interpretationsmuster

Peter Schreiner[228] stellt fest: »Jeder Kommentar, angefangen vom Yogasūtrabhāshya des Vyāsa, sieht den Text der Yogasūtras aus der Perspektive seiner Gegenwart als etwas Vergangenes. Die Kommentatoren finden im kommentierten Text, was *ihnen* wichtig war; sie suchten nicht nach dem, was dem Verfasser der Sūtras wichtig gewesen sein mag.«[229]

In welchem Ausmaß die eigenen Ansichten mittels Kommentar in das Yoga-Sūtra hineininterpretiert werden, ob bereits bei der Übersetzung die Begriffsbedeutung im Sinne des gegenwärtigen ethischen Konsens oder persönlichen religiösen Glaubensbekenntnisses verändert und manipuliert wird, variiert. In jedem Fall sind solche Vorgehensweisen heute ebenso anzutreffen wie in den Ausgaben und Kommentaren der vergangenen Jahrhunderte.

Im Wesentlichen sind es zwei Interpretationsmuster: eines, das sich möglichst getreu an die Textvorlage hält, und eines der freien Interpretationen. Mal wird das Yoga-Sūtra als quasi vedisch und Beispiel für Advaita ausgelegt, mal wird es dem Geist und den Wertmaßstäben des 20. Jahrhunderts angepasst oder benutzt, um persönliche Auffassungen zu illustrieren.

Anhand zweier Schlüsselbegriffe aus dem Yoga-Sūtra sollen im Folgenden die Schwierigkeiten, die mit einer Übersetzung bzw. Interpretation des Yoga-Sūtra einhergehen können, und die verschiedenen Lösungsversuche verdeutlicht werden.

Überwindung von Lebensdrang und Lebenslust oder Überwindung der Todesangst?

Die präzise, wörtliche und sehr wahrscheinlich ursprüngliche Übersetzung von *abhinivesha* lautet Zuneigung, Lebensdrang. Diese mit dem Wort Abhinivesha ausgedrückte Lebenseinstellung wird von Patañjali als Klesha, also als Leid verursachendes Hindernis aufgefasst:

Avidyā-asmitā-rāga-dveshā-abhiniveshah kleshāh [230]

Zunächst die Übersetzung von I. K. Taimni: [231] »Mangelndes Wahrnehmungsvermögen der Wirklichkeit, das Gefühl des Egoismus oder ›Ichseins‹, Zu- und Abneigungen gegenüber Dingen und der starke Wunsch nach Leben sind die großen Plagen bzw. Ursachen aller Leiden im Leben.«

Auch H. Maldoner übersetzt Abhinivesha mit »der Drang zum Leben«. Diesen Lebensdrang gilt es also zu überwinden, denn sobald ich dem Leben gegenüber gleichgültig bin, leide ich nicht an Dingen, die das Leben mit sich bringt. Manche Menschen wird diese Empfehlung befremden. Insofern wäre es sicherlich von Interesse, den betreffenden Passus näher zu untersuchen. Er wird jedoch von den meisten der sonst so wortreichen Kommentatoren nicht weiter behandelt.

Eine andere Art und Weise, mit dieser kritischen Stelle umzugehen, ist, dem Wort eine neue bzw. eine andere Bedeutung zu geben. So übersetzt R. Sriram das Wort Abhinivesha mit »die unbegründete Angst« und bei T. K. V. Desikachar (dem Lehrer von R. Sriram) wird aus Abhinivesha »tief sitzende Unsicherheit«, die er in seinem Kommentar zum Sūtra 2.9 als »angeborenes Angstgefühl vor der Zukunft« und »unsere Angst vor dem Tod« deutet.

Doch welchen Leidfaktor (*klesha*) meinte Patañjali nun eigentlich? Die Todesangst, die allgemein unbegründeten Ängste oder doch die Zuneigung und die Lebenslust, wie der Begriff Abhinivesha von Klaus Mylius in *Langenscheidts Handwörterbuch Sanskrit – Deutsch* von 1999 übersetzt wird? (Vgl. auch Martin Mittwedes *Spirituelles Wörterbuch Sanskrit – Deutsch*, wo der Begriff mit »Hingabe, Zuneigung, Liebe, Verlangen und Entschluss« wiedergegeben wird.)

Selbststudium oder Studium des Selbst?

Der zweite Begriff, dessen Übersetzung sehr flexibel gehandhabt und der unterschiedlich interpretiert wird, ist *Svādhyāya*. Dabei geht es um Sinn und Ziel des Studiums. Wörtlich wäre hier das eigene (*sva*) Studium (*adhyāya*) gemeint, die Empfehlung von Patañjali im Yoga-Sūtra 2.1 und in 2.32 als einer der fünf Niyamas, wobei offen bleibt, ob die Schriften des Vedānta oder das Yoga-Sūtra selbst oder das freie Studium anderer geeigneter Schriften Gegenstand dieses Selbststudiums sein sollte.

Desikachar interpretiert die ursprüngliche Bedeutung des Begriffes Svādhyāya – das Studium (oder Rezitieren) »der heiligen Überlieferung«[232] – zunächst im Sinne von »Selbstreflexion« (2.1) und dann als »das Studieren und wiederholte Überprüfen unserer eigenen Entwicklung« (2.32).

Vergleichbare freie Interpretationen hat es im Übrigen auch zu anderen Epochen gegeben; sie sind bis zu einem gewissen Grad unvermeidbar und können stellenweise auch zum besseren Verständnis eines Textes aus ferner Vergangenheit beitragen. Doch stellt sich die Frage, ob nicht die Gefahr besteht, dass dadurch die Intentionen und soziokulturellen Bezüge Patañjalis immer mehr in den Hintergrund geraten oder verstellt werden könnten.

Die Hymne bzw. Widmung, die sich auf Patañjali bezieht

> *yogena cittasya padena vacam*
> *malam sarīrasya ca vaidyakena*
> *yopakarottam pravaram muninam*
> *Patañjalim prajaliranato'smi*
> *abāhu purushakāram*
> *shānkhā cakrasi dhārinam*
> *sahasra shirasam svetam*
> *pranamāmi Patañjalim*

Hierzu gibt es zwei deutsche Übersetzungen, die eine eher wortgetreu und bemüht, den poetischen Ton aufzugreifen, die andere freier und den heutigen
Sprachgewohnheiten angepasst.

Übersetzung 1 (von Angelika Sriram)[233]

> Erster unter den Weisen,
> Du gabst Yoga, damit unsere Besinnung friedvoll werde,
> Du gabst uns Grammatik, damit unsere Worte Verständnis schenken,
> Du gabst uns Heilkunst, damit unsere Körper frei seien.
> Weiser unter den Weisen, Mensch bis zur Schulter, in den Händen Muschel,
> Rad und Schwert, tausend Köpfe, alle weiß.
> Patañjali, der Urschlange Ziel, vor dir beuge ich mein Haupt.

Übersetzung 2 (von Ronny Elksnat)[234]

> »Verneigen wir uns vor Patañjali, dem edelsten unter den Weisen (der Vor-
> zeit), der uns Yoga gab für Klarheit und Reinheit des Geistes, Grammatik für
> Glanz und Lauterkeit der Sprache und Medizin (Ayurveda) zur Vervollkom-
> mnung der Gesundheit. Knien wir nieder vor Patañjali, einer Inkarnation
> von Adishesa (Schlangengottheit und Ruhesitz von Vishnu vor der Erschaf-
> fung der Welten); dessen oberer Teil des Körpers menschliche Gestalt hat (der
> untere Teil ist der einer Schlange), dessen Hände eine Muschel und eine
> Wurfscheibe halten und der von einer tausendköpfigen Kobra gekrönt ist.«

Den meisten, die Yoga im Sinne von B. K. S. Iyengar betreiben, wird der Lobpreis auf Patañjali schon begegnet sein. Iyengar pflegte dieses »Gebet« an den

Darstellung Patañjalis mit »tausend« Schlangenköpfen,
ausgestattet mit Schwert, Diskus und Muschelhorn
(Zeichnung eines unbekannten Künstlers)

Anfang seiner Unterrichtseinheiten zu stellen, und manche der von ihm autorisierten Ausbilder haben diese Gewohnheit aufgegriffen.

Auch bedeutende Lehrer beispielsweise des sich auf Desikachar beziehenden Viniyoga sprechen diese Widmung zu Beginn des Unterrichts. Ausgangspunkt für die Etablierung dieses Ritus ist die Tradition, an den Anfang des Yogaunterrichts Dank und Ehrerweisung gegenüber dem Lehrer und dessen Lehrern zum Ausdruck zu bringen und somit schon zu Beginn der Begegnung und des eigentlichen Unterrichts eine Atmosphäre des Respekts und der Anbindung an die Tradition zu schaffen.

Dass Lehrer wie B. K. S. Iyengar es stets vorgezogen haben, anstelle des eigenen Werkes das Vermächtnis des großen historischen, fast schon mythischen Vor-
denkers des Yoga, Patañjali, ins Bewusstsein der Übenden zu rufen, spricht für
ihre eigene demuts- und respektvolle Haltung, die vielen um Ruhm und ge-
fällige Selbstdarstellung bemühten Yogastars und prominenten Yogalehrenden
heutzutage abgeht.

8
DIE UNTERWEISUNGEN DER LEHRER DER UPANISHADEN

Inhalt und Bedeutung der Upanishaden

Frei übersetzt bedeutet Upanishad »nahe und unterhalb sitzen« und bezieht sich auf Schüler, an die der Lehrer sein Wissen weitergibt. *Upa* heißt »nahe«, *ni* steht für »nieder, herunter, hinein« und *shad* ist der Begriff für »sitzen«. Eine Hierarchie also mit klar vorgegebenen Positionen. Erhaben der belehrende, wissende (vedische) Meister, zu seinen Füßen der durch Geburt und sozialen Status privilegierte Schüler, der demütig das Wissen (*veda*) empfängt.

Das Recht, in der Nähe eines solchen Lehrers zu sitzen und das geheime Wissen zu empfangen, stand zu jener Zeit, als die Upanishaden schriftlich fixiert

Feuerritual (homa) in Rishikesh, Nordindien

wurden (die zeitliche Spanne reicht vom 8. Jh. v. Chr. bis zum 14. Jh. n. Chr.),
ausschließlich den männlichen Angehörigen der Brahmanenkaste zu, den »Spe-
zialisten der Mysterien und Meistern der Riten«[235]. Und so heißt es auch in der
Mundaka-Upanishad (3, 2, 10 und 11): »Werktüchtige, Schriftkundige, Brah-
mantreue, sich selbst als einem Rishi gläubig opfernd, die lehre man dies Brah-
manwissen, wenn sie das Kopfgelübde erfüllten (10). Dieses ist die Wahrheit. Sie
hat vordem der weise Angiras verkündet. Keiner darf dies lesen, der nicht das
Gelübde erfüllte« (11).[236]

Zugleich ist hiermit vorgegeben, worum es in den meisten Upanishaden
geht: um das Unvergängliche, um die Notwendigkeit einer Weltabgewandtheit
und um Brahman, dem wiederum verschiedene Bedeutungen zugeordnet werden. Hinzu kommen Ātman, Prāna und Purusha, wobei Ātman, Purusha und
Brahman auch identisch sein können, wie beispielsweise in der Chāndogya-
Upanishad (4, 15.1) zum Ausdruck gebracht: »Der Purusha, den man im Auge
wahrnimmt, das ist der Atman. Er ist das Unsterbliche und das Furchtlose. Er ist
das Brahman.«[237]

Die Einheit als die eine Wahrheit

Ganz gleich, ob von Gott, vom Selbst oder vom Purusha die Rede ist, in den
Upanishaden geht es vor allem um die Erfahrung der Einheit. Es ist die Einheit
von persönlichem Selbst und kosmischem Selbst, die Einheit von Gott und jeglicher Erscheinung, die Einheit sämtlicher Gottheiten, die Einheit von Geist und
Materie. Indem ich das wahre Selbst erkenne, finde ich das Göttliche oder Gott
in seinem Wesen. Es ist keine Instanz über mir, sondern etwas mir (dem Menschen) Immanentes.

Kommt es zu einem solchen Leben in der Einheit, ist das »Innen mitten in
der Welt, im Außen zu leben«, wie Eckart Wolz-Gottwald in seinem *Yoga-Philosophie-Atlas* treffend feststellt. In der Einheit zu leben und sich gleichzeitig abzu-
sondern, um diesen Zustand zu einer konstanten Erfahrung werden zu lassen,
würde keinen Sinn ergeben.

Den Stellenwert der Einheit bringt die Maitri-Upanishad im Vers 7 des
sechsten Kapitels zum Ausdruck: »Wer aber Einheit erfährt, für den gibt es keine
Ursachen, keine Wirkungen und auch keine Handlungen. Das ist Schweigen,
unvergleichlich und unbeschreiblich. Und fragt ihr mich: ›Was ist das?‹, so kann
ich nur antworten: Dafür gibt es keine Worte.‹«[238]

Eine Erfahrung, die mit nichts zu vergleichen und nicht zu beschreiben ist, und doch mangelt es – bis heute – nicht an Versuchen, für dieses Unbeschreibliche die passenden Worte zu finden. Dies trifft partiell auch auf die Upanishaden selbst zu, die mitunter auch für das, was nicht in Worten ausgedrückt werden kann, Worte gebrauchen.

Die zwei zentralen Begriffe Ātman und Brahman

Die Übersetzungen des Begriffs *brahman* sind vielfältig. Sie reichen von »absoluter Geist«[239] und »höchstes Prinzip oder Seinsgrund, Mysterium und ›Gottheit‹«[240] bis zu »höchstes Wesen, Weltgeist, Absolutes«[241]. Ziel ist es, das Brahman zu erschauen, es zu verstehen und eins mit ihm zu werden, wozu unter anderem das Zurückziehen der Sinne, verschiedene Arten der Meditation sowie die Praxis des Yoga dient.

Der zweite Begriff, Ātman, dessen Verbwurzel sich von *an* (»atmen«) ableitet, was den Atemübungen innerhalb des Yoga eine neue Bedeutungsnuance gibt, bedeutet wörtlich »Seele«, »Wesen« und »Selbst«. Mittels Meditation oder kontemplativer Reflexion schließen wir alles aus, was wir als Nicht-Selbst erkennen. Was schließlich bleibt, ist das Selbst, das Wesen, die Seele – Ātman.

Die drei Eigenschaften (Gunas) der Materie

Sowohl im Yoga und in der Sāmkhya-Philosophie als auch in Ayurveda ist von den drei Gunas die Rede, die meistens mit Faktoren[242] oder Qualitäten und Grundeigenschaften[243] übersetzt werden. Wir finden Definitionen und Beschreibungen dazu im Yoga-Sūtra, in der Bhagavad Gītā sowie in den mittleren Vers- und Prosa-Upanishaden (Svetāshvatara-Upanishad, Māndūkya-Upanishad, Maitri-Upanishad) und in den jüngeren Yoga-Upanishaden (unter anderem in der Nādabindu-Upanishad).

Die Klassifizierungen der drei Grundeigenschaften sind im Grunde überall gleich: *Tamas* steht für Schwere und Passivität, *Rajas* für Aktivität und Leidenschaft, *Sattva* für Reinheit, Freude und Subtilität. Sie sind nicht nur der materiellen Welt, sondern auch explizit allen Menschen eigen.

Die Ziele im Umgang mit den Gunas bestehen darin, einerseits für ein Gleichgewicht zwischen Rajas und Tamas zu sorgen, andererseits geht es um die Überwindung von Tamas durch Rajas, um zur Sattva-Qualität zu gelangen.

In der insgesamt lediglich zwanzig Verse umfassenden Nādabindu-Upanishad ist die Zielsetzung gar, sich von den Sinnen und den Gunas zu befreien – so heißt es in Vers 18:

»Wenn, frei von Sinnen und Gunas,

Das Manas[244] ganz in sich zergeht,

Nicht vergleichend, nicht vorstellend,

Das heißt die rechte Yogakunst.«[245]

Dem geht eine Beschreibung des Ātman als Vogel voraus, dessen Füße Rajas und Tamas und dessen Leib Sattvam genannt wird (Vers 2).

Auch in der Shvetāshvatara-Upanishad werden die Gunas erwähnt, jedoch als Gottes eigene Qualitäten (*sva-gunaih*), die dessen Kraft (*ātma-shakti*) verhüllen; erkannt wurde dies von jenen, die »Nachdenken und Hingebung (yoga)«[246] üben.

In der Maitri-Upanishad ist an mehreren Stellen von den Gunas die Rede, so auch im dritten und im sechsten Kapitel. Im dritten Kapitel wird festgestellt, dass der Ātman von den Gunas der Prakriti überwältigt wird, dadurch in Verwirrung gerät, vom Strom der Gunas fortgerissen wird und in den Wahn der Identifizierung und Besitzansprüche verfällt, »sich selbst durch sich selbst bindend wie ein Vogel durch das Netz«[247]. Und im sechsten Kapitel der Maitri-Upanishad heißt es, dass alles, »was aus den drei Gunas (Sattvam, Rajas, Tamas) besteht, das zu Genießende ist und der Genießer der darin befindliche Purusha«[248], woran ebenfalls deutlich ein Aspekt der Sāmkhya-Lehre erkennbar wird.

Die vier Kernaussagen

In den vier Mahāvākyas, den großen (*mahā*) Sätzen oder Aussprüchen (*vākya*), werden die oben aufgeführten zentralen Begriffe und die eine Wahrheit von der Einheit formuliert: Das Bewusstsein selbst ist das Brahman (*prajñānam brahma*, Aitareya-Upanishaad 3.3) – eine prägnante Abkehr von der Vorstellung eines fernen Gottes, gewandelt zu der Wahrnehmung, dass Gott identisch ist mit dem

Bewusstsein jedes Menschen. »Ich bin das Brahman« (*aham brahma asmi*, Brihad-Āranyaka-Upanishad 1, 4, 10) ist eine Variante zum ersten Mahāvākya, die sich auch im Neuen Testament findet: »Das Reich Gottes kommt nicht so, dass man es mit Augen sehen kann; (…) Siehe, das Reich Gottes ist inwendig in euch.«

»Das bist du« (*tat-tvam asi*, Chāndogya-Upanishad, 6.8-16) — so lautet jeweils die abschließende Feststellung von Uddālaka Āruni im Gespräch mit seinem vierundzwanzigjährigen Sohn Shvetaketu über neun Fragen, die das Thema, was die Welt ausmacht, betreffen. Shvetaketu hatte in den zurückliegenden zwölf Jahren bei einem Gelehrten die Veden studiert. Der Vater konfrontiert seinen Sohn nun nach dieser Studienzeit mit Fragen, auf die jener keine Antworten weiß. Nach einem fünfzehntägigen Fasten belehrt Uddālaka Āruni seinen Sohn mit einer Reihe von Beispielen. Darin geht es stets um das »äußerst Subtile«, aus dem die ganze Welt besteht. Und jedes der neun Beispiele (von dem Honig der Bienen, den ins Meer mündenden Flüssen, von der Lebensenergie der Bäume, vom sich im Wasser auflösenden Salz, vom durch verbundene Augen orientierungslosen Mann, von der Erkenntnisgrenze eines Sterbenden und — das bekannteste und meist zitierte Beispiel — von der Frucht des Nyagrodha-Baumes, der winzig kleine Kerne enthält, aus deren nicht mehr sichtbarem Inhalt ein großer Baum gewachsen ist) endet mit der Feststellung: »Das ist die wahre Wirklichkeit. Das ist der Ātman. Das bist du, Shvetaketu.«

»Dieser Ātman ist das Brahman« (*ayam-ātmā-brahma*, Māndūkya-Upanishad 2) — oft als Gipfel der Upanishaden-Philosophie bezeichnet, steht diese Formulierung für den Vorgang einer äußerlichen Vereinigung, nämlich der von zwei ursprünglich unabhängigen Lehren, deren Identität hiermit erklärt wird.

Zu den bekannten großen Sätzen wurden die zitierten Stellen durch den Vedānta-Philosophen Shankara (8. Jh.), der Passagen, die der Erkenntnislehre des Vedānta entsprechen, hervorhob und in den Vordergrund stellte.

Veröffentlichte Geheimnisse

Auflagenstarke Publikationen und weltweiter Vertrieb der Upanishaden widersprechen der ursprünglichen Intention dieser Texte. Die essenzielle Weitergabe der Inhalte war an einen persönlichen autorisierten Lehrer oder Mentor und an

Junge Brahmanenschüler beim Rezitieren,
Innenhof des Kapalishvara-Tempels, Madras

die Verpflichtung der Geheimhaltung geknüpft. Und so heißt es in der Shvetā-shvatara-Upanishad auch: »Man soll das Wissen, das sich in den Upanishaden verbirgt, geheim halten.«[249] Dass sich an diese Anweisung schon seit längerem niemand mehr hält, hat auch mit einer selektiven Lektüre und Rezeption insgesamt zu tun. Heutzutage entscheidet in der Regel die Schülerin oder der Schüler bzw. die oder der Suchende (und nicht der Lehrer), welche Kapitel und Verse es wert sind, sie sich zu eigen zu machen und welche nicht, welche Anweisungen ernst genommen und welche negiert werden. Es ist ein fortdauernder Prozess, bei dem die Aussagen den heutigen Bedürfnissen angeglichen werden.[250]

Diese Art des Umgangs mit den Upanishaden führt auch dazu, dass diese insgesamt als göttliche Offenbarung, als heilige Schriften oder als östliche Weisheit verstanden werden, obwohl in vielen Fällen nur einzelne Abschnitte wiedergegeben und kommentiert, umstrittene oder missliebige Passagen aber unterschlagen werden, ohne dass dies explizit gesagt wird.[251] Neben der Aufforderung zur Geheimhaltung sind dies beispielsweise die Verachtung alles Angenehmen,[252] die Verachtung des Prozesses der Schwangerschaft und alles Körperlichen[253] sowie destruktive Ansätze wie beispielsweise in der Taittirīya-Upanishad,[254] in der sich deutlich die Geisteswelt der kriegerischen Indoarier artikuliert.

Da in den Upanishaden die Denkweisen ihrer jeweiligen Epoche bewahrt sind und diese sich in einem Wandlungsprozess befanden, sind in ihnen teilweise ganz unterschiedliche, auch widersprüchliche Aussagen enthalten. Zwei Beispiele zu folgenden Themen:

Friede oder Krieg?

Im ersten Kapitel der Taittirīya-Upanishad steht zu Beginn und am Ende: »OM! Friede, Friede, Friede!« Satya Sai Baba kommentiert dies folgerichtig: »Nur in einer Atmosphäre des Friedens können solche heiligen Grundsätze umgesetzt werden.«[255] Am Ende dieser Upanishad ist die verheißene Konsequenz entsprechender (vorausgegangener) Verehrung jedoch keineswegs mehr Frieden, sondern Gewalt: »Verehrt man Brahman als Zerstörer, so werden alle Feinde, die einem übel wollen, und alle Gegner, die man hasst, zerstört.« (Taittirīya-Upanishad 3, 10, 4)

Im Vorwort zu einer 1921 erschienenen Upanishaden-Ausgabe stellt der Indologe und Religionswissenschaftler Helmuth von Glasenapp[256] fest: »Ebenso wenig lässt sich ein den Upanishaden mehr oder weniger zugrunde liegendes einheitliches System feststellen; vielmehr treten uns in ihnen Gedanken sehr verschiedener Prägung entgegen, die teilweise noch an die phantasievollen Spekulationen der Naturvölker erinnern.«[257]

Enthaltsamkeit oder Sinnlichkeit?

Die unterschiedlichen Denk- und Bewertungsansätze sind auch bei den Themen Enthaltsamkeit und Sinnlichkeit zu finden. Die folgenden Zitate sind exemplarisch, das heißt, auch in anderen Upanishaden finden sich ähnliche oder vergleichbare gegensätzliche Aussagen.

Zu Beginn[258] der Maitri-Upanishad – auch Maitrāyani-Upanishad genannt – wird der Körper als übelriechende Sammlung von Fleisch, Samen, Blut, Schleim,

© ExoticIndia.com

Yogi, Miniaturmalerei, Indien

Tränen, Eiter, Kot usw. bezeichnet und die Frage gestellt, was einem da die »sogenannten Freuden des Lebens nützen«. Und auch am Ende derselben Upanishade[259] werden Personengruppen aufgelistet, die die »himmlische Wahrheit« nicht verdienen: Unter anderem »Menschen, die immer ausgelassen sind; die regelmäßig Geschlechtsverkehr haben«; des Weiteren »Leute, die (…) für Unbefugte heilige Rituale durchführen (…), und solche, die als nicht Eingeweihte die heiligen Schriften kennen« (sic!), sowie Schauspieler, Söldner und Schausteller und solche, die als Diener des Königs versagt haben, »denn das sind alles eindeutig verachtenswürdige Diebe, die die himmlische Wahrheit nicht verdienen«.[260]

Andererseits ist in der Taittirīya-Upanishad 3, 10, 3 von »der Freude in den Fortpflanzungsorganen« die Rede, und dies als göttliches Zeichen der Erquickung! Paul Deussen ist darüber derart verblüfft und verärgert, dass er anmerkt: »Dieses Satzglied scheint sich aus der psychischen Reihe, zu der es gehört, in die kosmische verirrt zu haben. Übrigens ist der Gebrauch von Ānanda[261], nach allem was darüber in der Ānandavalli und Bhriguvalli[262] vorgekommen [ist], in dem hier zu verstehenden Sinne ein wahres Ärgernis.«[263]

Diese konträren Standpunkte wahrzunehmen und zu akzeptieren, dass stellenweise sehr unterschiedliche Ansichten und Traditionen in den Text eingeflossen sind, sollte für jeden Anhänger des Vedānta wie auch für jede Leserin und jeden Leser der Upanishaden eine Anregung sein, nach den Gründen für diese widersprüchlichen Ausführungen zu fragen und sich an der Toleranz zu erfreuen, die darin zum Ausdruck kommt, dass unterschiedliche Standpunkte nahezu gleichberechtigt dargelegt werden und jeglicher Anspruch, im Besitz der wirklichen oder einzigen Wahrheit zu sein, sich dadurch relativiert.

Historische und aktuelle Ausgaben

Laut Zählung des deutschen Indologen Albrecht Weber (1825–1901) existieren insgesamt 235 Upanishaden; der Sprachforscher und Begründer der Sanskrit-Forschung Friedrich Max Müller (1823–1900) zählte 149, in Umlauf sind seit Jahrzehnten 108. Die umfangreichste Sammlung im deutschsprachigen Raum ist noch immer die von Paul Deussen aus dem Jahre 1897, *Sechzig Upanishads des Veda*, im F. A. Brockhaus Verlag Leipzig erschienen. Diese Ausgabe enthält auch elf der sogenannten Yoga-Upanishaden, die allesamt im 14. und 15. Jahrhundert entstanden und vom Vedānta geprägt sind: Brahmavidyā-, Kshurikā-, Cūlikā-, Nādabindu-, Brahmabindu-, Amritabindu-, Dhyānabindu-, Tejobindu-, Yoga-cikhā-, Yogatattva-, und Hamsa-Upanishad.

Den Yoga-Upanishaden wird im Allgemeinen wenig Bedeutung beigemessen, da sie kaum neue Gedanken oder Konzepte zum Ausdruck brachten.

Die von Mikel Burley in seinem Buch *Hatha Yoga* aufgestellte These, Yoga sei das zentrale Thema *aller* Upanishaden, »jedenfalls wenn man Yoga als die Einheit von Ātman und Brahman und den Weg zur Realisierung dieser Einheit betrachtet«, ist irreführend und unzutreffend. Ebenso ließen sich die Schriften des Buddhismus oder die Predigten des christlichen Mystikers Meister Eckhart unter Yogaliteratur subsumieren, wie im Grunde jegliche Schrift, in der die Erfahrung der Einheit oder das Vermeiden von Leid thematisiert wird.

Die klassischen oder auch »großen« Upanishaden sind philosophisch-literarische Extrakte des Brahmanismus bzw. des Vedānta, die über längere Zeiträume ausschließlich mündlich übermittelt wurden (und partiell immer noch auf diese Weise weitergegeben werden), bis es dann zur Niederschrift kam. Die Textsammlungen des in Einzelsitzungen weitergegebenen geheimen Wissens sind jeweils mit dem Namen der Person verknüpft, der diese Upanishad zugeschrieben wird, oder mit einem Begriff, der einen Schwerpunkt der jeweiligen Upanishad umreißt.

Aktuelle Ausgaben klassischer Upanishaden umfassen in der Regel eine einzelne oder drei bis elf Upanishaden, zumeist mit Kommentaren des Herausgebers oder einer Person mit »spiritueller« Ausrichtung. Sowohl Übersetzungen als auch kommentierende Ausführungen sind im Allgemeinen geprägt von der jeweiligen persönlichen Perspektive und Ansicht, zumeist im Sinne hinduistischer Gläubigkeit und entsprechender Religiosität, wofür häufig als Synonym der ebenso unscharfe wie unverfängliche Begriff »Spiritualität« verwendet wird. Von »spirituell« oder »Spiritualität« ist immer dann die Rede, wenn es um Erfahrungen oder Beobachtungen geht, die sich auf etwas jenseits des Materiellen und Manifestierten beziehen (Gebete, Andachten, Kontemplation, Meditationen, Rituale, Pilgerfahrten, gemeinsames Singen religiöser Lieder und/oder Schwitzhüttenerlebnisse) – auch in nichtreligiösem Kontext. Der Begriff »Spiritualität« fungiert aber auch als Alternativwort für Religion, mit der man sich – zumindest teilweise – identifiziert. Mitunter werden auch beide Formen der Spiritualität praktiziert oder kombiniert, die nichtreligiöse, esoterische und die religiöse. In Bezug auf die Rezitation und Verehrung der Upanishaden als heilige, geoffenbarte (und damit hinsichtlich kritischer Einwände unantastbare) Texte ist es sowohl eine religiöse, dem Vedānta verbundene, als auch eine esoterische Haltung, jeweils im Sinne einer vertieften Beziehung zum Absoluten respektive zum Göttlichen – oder zumindest das Bemühen darum.

Wie auch im Bezug auf Yoga zutreffend, repräsentieren die Upanishaden – schon ihrer Vielschichtigkeit und diversen Lehransätze wegen – zwar keine Religion an sich; manche fassen ihre Inhalte jedoch als religiös auf, da die Upanishaden auch Teile enthalten, die eine solche Interpretation fördern.

Zugleich sind die meisten Aussagen und Verheißungen der Upanishaden universell verständlich und nachvollziehbar in ihren Grundaussagen, womit sie (mit einigen Einschränkungen) auch Andersgläubigen zugänglich sind.

Yoga in den klassischen Upanishaden

In der Fülle der überlieferten Upanishaden und der diversen Sammlungen, die zwischen drei und 108 Upanishaden umfassen, ragen vier klassische Upanishaden mit deutlichem Yogabezug heraus. Sie gehören zum Yajurveda, eine der vier vedischen Schriften oder Sammlungen (*samhitā*), die das Wissen (*veda*) von den Gebeten und Opferformeln (*yajus*) enthält, das die Brahmanenpriester für die religiösen Rituale bis heute benutzen. Die vier Upanishaden mit deutlichem Yogabezug gehören zum sogenannten Schwarzen Yajurveda, den Deussen als ungeordnet bezeichnet, weil dort, anders als im Weißen Yajurveda, Mantras, Brahmanam (eine spezielle Schriftgattung), Opfersprüche und Anleitungen in einem Werk vereint sind.

- Die jüngste der vier hier vorzustellenden Upanishaden ist die Maitrāyanīya-Upanishad, die im sechsten Kapitel einen sechsstufigen (*shad-anga-yoga*) Yogaweg und somit einen Vorläufer zu Patañjalis achtstufigem Pfad skizziert. Die Maitrāyanīya-Upanishad wird dem 2. Jahrhundert v. Chr. zugeordnet und gehört zur Gruppe der mittleren Prosa-Upanishaden.

- Die Shvetāshvatara-Upanishad beschreibt im zweiten Kapitel (Vers 8–13) die Praxis des Yoga. Sie entstand ca. 300 v. Chr.

- Die Katha-Upanishad entstand etwa 500 v. Chr. und ist die älteste in Versen verfasste Upanishad. Im Vers 11 des sechsten Kapitels wird Yoga als »Zustand, in dem man die Sinne vollkommen beherrscht«[264] definiert. Es ist Freiheit als Unabhängigkeit durch Selbstdisziplin.

- In der Taittirīya-Upanishad, die zu den frühen, vorbuddhistischen Upanishaden des 6. Jahrhunderts v. Chr. gehört, wird der Begriff Yoga erstmalig im Sinne einer Technik verwendet, bei der es um Versenkung geht.

Die Unterweisungen des ehrwürdigen Maitri

In der Maitrāyanīya-Upanishad, die zum Schwarzen Yajurveda (Skt. »Wissen von den Opfersprüchen«, eine der vier vedischen Sammlungen) zählt und auch Maitri- oder Maitrāyani-Upanishad genannt wird, schildert Maitri, wie der Maharaja Brihadratha von dem selbstverwirklichten Meister Shākāyana unterwiesen wird.

Als König Brihadratha die Vergänglichkeit seines Körpers bewusst wird, übergibt er die Regierungsgeschäfte an seinen Sohn und sucht Zuflucht im Wald. Er übt sich in Askese. Nach eintausend Tagen erscheint Shākāyana und gewährt ihm einen Wunsch. Der König wünscht Erkenntnis über den Ātman, die ihm nach einer ersten Zurückweisung vermittelt wird:

»Er, der ohne Unterbrechung ausatmend nach oben steigt, sich zugleich bewegt und nicht bewegt und die Finsternis vertreibt, der ist der Ātman.‹ So hat ihn der ehrwürdige Maitrī beschrieben.«[265]

In einer zweiten Ebene wird die Lehre des Maitri mittels der Geschichte von Kratu-Prajāpati näher ausgeführt. Kratu-Prajāpati ist einer der zehn Herrscher über die Lebewesen, der die enthaltsamen Vālakhiliyas unterweist. Die Themen dieser Belehrungen sind vielfältig. Es geht um den Atem und die Lebenskraft (prāna) und die Grundeigenschaften der materiellen Welt (gunas), die Notwendigkeit asketischer Lebensweise, die Bedeutung des Gāyatrī-Mantras[266], um den Feuergott Agni und um Yoga als Methode, die Vereinigung mit dem Einen zu erreichen.

Der sechsstufige Yoga und vom Nutzen der Yogaübungen

Bevor im Vers 18 des sechsten Kapitels vom sechsstufigen Yoga die Rede ist, wird acht Verse zuvor bereits benannt, wer ein Yogi ist, nämlich jemand, der zugunsten des Ātmans der Welt entsagt (im Sinne eines Samnyāsin) und selbst einer verführerischen Frau widersteht.

Im Vers 18 geht es schließlich um Methoden, die Einheit mit dem Einen zu erreichen. Dies sind Prāṇāyāma, Pratyāhāra, Dhyāna, Dhāraṇā, Tarka[267] und Samādhī. »Zusammen werden diese auch der sechsgliedrige Yoga genannt. Wenn man diesen Yoga praktiziert, dann geschieht Folgendes: Schaut ein Sehender ihn, den goldenen Schöpfer, den Herrscher, den Purusha, das reine Bewusstsein, das Brahman, den Ursprung –, dann ist er weise und gibt beides auf, Gutes und Schlechtes, und bringt alles zu einer Einheit im Höchsten, dem Unzerstörbaren.«[268]

Was Yoga dem Wesen nach bedeutet, wird im Vers 25 desselben Kapitels beschrieben: »Das Einssein von Atem, Denken und allen Sinnen sowie das Loslassen von allem, was es gibt, das wird Yoga genannt.«[269]

Bevor dies nun als ursprüngliche oder früheste Definition des Yoga durch den weisen Maitri eingestuft wird, sollte beachtet werden, dass es zu Beginn dieses Verses (wie auch bei den vorherigen und den nachfolgenden Versen) heißt: »Und wiederum anderswo heißt es ...« Das bedeutet, diese Definition des Yoga ist ein Zitat, dessen Quelle allerdings nicht angeführt wird.

Nachdem Shākāyana seine Unterweisungen unterbrochen hatte, um zu meditieren, verbeugte sich König Brihadratha vor ihm, und Shākāyana setzte seine Belehrung fort: »Durch die Übungen des Yoga wird man zufrieden, man überwindet alle Gegensätze und erlangt inneren Frieden.«[270]

Dieses positive Versprechen hält Shākāyana allerdings nicht davon ab, in den folgenden Versen auf eben jene eigentlich zu überwindenden Gegensätze dergestalt hinzuweisen, dass er festlegt, wem diese Erkenntnisse enthüllt werden dürfen und wem nicht. Bei Deussen liest sich dies wie folgt: »Dieses Allergeheimnisvollste‹«, fuhr er fort, ›soll man keinem kund machen, der nicht Sohn oder Schüler und der noch nicht beruhigt ist. Wer aber keinem anderen (als dem Lehrer) anhängt und mit allen Tugenden geschmückt ist, dem mag man es mitteilen.‹«[271]

Tugend und Traditionswahrung sind die Werte, an die das Weitergeben der vedischen Erkenntnisse geknüpft werden. Tugendhaftigkeit und Traditionsbe-

wusstsein spielen auch heute noch, mehr als 2000 Jahre nach dieser Niederschrift, eine wichtige Rolle im spirituellen Leben Indiens wie auch in der Vermittlung des Yoga, des Vedānta oder religiös geprägten Alltag des Hinduismus.

Die Unterweisungen des Shvetāshvatara

Shvetāshvatara ist der Philosoph, der diese Upanishad verkündet hat. Der Name
bedeutet wörtlich »Retter oder Überbringer des glänzenden Schimmels« oder
»Das hellweiße Pferd rettend bzw. überwindend«.

Die Thematik Pferde gehört kulturhistorisch zu den indoarischen Ursprüngen und steht insbesondere in Verbindung mit den Sonnen- und Planetengöt-
tern. So war das Vahana (»Fahrzeug«, Reit- und Symboltier eines Gottes) von
Indra anfangs ein weißes Pferd. Doch Pferde wurden auch geopfert – das größte vedische Ritual war das Pferdeopfer.

Wie in kaum einer anderen Upanishade finden wir in der Shvetāshvatara-
Upanishad ganz unterschiedliche, geradezu konträre Ansichten und Aussagen.
Doch wie in anderen Upanishaden auch, ist die Ausdrucksweise ein Fest der
Superlative. Es geht selten um weniger als das Höchste oder etwas, das über die
Herrscher herrscht und alle Gottheiten übertrifft;[272] ebenso finden wir erneut
die Formulierung »subtiler als das Subtilste und größer als das Größte«, die auch
in der Katha-Upanishad vorkommt. Auffällig ist, das jedes der sechs Kapitel
einem anderen Thema gewidmet ist.

Das erste Kapitel befasst sich mit dem Ātman, während das zweite Kapitel
Yoga zum Gegenstand hat. Erstaunlich ist der Kontrast zwischen dem dritten
Kapitel, das sich auf Rudra, den »furchterregenden« Gott des Veda, bezieht, und
dem nachfolgenden vierten Kapitel, das Elemente der Sāmkhya-Lehre, aber
auch des Advaita behandelt, sich auf den Sonnengott Sāvitrī bezieht und im letzten Vers geradezu ängstlich Rudra anruft, der den Kindern, den Kühen und
Pferden kein Leid zufügen und auch die Gesundheit nicht beeinträchtigen
möge.

Die beiden letzten Kapitel der Shvetāshvatara-Upanishad beziehen sich
jeweils auf das Göttliche. Im fünften Kapitel heißt es: »Jede Form ist seine
Form.«[273] Und: »Das Göttliche hat weder Anfang noch Ende und erschafft mitten im Chaos die vielfältige Welt.«[274] Die Aussagen zum Göttlichen im sechsten

Kapitel widersprechen partiell den zuvor getroffenen Feststellungen. Dort heißt es in Vers 5, das Göttliche sei der Anfang und auch die Ursache der Welt. Auch wird der Formulierung, wonach jede Form eine Form des Göttlichen ist, indirekt widersprochen, wenn es in Vers 7 heißt: »Das Göttliche herrscht über alle Herrscher und übertrifft alle Gottheiten«,[275] es sei denn, dass mit »herrschen über« ausdrücklich Selbstbeherrschung gemeint ist, was aber eher unwahrscheinlich ist.

Wieder ist zu erkennen, dass ganz konträre An- und Einsichten, kulturelle Prägungen und Einflüsse hier Eingang gefunden haben – orthodoxes Brahmanentum und Schamanismus, Götterglaube und Überwindung dieses Glaubens, die Welt als Illusion und die Natur als objektive Täuschung, andererseits die Welt als reale, schützenswerte, ewige Schöpfung des Göttlichen.

So wurde Shvetāshvatara »durch die Macht seiner Entsagungen und durch göttliche Gnade« (6.21) zu einem, der die unterschiedlichsten Strömungen des damaligen Zeitgeistes kompilierte und diese teils religiösen, teils philosophischen Lehren und Denkweisen gleichberechtigt stehen ließ, ohne die einzelnen Aussagen einander gegenüberzustellen und zu bewerten.

Die von Shvetāshvatara beschriebene Yogapraxis

Nach einer Anrufung des Sonnengottes Sāvitrī, die fünf Verse umfasst und zur Vorbereitung eines Feuerrituals dient, wird in Vers 8 eine aufrechte Körperhaltung beschrieben, also etwas, das wir im Allgemeinen mit dem Wort Āsana bezeichnen. Zwar leitet sich die Grundbedeutung von Āsana von *ās* ab, was für »sitzen, verharren, sich setzen« steht, doch der Gebrauch des Wortes Āsana wird von alters her ebenso für verschiedene Körperhaltungen verwendet, nicht nur im Kontext des Yoga, sondern auch in Handbüchern für Ringer und Bogenschützen.

»Man soll die drei Bereiche des Körpers (Rumpf, Kopf, Nacken) aufrecht halten und aufeinander ausrichten. Dann soll man die Sinne, Gedanken und Gefühle im Herzen einschließen.« (2.8)

Da es weder zur Haltung der Beine noch zur Position der Arme eine Aussage gibt, kann es sich sowohl um eine Sitz- als auch um eine Standhaltung handeln.

Die Auf- und Ausrichtung der Wirbelsäule ist das Wesentliche. Der Rest wird freigestellt, und so wäre ebenso eine aufrechte Sitzhaltung auf einem Hocker, einem Podest oder Thron möglich. Zum Ort der Übung werden lediglich die folgenden Anforderungen gestellt: Er soll eben und sauber, frei von Steinen, Sand, Wasserlachen und Geräuschen sein: »Dort, wo den Geist nichts beunruhigt und nichts das Auge verletzt, dort soll man sich in einer windgeschützten Höhlung für diese Yogaübungen hinsetzen.« (2.10)

An dieser schlichten Anforderung hat sich immer noch nichts geändert, wobei Höhlung nun durch Wohnung oder Wohnraum zu ersetzen wäre.

Im vorhergehenden Vers 9 wird bereits eine Aussage getroffen, die wir aus heutiger Sicht dem Prānāyama zuordnen würden: »Wer sich nach göttlicher Vereinigung sehnt, soll seinen Atem kontrollieren und durch die Nase ausatmen.« Auch diese Anweisung ist geradezu minimalistisch und auf das Wesentliche beschränkt; die detaillierten Angaben bleiben dem unterrichtenden Lehrer vorbehalten.

Vergleichsweise viel Raum nehmen in den Versen 11 bis 14 die Verheißungen bzw. Beschreibungen der Folgen und Konsequenzen des Yogapraktizierens ein. Als mögliche Folgen und Begleiterscheinungen werden übersinnliche Wahrnehmungen und Visionen von Nebeln, Kristallen und Leuchtkäfern beschrieben.[276] Bei regelmäßiger und fortgeschrittener Praxis verschwinden Krankheit, Altern und Tod, da der Yogi nun in einem subtilen Körper lebt.[277] Schließlich wird ein Zustand wunschlosen Glücks erreicht, der mit Wohlgeruch, Wohlklang und einer attraktiven Erscheinung einhergeht, womit die erste Stufe des Yoga erreicht ist.[278]

Bemerkenswert an diesen abschließenden Versen ist die Einordnung der Phänomene und Äußerlichkeiten, die sich doch wieder auf die sinnliche Wahrnehmung beziehen, sowie die Einstufung des immensen Fortschritts als Beginn.

Die Unterweisungen des weisen Katha

Der als Verfasser dieser Upanishad geltende Heilige Katha war ein Schüler von Vaishampāyana. Dieser wiederum war Schüler des legendären Vyāsa, der das Epos Mahābhārata verfasst haben soll.

Die Katha-Upanishad wird auch Kāthaka-Upanishad genannt, was auf den Erzähl- und Mitteilungscharakter dieser Upanishad verweist, denn wörtlich übersetzt ist der Kāthaka ein Erzähler.

Geprägt ist die Katha-Upanishad durch das Gespräch zwischen Naciketas und dem Todesgott Yama. Naciketas äußert hintereinander drei Wünsche. Erstens: Er möchte, dass sein Vater Frieden findet und ihm, Naciketas, nicht mehr grollt. Dieser Wunsch wird umgehend erfüllt. Zweitens: Naciketas möchte Wissen über das Feuer erlangen. Auch dieser Wunsch wird ihm gewährt. Beim dritten Wunsch jedoch reagiert Yama zurückhaltend. Naciketas möchte von ihm wissen, was geschieht, wenn ein Mensch stirbt. Yama versucht, ihn mit alternativen Vorschlägen von dieser Frage abzubringen. Er empfiehlt Ruhm und Reichtum als Wunschobjekte. Doch Naciketas beharrt so lange auf seiner ursprünglich gestellten Frage, bis Yama einlenkt und ihn für seine Beharrlichkeit lobt: »Aber du, Naciketas, hast über die angenehmen und bezaubernden Freuden der Welt nachgedacht und sie aufgegeben. Ich habe sie dir angeboten, aber du hast dieses Meer des Reichtums abgelehnt, in dem so viele Menschen untergehen.« Bereits in den vorherigen Versen wird das Bessere (*shreyas*) dem Angenehmeren (*preyas*) gegenübergestellt und postuliert, dass jene den Sinn des Lebens verfehlen und sich töricht verhalten, die sich für das Preyas, das Angenehmere, entscheiden, was sich wiederum auf Reichtum bezieht.[279]

Schließlich offenbart Yama das Mysterium des Sterbens bzw. der Sterblichkeit, insbesondere durch Verheißungen: Wer das Brahman erkennt, wird nicht geboren und stirbt nicht, wenn der Körper stirbt (2.18); sterben und töten sind letztlich Irrtümer (2.19), aber Ātman ist subtiler als das Subtilste und größer als das Größte (2.20); Ātman ist das Beständige an allem Vergänglichen (2.22); diesen Ātman zu erkennen bedeutet, vom Tod befreit zu werden (3.15).

Jenes unendlich Farb- und Formlose, das den Menschen innewohnt, ist unsterblich, heißt es weiter, und eben darin liegt der Trost – auch wenn der Körper als Geformtes vergeht, existiert etwas, das ihn überdauert und das es zu erkennen gilt. Will man die Todesfurcht überwinden, gilt es, »das Dauerhafte nicht im Vergänglichen« (4.2) zu suchen.

Gezügelte Sinne und Wandlung – der Yoga, wie ihn Katha definiert

Nachdem im dritten Abschnitt bereits das Zügeln und Beherrschen der Sinne als Voraussetzung zum Erreichen des Ziels beschrieben worden ist und dies mit Pferden, die den Zügeln des Wagenlenkers folgen, verglichen wurde, wird im abschließenden sechsten Abschnitt wiederum auf die Sinne Bezug genommen. Hier geht es jedoch nicht mehr um das Zügeln der Sinne, sondern darum, dass die Sinne wie auch der Intellekt ruhen, die Gedanken und Gefühle still werden, was als höchster Zustand bezeichnet wird. Es geht um einen Zustand, den man Yoga nennt, es ist der Zustand vollkommener Selbstbeherrschung (6.11), der nicht mit Gleichgültigkeit verwechselt werden sollte.

Bei Deussen liest sich das so:

»Das ist es, was man nennt Yoga,
Der Sinne starke Fesselung,
Doch ist man nicht dabei lässig:
Yoga ist Schöpfung und Vergang.«

© Cornelia Kaufmann

Und er merkt dazu an, dass Lässigkeit (*pramāda*) eines der neun Hindernisse des Yoga ist. Schließlich versinkt die Welt im Yoga, doch dann entsteht eine neue Welt.

Bei dem Begriff Pramāda geht es im heutigen Sprachverständnis weniger um »Lässigkeit« als um Nachlässigkeit und Vernachlässigung im Sinne von Unbesonnenheit. Im Yoga-Sūtra 1.30 taucht der Begriff wiederum bei den Hindernissen auf, die der Entwicklung von Klarheit in unserem Geist entgegenwirken. T. K. V. Desikachar übersetzt ihn dort mit »fehlende Umsichtigkeit aufgrund von Hast« – so formuliert im Grunde das Gegenteil von Lässigkeit.

Wunschlos glücklich zu sein macht aus einem Sterblichen einen Unsterblichen (6.14 und 15), dieses Fazit steht am Ende der Upanishad des Katha und wurde so auch von Shvetāshvatara formuliert.

Die Unterweisungen des Lehrers Tittiri

Über Autor und Entstehungszeit der ebenfalls zum Schwarzen Yajurveda zählenden Taittirīya-Upanishad schreibt Feuerstein, dass diese zu den drei ältesten Upanishaden gehört und die darin enthaltenen esoterischen Unterweisungen auf den Begründer der Taittirīya-Schule zurückgehen. Klaus Mylius ordnet sie der Zeit vor Buddha zu; zumeist wird das 6. Jahrhundert v. Chr. als Entstehungszeit angegeben.

Der Name Tittiri bedeutet einerseits Rebhuhn und ist andererseits auch der Name eines Schlangendämons. Für sich genommen mag dieser letztgenannte Umstand ohne Bedeutung sein, doch gibt es am Ende der Taittirīya-Upanishad eine Stelle, die mit der Bezeichnung Schlangendämon dahingehend korrespondiert, dass Schlangen als Symbol für Fruchtbarkeit stehen.

In Vers 3 des 10. Abschnitts des 3. Kapitels werden die göttlichen Zeichen (*brahmans*) unter anderem als »Fortpflanzung, Unsterblichkeit, Freude in den Fortpflanzungsorganen, als alles im Raum«[280] beschrieben.

Dass hier das Wort Glückseligkeit (*ānanda*) für irdische Freuden verwendet wird, sprengt in der Tat den gewohnten Rahmen der Upanishaden. Doch zum »Ärgernis« (wie zum Beispiel für P. Deussen, vgl. S. 255) kann dies nur für jene werden, die in der Sexualität und Diesseitsbezogenheit ein Hindernis, nicht aber ein Werkzeug auf dem spirituellen Weg sehen.

Offenbar hat sich in dieser frühen Upanishad ein Element der Industalkultur manifestiert, in der Muttergottheiten und Symbole der Fruchtbarkeit eine große Rolle spielten und die vorherrschenden Ansichten nicht einer elitären Schicht vorbehalten, sondern jedermann zugänglich waren – zumindest lassen die zahlreichen Funde bildlicher Darstellungen dieser Epoche Letzteres vermuten: Frauen mit freiem Oberkörper, Phallusskulpturen, Abbildungen von Schlangen auf Siegeln.

Die in drei Kapitel gegliederte Taittirīya-Upanishad zeichnet sich insgesamt noch stark durch Opferkulte und die Unterwerfung unter die Macht der Götter aus. Jedes Kapitel beginnt mit einem von Furcht geprägten Gebet, dessen Fazit lautet: »Mögen die Götter uns gnädig sein!« Die Götter werden einzeln aufgeführt, und es wird festgelegt, wer der größte unter ihnen ist: Es ist Indra, der wichtigste Gott des vedischen Hinduismus, ein kriegerischer Gott, der die indoarischen Nomaden von Sieg zu Sieg führte und den Beinamen Purandara, »Zerstörer der Städte« trug.

An zweiter Stelle in der patriarchalisch geprägten vedischen Hierarchie stehen die Mittler zu den Göttern, die Priester, ehrwürdige Brahmanen, deren besonderer Status mehrfach festgehalten wird: »Mit OM gibt der Brahmanen-Priester seine Zustimmung.« (9.1) – »Du sollst den Brahmanen, die über uns stehen, einen Sitz anbieten.« (11.3) – »Im Zweifelsfall sollst du dich verhalten wie die Brahmanen dort.« (11.4)

Doch neben den Anknüpfungen an vedische Gebräuche, Werte und Vorstellungen finden wir in der Taittirīya-Upanishad die Ethik der Krieger und philosophische Aussagen zur Nahrung als Voraussetzung für Leben, als Mittel zum Lebenserhalt; und letztlich geht jedes Lebewesen mit dem Ableben in den Nahrungskreislauf ein und wird danach selbst zur Nahrung. Eine weitere Besonderheit ist die Darstellung der verschiedenen Körperhüllen (*koshas*), die auch in der gegenwärtigen Vermittlung des Yoga im Westen wieder eine wichtige Rolle spielen.

Der Begriff Yoga, wie er von Tittiri erstmalig in Schriftform verwendet wurde

Im zweiten Kapitel wird neben der Glückseligkeit Brahmans die Verkörperung des Selbst in Gestalt eines Menschen beschrieben, dessen Körperteilen ethische Prinzipien zugeordnet werden: dem Kopf Glauben (*shraddā*), der rechten Seite Recht (*rita*), der linken Seite Wahrheit (*satya*), dem Rumpf Yoga (im Sinne von Versenkung) und dem Unterleib Größe (*mahada*).

Der Begriff Versenkung wird in der Taittirīya-Upanishad stets in Verbindung mit dem Rumpf genannt. Zum Rumpf gehören aber das Herz, die Lungen und die Wirbelsäule, allesamt essenzielle und funktionelle Bestandteile, die in der Yogapraxis eine große Rolle spielen. Dies deutet auf ein Yogaverständnis hin, das über die rein symbolische Zuordnung des Begriffes Yoga hinausgeht.

Yoga im Sinne von Versenkung meint sowohl die Bewegungsrichtung von der Oberfläche in die Tiefe als auch etwas Andauerndes, etwas, das Zeit in Anspruch nimmt. Bemerkenswert sind die vier anderen Termini, die die Begriffe Yoga und Rumpf rahmen: Shraddā, Rita, Satya und Mahada. Hier ist bereits angelegt, was uns in der Shvetāshvatara Upanishad als sechsstufiger und in Patañjalis Yoga-Sūtra als achtstufiger Yogaweg begegnet.

Die Versenkung bzw. der Vorgang des Sichversenkens, der dem Rumpf des Menschen zugeordnet wird, entfaltet sich erst im Zusammenspiel mit (innerer) Größe, mit Rechtschaffenheit, Wahrhaftigkeit und Glauben (Vertrauen), die mit den anderen Körperregionen symbolisch verknüpft werden; zusammen bilden sie ein funktionales Ganzes.

Als Basis und Rahmen für jenen Yoga werden innere Werte und Verhaltensmaßstäbe genannt, die an die ersten beiden Stufen Yama und Niyama im Yoga-Sūtra des Patañjali erinnern. Und für das, was dort mit *īshvara pranidāna* und mit Shraddā beschrieben wird, verwendet auch Tittiri den Begriff Shraddā (Glauben).

Voller Vertrauen und mit dem Glauben an Wertvorstellungen begibt sich der Suchende in die Tiefe, indem er sich zurückzieht und auf das Selbst fokussiert.

TEIL 3

DIE WURZELN

Heiliger Baum mit Nāga-Steinen, Kanchipuram, Tamil Nadu

9
DIE WURZELN DES YOGA

Zu den faszinierendsten und aussagekräftigsten Funden der Hochkultur des In-
dustales (um 2800 v. Chr. – bis etwa 1800 v. Chr.) gehören Siegel aus Steatit
(Speckstein), auf denen sich neben Schriftzeichen, die noch nicht eindeutig und
vollständig gedeutet werden konnten, figürliche Darstellungen finden. Diese
Siegel werden von Archäologen und Anthropologen als »Yogi Seals« bezeichnet.
Sie zeigen auch mythologische Szenen, in denen es um Baumgottheiten, das
Bezwingen von aufgerichteten Tigern und um Prozessionen von geschmückten
Personen mit langem Haar geht.

Die Yogaliteratur der letzten Jahre und Jahrzehnte ist – bezogen auf diese
Funde – zumeist von vagen Spekulationen und umstrittenen Behauptungen geprägt, zum Beispiel, wenn es heißt, es handle sich um »... Täfelchen mit am
Boden hockenden Menschen (...), in welchen manche sitzende Yogis zu erkennen glauben«.[281] Dass die fortlaufenden Ausgrabungen und die Bewertungen
der Funde mittlerweile neue Rückschlüsse zulassen, wird dabei offensichtlich
übersehen. Überdies besteht allem Anschein nach eine gewisse Scheu vor einer
tiefer gehenden eigenen Auseinandersetzung mit dieser auch andere Wissens-
gebiete umfassenden Thematik.

Eine Ausnahme – und das schon vor etwa 45 Jahren – bildet allerdings Mircea Eliade, der sowohl im Schlusskapitel als auch in den Schlussfolgerungen seines Buches *Yoga – Unsterblichkeit und Freiheit*[282] auf das Augenscheinliche hin-
weist: »Insofern der Yoga eine Reaktion gegen Ritualismus und scholastische
Spekulation bedeutet, hat er an der urindischen Tradition teil und setzt sich dem
indogermanischen religiösen Erbe entgegen. Auf den Widerstand der orthodoxen, also der indogermanischen Tradition verpflichteten Kreise gegen die
verschiedenen Formen des Yoga hatten wir des Öfteren hinzuweisen, und das

Fehlen des Yoga-Komplexes bei den anderen indogermanischen Völkern be-
weist, dass diese Technik eine Schöpfung der asiatischen Erde, des indischen
Bodens ist. Wenn wir mit Recht die Ursprünge der yogischen Askese an die
frühgeschichtliche Indusreligion geknüpft haben, dann ist der Schluss erlaubt,
dass es sich hier um eine überall sonst verschwundene archaische Form mysti-
schen Erlebens handelt.«

Eliades weitreichende Feststellung verweist auf die beiden konträren Richtungen, die nach wie vor das Yogaverständnis und die damit verbundene Praxis
und Ausrichtung prägen. Allerdings ist insbesondere im Westen eine Rezeption beider Bereiche – also des vedischen, eher religiös-orthodox orientierten
Yogakonzepts einerseits beziehungsweise des eher unorthodoxen, rationalen und
tantrischen Yogakonzepts andererseits – zu beobachten.

Die persönliche Wahl des jeweiligen Bereichs orientiert sich zumeist an einer
primär physischen Komponente oder einem ganz allgemeinen, mitunter auch
diffusen Interesse an der spirituellen Dimension. In beiden Fällen fehlt es häufig
an Kenntnissen über Hintergründe und Zusammenhänge.

T. K. V. Desikachar schreibt in seinem Buch über das Leben und die Lehren
seines Vaters T. Krishnamacharya[283] davon, »dass mindestens tausend Jahre vor
der arischen Invasion eine hochentwickelte Kultur existiert hat«. Ihm zufolge
gibt es Anhaltspunkte, die darauf hindeuten, dass es im Industal »yogische Meisterschaft« gab und dass dort ursprünglich Shiva, auch als Mahāyogi bezeichnet,
und die Muttergöttin verehrt wurden.

Seit Eliades Feststellungen in *Yoga – Unsterblichkeit und Freiheit* sind mehr
als 45 Jahre vergangen, und auch die Äußerungen von Desikachar liegen einige Jahre zurück. Inzwischen ist eine Reihe von Wissenschaftlern[284] zu neuen
Erkenntnissen und Schlussfolgerungen gelangt, die auch Rückschlüsse auf die
ersten konkreten Anzeichen für Yoga in der Industalkultur zulassen.

Die Industalkultur

Wenn von der Indus- beziehungsweise von der Industal- oder neuerdings auch
Harappa-Kultur geschrieben oder gesprochen wird, beruhen die Angaben auf
achtzig Jahren Ausgrabungs- und Forschungsarbeit in einem Gebiet von der
Größe Westeuropas mit rund 1400 Siedlungen und mehreren Städten. Zwei

Karte mit den antiken Stätten des Industals:
Mehrgarh, Harappa und Mohenjo-Daro

Drittel der Fundstellen befinden sich auf dem Gebiet des heutigen Nordwest-
indiens, ein Drittel in Pakistan. Auf dem Gebiet des heutigen Pakistan liegen
auch die beiden bekannten bronzezeitlichen Metropolen Mohenjo-daro und
Harappa. Ähnlich große Orte sind Dholavira auf der Insel Kadir Beit im
Bundesstaat Gujarat, wo seit 1990 gegraben wird, Ganeriwala im Punjab, das im
Jahr 1970 entdeckt wurde, wo aber bislang keine Ausgrabungen stattfinden,
sowie Rakhigarhi im Bundesstaat Haryana, nordwestlich von Delhi gelegen, das
erst kürzlich entdeckt wurde. Auch dort finden noch keine systematischen Ausgrabungen statt.

Die bisherigen Funde bringen (neben Ägypten und Sumer) eine dritte Hochkultur zutage, deren auffälligste Leistungen eine fortgeschrittene Stadtplanung
und eine Bautechnik mit genormten Ziegelsteinen, ein ausgetüfteltes Wasser-
Leitsystem mit Kanalnetzen zur getrennten Ver- und Entsorgung, Straßennetze
mit Straßen, die Mittelstreifen aufweisen, eine raffinierte Schmuckherstellung
mit Karneolen und Glasperlen (zwei Jahrhunderte, bevor die Ägypter dieses
Material kannten) und nicht zuletzt auch ein friedliches Miteinander waren.
Auf Letzteres deuten das Fehlen von Waffenlagern und von Anzeichen bewaff-
neter Konflikte wie auch fehlende Darstellungen von Kriegern oder kriegerischen Handlungen hin. Jonathan Mark Kenoyer[285] beschreibt die Menschen des
Industals[286]

- als Baumeister, die planmäßig bauten und dabei genormte Ziegel von noch
  heute gebräuchlicher Größe verwendeten;
- als »Meister des Im- und Exports«, die mit Mesopotamien, Zentralasien und
  Afghanistan Güter- und Material austauschten;
- als Sesshafte, die keine Heere aufstellten und keine Eroberungen unternahmen (womit sie sich gravierend von der vedischen Kultur unterscheiden);
- als innovative Kunsthandwerker, die deckend glasiertes Geschirr fertigten
  und Schmuck aus Karneolperlen herstellten;
- als Landwirte, die Weizen, Gerste, Gemüse und Sesam anbauten und Rinder
  züchteten;
- als religiöse Pazifisten, die auf Tempel und Paläste verzichteten und ihre Toten
  ohne reiche Beigaben bestatteten.

T. K. V. Desikachar leitete aus diesen Indizien seine Vermutung ab, es könnte sich »um Gemeinschaften gehandelt haben, die nach yogischen Prinzipien organisiert waren.«[287]

Möglicherweise handelt es sich bei den von Archäologen der Harvard University in Harappa entdeckten Tonscherben um die ältesten bekannten Schriftzeichen weltweit. Die Symbole sind rund 5500 Jahre alt.[288] Es wird vermutet, dass es sich bei den Specksteintäfelchen mit Zahlen um die frühesten Beispiele einer Währung handelt. Auch dies unterstreicht nochmals die Tatsache, dass die Induskultur den anderen Hochkulturen Ägypten und Mesopotamien zumindest ebenbürtig war.

Die auf rund 5000 Steatit-Siegeln sowie Ton- und Faience-Täfelchen gefundenen Schriftzeichen deuten finnische Sprachforscher[289] als Vorläufer der Drawidersprachen, die heute noch in Südindien als Tamil, Telugu oder Kannada und im Norden als Brahui gesprochen werden. Auch der amerikanische Anthropologe Fairservis geht von einer Verwandtschaft zwischen der Symbolik der Harappa-Schrift und Frühformen der Drawidensprache aus.

Aktuelle Forschungen über die Ursprünge der Indus-Hochkultur[290] machen als ihren Ausgangspunkt das nördliche Belutschistan im westlichen Hochland Pakistans aus. Die frühesten Funde – steinzeitliche Gräber – werden auf das 7. Jahrtausend v. Chr. datiert.

Aus dem 5. Jahrtausend v. Chr. stammen sehr schöne Keramikfunde; die Fundstellen liegen im Süden Belutschistans. Die Archäologin Ute Franke-Vogt berichtet, dass im 4. Jahrtausend die Zahl der Siedlungen im Norden und Zentralbelutschistan beständig stieg. Sie stieß auch auf Schriftzeichen, die denen der Indus-Schrift entsprechen. Wie andere in diesem Bereich arbeitende Archäologen ist auch sie davon überzeugt, dass in Belutschistan die Grundlagen für die Urbanisierung im Industal geschaffen wurden. Offen ist, ob die sich entwickelnde Kultur, die soziale Komplexität und die territoriale Expansion eine prosperierende Wirtschaft mit sich brachten oder – umgekehrt – der Wirtschaftsboom für einen kulturgeschichtlichen Aufbruch sorgte, weil die Menschen jener Epoche »eine gewisse Sicherheit mit ihrer Umgebung und mit ihren Materialien

gewonnen« hatten und nicht mehr so unter dem Druck der Nahrungsbeschaf-
fung standen: »Sie konnten testen, was sonst noch möglich ist.«[291]

Für den Untergang der Industalkultur gibt es mehrere Deutungen. Lange Zeit
wurde als Hauptgrund der Einfall der Arier angenommen, was jedoch nur zum
Teil zutrifft, denn die Kultur war bereits vorher geschwächt oder gar zerstört. Als
eigentliche Ursachen des Niedergangs gelten inzwischen Umweltkatastrophen
wie Überschwemmungen, Bodenversalzung, tektonische Verschiebungen und
auch Trockenperioden.

Gleichwohl gibt es auch Anzeichen brutaler Gewaltanwendung. So wurden
allein in einem einzigen Raum der Unterstadt Mohenjo-daros Skelette von
dreizehn Erwachsenen und einem Kind gefunden. »Ihre Stellungen verraten
ein wildes, unbarmherziges Gemetzel. Zwei Schädel tragen Wunden, die ganz
nach Schwerthieben aussehen.«[292] Auch Sir Mortimer Wheeler beschreibt ver-
krümmte Skelette auf Treppen, in Gassen und am öffentlichen Brunnen, darunter auch viele von Kindern und Frauen, gefunden in der höchsten und damit
jüngsten Schicht der Stadt: »So wie sie gerade hinfielen, hat man sie ausgegra-
ben, mit gespreizten Gliedern oder verdrehten Körpern. Die Eroberer, die die
Stadt bestürmten, ließen die Toten liegen.«[293]

Diesen Befunden lassen sich Textstellen aus dem Rigveda zuordnen, die aus
der Perspektive der Eroberer und somit der potenziellen Täter das Geschehen
schildern. So beispielsweise in dem Rigveda II, 12 (»An Indra«), wo es in den
Versen 3 und 4 heißt: »Der die Schlange erschlug und damit die sieben Ströme
laufen ließ, der die Kühe heraustrieb, indem er das Felsverlies öffnete, der zwischen zwei Steinen das Feuer erzeugt hat, der Beutemacher in den Schlachten –
der, ihr Völker! ist Indra. Durch den alle diese gewaltigen Taten hier vollbracht
sind: der die Farbe der Fremdstämmigen hat versinken, verschwinden lassen,
der, nachdem er gewonnen, wie ein siegreicher Würfelspieler, sich den Einsatz
nahm: den Wohlstand des Fremden – der, ihr Völker! ist Indra.«[294]

Bemerkenswert ist, dass der Periode der hochentwickelten urbanen Induskultur mit einem ausgefeilten und bis heute nicht zweifelsfrei dechiffrierten
Schriftsystem eine schriftlose Zeit folgte, die zudem ohne nennenswerte archäologische Funde blieb.

Im Allgemeinen heißt es in Bezug auf die frühen Überlieferungen der Veden,
sie seien mündlich tradiert, wobei die Ursache für die orale Weitergabe in der
Regel nicht erwähnt wird: Analphabetentum.[295]

Vanamali Gunturu schreibt in seiner Einführung in den Hinduismus: »Die ›Indo-Arier‹ waren (…) Analphabeten. Nirgends in ihrem heiligen Rg Veda (Rigveda), dem ältesten religiösen Werk der Welt (…), das lange Zeit nur mündlich überliefert wurde, kommen Ausdrücke für die Schrift oder das Schreiben vor. Obendrein waren sie nicht fähig, Städte zu bauen oder die verlassenen Städte zu bewohnen …«[296]

Die mündliche Weitergabe komplexer heiliger Texte ist und bleibt eine faszinierende kulturelle Leistung, etwas, das seit der Zeit der Veden zum Hinduismus und zur indischen Kultur gehört und nach wie vor gepflegt wird. Doch der ursprüngliche Anlass war keine spezielle spirituelle oder rituelle Praxis, sondern das fehlende Schriftsystem.

Drawidisch oder arisch?
Zum Charakter und Ursprung der Industalkultur

In den meisten Abhandlungen über die Industalkultur gehen sowohl Archäologen als auch Anthropologen, Ethnologen, Historiker, Indologen und Sprachwissenschaftler davon aus, dass die Träger dieser Hochkultur mit mutterrechtlichen Strukturen mit großer Wahrscheinlichkeit Verwandte der Drawidas oder drawidische Stämme waren. Erst gegen 1500 v. Chr., als die Industalkultur sich aus klimatischen und geophysischen Gründen wie Flusslaufänderung, Hochwasser, Versalzung des Bodens und wegen teilweiser Überbevölkerung der städtischen Siedlungen destabilisierte, wanderten die hellhäutigen Hirtenkrieger, die sich selbst als Āryas (Sanskrit: edel geboren, ehrenhaft; Vokativ: Herr) bezeichneten, aus Zentralasien ein.

In jüngerer Zeit wird von einigen hinduistischen Gelehrten und amerikanischen Yogaforschern wie Georg Feuerstein und David Frawley behauptet, die patriarchalisch geprägte arisch-vedische Gesellschaft sei nicht eingewandert, sondern diese Hindus seien »schon immer seit unvordenklichen Zeiten die indigenen Kinder des Boden (gewesen).«

Dies formulierte bereits 1939 M. S. Golwakar, Leiter der paramilitärischen Organisation Rashtriya Svayamsevak Sangh (R. S. S.)[297] und hob dabei auch den identitätsstiftenden Sinn von Feindbildern hervor. Diese sogenannte *Indigenous Aryan Theory* wurde entweder, wie im Falle Golwakars, behauptet, ohne Argu-

mente vorzubringen, oder sie wurde und wird mit einer ebenso freien wie will-
kürlichen Interpretation des Rigveda begründet, unter Nichtachtung nahezu
aller vorliegenden wissenschaftlichen Erkenntnisse wie auch jener Passagen des
Rigveda, die das Gegenteil belegen.

Feuersteins Standpunkt in dieser Sache ist im übrigen keineswegs eine Sicht,
zu der er erst in neuerer Zeit gelangt ist, wie er behauptet.[298] Denn schon 1969
bezog er sich in seinem Buch *Yoga – sein Wesen und Werden*[299] auf den Indologen
und überzeugten Nationalsozialisten J. W. Hauer, der stets im Sinne der Nazi-
diktatur argumentierte bzw. entsprechende Quellen in diesem Sinne interpre-
tierte.[300]

Selbst wenn die von J. W. Hauer bereits in den dreißiger Jahren des 20. Jahrhunderts dargelegte Sicht von David Frawley, Georg Feuerstein und Subash Kak
siebzig Jahre später erneut aufgegriffen und erweitert wird[301] und dies als »revo-
lutionär« und die sich auf den Rigveda stützende Interpretation der indischen
Frühgeschichte als »evident« bezeichnet wird, so ist doch in Wirklichkeit eher
das Gegenteil festzustellen: Es handelt sich offensichtlich um eine Sichtweise, die
auf einer dünnen Faktenlage beruht. Bergunder weist in diesem Zusammenhang
auch darauf hin, dass die Autoren dieser eher polemischen und auch leiden-
schaftlich vorgetragenen Frühgeschichtsdeutungen über keinerlei Fachkompe-
tenz verfügen, da sie von ihrer Profession her aus den Bereichen Philosophie,
Mathematik und Informatik kommen.

Letztlich geht es in dieser Auseinandersetzung um die indische Prähistorie als
identitätsstiftendes Ereignis. Erst als sich herauskristallisierte, dass es sich bei der
Induszivilisation um eine weit entwickelte Hochkultur handelte, wurde die bis
dahin unstrittige Invasion der Arier von nationalistisch gesinnten Kreisen in
Zweifel gezogen. Gegen die Annahme, dass die Arier im Industal beheimatet
bzw. mit den Trägern der Induskultur identisch waren, sprechen die folgenden
Gründe:

- *Die Ausbreitung der Induskultur* und ihrer Vorstufen von den Hügeln des ira-
  nisch-afghanischen Piedmonts über die Indusebene hin, also nicht in der öst-
  lichen Indusebene entlang des ausgetrockneten Flusses Ghagghar-Hakra-
  Sarsuti (mythologisch mit dem Fluss Sarasvati des Rigveda gleichgesetzt);
- *Die Befunde in Bezug auf die Sprache*, wonach Sprecher des Indoarischen um
  die Mitte des 2. Jahrtausends v. Chr. zunächst ins nördliche Mesopotamien
  und wenig später nach Nordindien gelangten.[302] Führende Indusschriftfor-
  scher[303] haben dargelegt, dass es sich bei den auf Siegeln vorgefundenen

Schriftzeichen um eine drawidische Sprache handelt, wie sie bis heute vorwiegend in Südindien, aber auch als Brahui im nordwestlich des Indus gelegenen Belutschistan gesprochen wird, wo nach neuesten Erkenntnissen die Vorläuferkultur angesiedelt war.[304] Im gleichen Sinne argumentiert Klaus Mylius.[305] Er schreibt, dass die eindringenden Arier auf von Alt-Drawiden und austroasiatischen Mundas besiedeltes Land stießen, und verweist auf die zahlreichen Veröffentlichungen zur Indusschrift des Scandinavian Institute of Asian Studies in Kopenhagen, wo zur Schriftentschlüsselung auch elektronischen Datenverarbeitung herangezogen wurde.[306]

- *Belege, die fehlen*, die jedoch in großer Anzahl in Form von Abbildungen und plastischen Darstellungen vertreten sein müssten, wenn die Induskultur von der Kultur der Sanskrit sprechenden Arya-Nomaden geprägt gewesen wäre; zum Beispiel Siegel und/oder Skulpturen von Pferden und/oder Streitwagen sowie Waffen. Müsste das, was die vedische bzw. »indogermanische« Kultur maßgeblich ausmachte, nicht häufiger dargestellt sein? Warum finden sich auf vielen Siegeln des Industals die im Rigveda so geschmähten Schlangen, aber nirgendwo Pferde?

- *Die Präsenz von Muttergottheiten* und Wertschätzung des Weiblichen, die der Ethik der Arier entgegensteht, wie Ernest Bornemann in *Das Patriarchat*[307] ausführt: »Alle ›indogermanischen‹ Kulturen beruhen auf einem militärischen Eroberungsfeldzug, gefolgt von einer weitgehenden Akkulturation, in der nach erfolgter Sesshaftigkeit mehr von der Kultur der Eroberten als von der eigenen übrig blieb. (…) Der größte Teil dieser Völker bestand aus Wanderhirten, die vaterrechtlich organisiert waren. (…) Wir dürfen uns diese Stämme weder als Siedler noch als organisierte Heerhaufen vorstellen, sondern müssen eher an Horden beutesuchender Männer denken, die oft ohne Frauen ihres eigenen Stammes, anfangs zu Fuß, später zu Pferde (…) nach den Überschüssen der Hochkulturen und des sich entwickelnden Ackerbaus fahndeten. Ihr Ziel war Vieh, Frauen, Sklaven.«

- *Eine Fülle von Versen des Rigveda* selbst, in denen von den Dasa, Dasiern oder Panja (»Feinde«, »Nicht-Arier«, »Barbaren«, »Sklaven«, »fremde Teufel«) sowie vom Erschlagen der Schlange[308] und vom Heraustreiben der Kühe[309] die Rede ist.

- Der politisch motivierte, hindu-nationalistische Hintergrund der Vertreter der Indigenität der Arier. Michael Bergunder und Rahul Peter Das beschreiben die zugespitzte Situation ab den achtziger Jahren: »Die Behauptung einer vollständigen Indigenität der Ursprünge des – gemäß gewissen Schablonen definierten – Hinduismus wird insbesondere instrumentalisiert, um Islam und Christentum als ein fremdes Gegenüber und Feindbild zu konstruieren. Von daher gibt es einen direkten Zusammenhang zwischen der Bestreitung der arischen Einwanderungsthese und der kommunalistischen Propaganda des Hindu-Nationalismus.«[310]

Bei den vor Ort arbeitenden Archäologen oder den Sprachforschern ist ein vergleichbarer Hintergrund für die von ihnen vertretenen Positionen und Forschungsergebnisse nicht zu erkennen bzw. nicht vorhanden. Wenn Stuart Piggott[311] schreibt: »Vielleicht verdankt die frühgeschichtliche indische Gesellschaft sogar Harappa mehr als den Sanskrit sprechenden Eroberern«, teile ich diese Vermutung nicht nur, sondern sehe es unter dem aktuellen Stand der Erkenntnisse als eine Tatsache. Dies gilt besonders für Yoga, insofern als dieser von Regeln[312] wie Gewaltlosigkeit[313] und Zufriedenheit[314] geprägt ist, von Haltungen (*āsana*) und Konzentration[315], von Meditation[316] und Eins-Sein[317].

Hinweise auf Yoga in der Industalkultur – Siegel

Siegelähnliche Gebilde sind bereits seit dem 7. Jahrtausend v. Chr. aus Jericho und Catal Hüyük überliefert. Sie dienten vor allem der Markierung von Eigentum und dem Versiegeln von Behältnissen. Oft handelt es sich um kleine Kunstwerke, die Rückschlüsse auf das soziale Gefüge, auf die Religion und Kultur zulassen. Die Kunst des Siegelschneidens wird auch als Glyptik[318] bezeichnet. Zumeist wurden Figuren, Symbole, Inschriften oder figürliche Szenen in verschiedene Materialien eingraviert.

Die Indussiegel sind überwiegend quadratisch, meistens zwischen 2 x 2 cm und 3 x 3 cm, mitunter auch 5 x 5 cm groß und aus Steatit (Speckstein). Oben befindet sich in der Regel eine Zeile mit einigen Schriftzeichen, darunter ein Tier (Elefant, Büffel, Tiger, Krokodil), seltener eine Figurengruppe und vereinzelt ein Mensch in einer »Yogaposition«.

Siegel-Beispiel I

Das bekannteste Siegel, auf das im Zusammenhang mit Yoga immer wieder Bezug genommen wird, zeigt eine Figur mit einer Hörner- bzw. Büffelhornkrone, die als Pashupati- (Herr der Tiere) oder Proto-Shiva bezeichnet wird. Sie »sitzt« auf einem Podest in *Mūlabandhāsana* (nicht *Padmāsana*, wie häufig zu hören und zu lesen ist!) und ist von einem Elefanten (sich abwendend), einem Tiger, einem Rhinozeros und einem Büffel – alle der Figur zugewandt – umgeben.

Welche Bedeutung hat das anspruchsvolle Mūlabandhāsana? Der Begriff setzt sich aus *Mūla* (Wurzel, Grundlage, Ursprung) und *Bandha* (Fessel, Bindung, Stellung) zusammen. Es ist ein Āsana, das bei Männern auf die Prostata und das *Mūlabandhacakra* wirkt und der Sublimierung der sexuellen Energie dienlich ist. Es ist energieerhaltend und fördert die Gedankenkontrolle.

Pashupati ist in vedischer Zeit noch der Schützer der Wildtiere des Dschungels. In historischer Zeit wird er zum Herrn domestizierter Rinder. Er verbindet den Glauben der Harappaner und den Hinduismus des späteren Indien. Zu dieser Deutung als Pashupati kommt durch die besondere Sitzhaltung der Aspekt des Mahāyogi hinzu, weshalb er häufig als Proto-Shiva bezeichnet wird.

Auf die abgebildete Sitzhaltung nimmt T. K. V. Desikachar[319] Bezug. Er zieht das Fazit: »Es kann sich um keine rein zufällige Ähnlichkeit der beiden Haltungen handeln: Der auf den Siegeln dargestellte Shiva (…) demonstriert yogische Meisterschaft.«

© ExoticIndia.com

© Jordi Cubells Biela/Fotolia

Maurice Daubard in Mūlabandhāsana

Sollte es sich bei der auf dem Siegel abgebildeten Haltung tatsächlich um eine Variante von Mūlabandhāsana handeln (denkbar wäre auch eine Variation von *Bhadrāsana*), weist das auf die Existenz einer fortgeschrittenen Yogapraxis in der Industalkultur hin, denn das Einnehmen dieser Position setzt eine langjährige Übung, wenn nicht gar Meisterschaft voraus. Die Begleitumstände wie das halbhohe Podest oder die mit Armreifen geschmückten Arme mit den Händen leicht oberhalb der Knie verstärken den Eindruck einer vollendeten meditativen Yogahaltung.

Siegel-Beispiel II

Auf einem zweiten Steatitsiegel[320] aus Mohenjo-Daro ist eine auf einem Podest in Mūlabandhāsana sitzende Figur abgebildet. Auf dieser Darstellung fehlen allerdings die Tiere. Auch bei diesem »Yogi« sind beide Arme mit Armreifen geschmückt (siehe Abb. S. 283, oben)

Siegel-Beispiel III

Weitere Fayence-Siegel aus Harappa und Mohenjo-daro[321] bilden wiederum eine auf einem Podest in »Yogihaltung« sitzende Gestalt ab. Das Besondere bei diesen Siegeln sind zwei aufrecht stehende Schlangen (*nāgas*), die den »Yogi« flankieren – gerade im Kontext der Bedeutung der Kundalini und des Kundalini-Yoga ein erstaunlicher Umstand.

Siegel-Beispiel IV

Auf einem 1997[322] in Harappa gefundenen schmalen Täfelchen ist links eine gegen einen Stier kämpfende Person zu sehen, rechts daneben wiederum ein Yogi in Mūlabandhāsana, hier jedoch ohne Podest (siehe Abb. S. 283, unten). Auf der Rückseite desselben Täfelchens steht oberhalb eines Elefanten eine weibliche Figur zwischen zwei aufrecht stehenden Tigern, darüber ist ein Rad mit sechs Speichen zu sehen.

Siegel-Beispiel V

Ein als »Amulett« bezeichnetes Täfelchen (Fundbereich Trench 11 in Harappa), das auf vier Seiten mit unterschiedlichen Motiven gestaltet wurde, zeigt auf einer horizontal ausgerichteten Seite sowohl eine Figur in Mūlabandhāsana, deren Hände jedoch nicht auf den Knien ruhen, sondern − quasi balancierend −

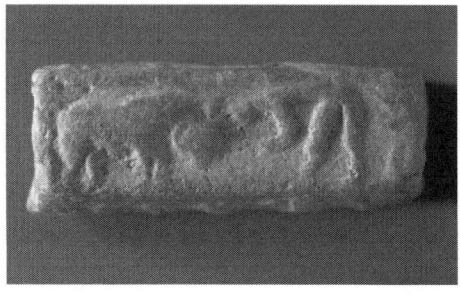

mehr zur Seite weisen. Rechts daneben, ebenfalls auf einem Podest oder Hocker, ist eine zweite Figur, deren linkes Bein über das rechte Bein geschlagen
wurde, während sich der Oberkörper mit zur Seite gestreckten Armen nach
links (zum Betrachter) dreht – eine klassische Drehhaltung! (Siehe Abb. S. 284,
rechts oben)

Siegel-Beispiel VI

Laut Katalogtext zur Ausstellung »Vergessene Städte am Indus – Frühe Kulturen
in Pakistan vom 8.–2. Jahrtausend« zeigt ein in Mehrgarh gefundenes und auf ca.
2600 v. Chr. datiertes Steatitsiegel im Format 6 x 6 cm »fünf stilisierte, sitzende
Figuren. Die vier kleineren von ihnen sind um eine größere, deren Arme erho-
ben sind, herum angeordnet.«

Die Haltung der Figuren in dieser abstrahierten Form sieht weniger nach einem
wie auch immer eingenommenen Sitz aus als vielmehr nach einem Kniestand,
der gerade durch die Anordnung der zentralen größeren Figur mit der sogenannten Kerzenleuchterarmhaltung an Bedeutung gewinnt. Könnte es sein, dass
wir es mit der Darstellung eines Yogalehrers mit vier Schülern oder Schülerinnen zu tun haben? Zumindest ist dies ein mögliches Sujet, eine Deutung, die
gerade im Kontext der anderen Siegel wie auch einiger Plastiken Sinn macht.

Da all diese Szenen in Stein geschnitten wurden, können wir davon ausgehen,
dass sie bedeutsam, also keine rein zufällige festgehaltenen Szenen sind. Aus
demselben Grund ist es unwahrscheinlich, dass vorbeiziehende Gaukler oder
künstlerische Augenblicksimpressionen als Motiv gewählt wurden.

Hinweise auf Yoga – Plastiken

Die figürlichen Plastiken nehmen als Ausdruck der Kunstfertigkeit der Industalkultur einen besonderen Stellenwert ein, da sich aus dem Dargestellten wie auch
aus der Häufigkeit bestimmter Motive ableiten lässt, wovon diese Kultur geprägt
war, womit sich die Menschen beschäftigten, welchen Dingen und/oder Lebewesen sie Wert beimaßen.

Plastik-Beispiel I

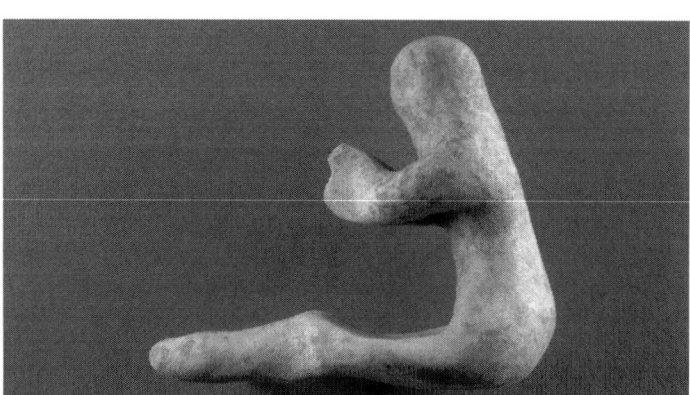

Eine der bemerkenswertesten in Harappa gefundenen Figuren ist ein im Lang-
sitz bzw. in der Stockhaltung (*dandāsana*) sitzender Mann mit vor der Brust
zusammengelegten Handflächen (*namasté-mudrā*) in einem dezenten Ansatz
einer Vorbeuge. Was auffällt, ist die aufrechte Haltung mit einem bemerkenswert
geraden Rücken bei einem gleichzeitigen Ausdruck von Andacht und Hingabe.

Plastik-Beispiel II

Eine weitere Figur zeigt einen Mann in einer ausgeprägten Standhaltung (*tadāsana, sama sthiti*). Die Figur steht weder lässig noch auf etwas anderes, Äußeres
reagierend, sondern achtsam und zugleich ganz bei sich. Auf mich wirkt es wie
eine Ausgangshaltung, wie etwa die erste Position beim Sonnengruß (*sūrya
namaskar*) oder einer anderen Serie (siehe Abb. S. 287, links).

Plastik-Beispiel III

Ebenfalls in einer Standhaltung ist eine Frau dargestellt (siehe Abb. rechts).
Zweifellos handelt es sich um eine Andachtshaltung, die Besinnung und – durch
die Haltung der Hände im Gruß- und Respekt-Mudrā Namasté bzw. Añjali –
einen Zustand des Bei-sich-Seins ausdrückt.

Gewiss ist dies keine explizit yogische Position, doch ist es eine Standhaltung, wie sie auch im Hatha-Yoga als Āsana oder als Teil einer *Kārana* genannten
Übungsfolge geübt wird.

Plastik-Beispiel IV

Auf das 3. Jahrtausend v. Chr. mit Fundort Mohenjo-daro wird eine Skulptur
datiert, die eine Figur im Fersen- bzw. Diamantsitz zeigt. Zu sehen war diese
Plastik in der TV-Dokumentation »An den Ufern des Indus«, in der es auch um
die Besonderheiten der Industalkultur ging. Die geäußerten Spekulationen
waren zwar wenig fundiert und eher im Bereich wohlklingender Mythologie

angesiedelt, dennoch überzeugt die Miniskulptur als Beispiel für eine unserem heutigen Verständnis von Yoga verwandte Übungspraxis mit einem deutlich erkennbaren meditativen Charakter, der auch einer ähnlichen, auf 2500 v. Chr. datierten Terrakottafigur (siehe unten) eigen ist.

Plastik-Beispiel V

Auf der Website www.Harappa.com findet sich in der Bildunterschrift zu einem Foto von einer männlichen Terrakottafigur der Hinweis, dass einige männliche Figuren ungewöhnliche Haltungen zeigen. Dazu gehört auch jene Figur, die ein Bein nach vorn und das andere nach hinten ausstreckt, was der Haltung *Hanumānāsana*[323] entspricht. Zudem wird im Erklärungstext darauf hingewiesen, dass einige dieser männlichen Figuren mit einem einfachen Haarband am Kopf versehen sind.

Für sich genommen ist diese Spagat-Haltung nicht sonderlich bedeutsam in Bezug auf Yoga – die Figur könnte einen Akrobaten im Männerspagat darstellen. Aber durch die Verbindung von besonderer Haltung und Andachtsposen bei einigen Figuren sowie dem Fehlen von Kleidung oder Schmuckelementen und dem expliziten Hinweis auf das schlichte Stirnband ist auch hier der Gedanke an ein Āsana bzw. eine dem Yoga verwandte oder gar identische Übungspraxis nicht von der Hand zu weisen.

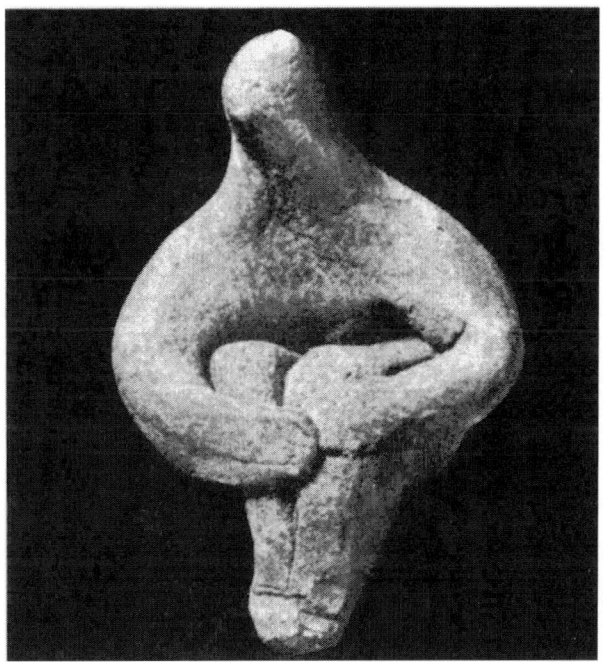

Plastik-Beispiel VI

In *Die Welt des Tantra*[324] ist eine Steinskulptur abgebildet (siehe Abb. oben), die eine dezente, rückengerechte Vorbeuge aus dem Sitz heraus (*patchimottanāsana*) mit unterhalb der Knie aufgelegten Händen zeigt (wobei die Arme nach außen abgewinkelt wurden). Laut Mookerjee und Khanna ist »dieser Typus einer Terrakotta-Figur (…) das älteste Beispiel eines Āsana; Punjab, ca. 3000 v. Chr., Terrakotta.« Wenn wir von der klassischen Definition für Āsana ausgehen, wie sie bei Patañjali vermerkt ist, dann ist es ganz sicher eine Haltung im eigentlichen Sinn dieses Wortes. Inwiefern diese von Sthirasukha geprägt ist, also von Stabilität und Leichtigkeit in einem, liegt im Auge des Betrachters.

Plastik-Beispiel VII

Diese bemerkenswerte weibliche Terrakotta-Figur mit einer Höhe von 10,9 cm wurde in Harappa gefunden und auf die Zeit 2300 bis 2200 v. Chr. datiert. Die Arme und das rechte Fußgelenk sind mit Bändern und/oder Spangen geschmückt, die rechte Hand befindet sich direkt an der Nase, wie bei der Wechselatmung (z. B. bei Anuloma-Viloma). Der linke Arm ist angebeugt, und die linke Hand ruht im Bereich des Herzens. Man könnte dies als eine erste Darstellung einer Prāṇāyāma-Praxis ansehen.

Sonstige Indizien

Neben den Yogi- beziehungsweise Āsana-Darstellungen auf Steatitsiegeln und den Formen der Terrakottafiguren gibt es eine Reihe von Aspekten, die im hier behandelten Kontext bemerkenswert sind:

- die häufige Darstellung von Tieren sowohl auf Siegeln als auch als Skulpturen und die spätere Verwendung von Tierbezeichnungen für die Namen von Āsanas;
- die plastische Darstellung eines Ochsen- oder Wasserbüffelgespanns mit ei-

nem Joch, das die beiden Büffel mit dem zweirädrigen Wagen verbindet, und die Ableitung des Begriffs »Yoga« von dem Sanskritbegiff *yuj*, was für »anspannen, anschirren, in Gang setzen« steht;

• eine offensichtliche Wertschätzung von Schlangen und ihre symbolische Bedeutung als Kundalini im tantrischen Yoga wie auch in dem danach benannten Kundalini-Yoga.

Fazit und Resümee

Auch wenn es nach bisherigen Erkenntnissen einen Begriff, der der Wortbedeutung des Yoga entspräche, zur Zeit der Induskultur nicht gab, deutet doch eine Reihe von Funden und Umständen darauf hin, dass wesentliche Elemente wie spezifische Körperhaltungen (Āsanas), Rituale der Verehrung, aber auch bedeutungsvolle Symbole wie Schlange, Swastika, Lotosblüte, Baum eine herausragende Rolle spielten. Auf die Bedeutsamkeit des Dargestellten verweisen das verwendete Material (Steatit, Terrakotta), die Verwendung als Siegel und die Häufigkeit der Sujets.

Bemerkenswert ist die Tatsache, dass jene einflussreichen und stilbildenden Yogameister, die das Yogaverständnis des 20. und 21. Jahrhunderts prägen, auf drawidischem (überwiegend südindischem) Boden lebten bzw. leben (T. Krishnamacharya, T. K. V. Desikachar, B. K. S. Iyengar, K. P. Jois, Aurobindo Ghose) oder von dort stammten (Bhagavan Nityananda, dessen bekanntester Schüler Muktananda war, und Swami Sivananda Sarasvati).

Eindeutige Beweise für eine auch so bezeichnete Yogapraxis in der Industalkultur in dem Sinne, wie wir heute Yoga verstehen und interpretieren, wird es wohl nie geben, denn es müssten Schriftstücke mit eindeutig entzifferbaren Zeichen existieren, die gleich dem Yoga-Sūtra oder der Hatha-Yoga-Pradīpikā Yoga definieren und Richtlinien beschreiben. Die Entdeckung solcher Schriftstücke ist nicht zu erwarten, wenn auch nicht gänzlich auszuschließen, da an der Entzifferung der Indusschrift seit Jahrzehnten geforscht wird und zahlreiche Orte dieser Kultur noch auf ihre Ausgrabung und die Erschließung der Fundstücke warten.

Wer jedoch seinen Sinnen, seinem Verstand und empirischen Werten traut, wird im vorliegenden Fundus der Industalkultur eine Fülle von Analogien und

Hinweisen finden, die die Schlussfolgerung zulassen, dass bereits vor rund 5000 Jahren Haltungen (Āsanas) eingenommen wurden, die auf regelmäßiges und diszipliniertes Üben deuten, und ebenso auf eine geistige Ausrichtung, die mit Dhyāna, mit dem Sublimieren von Energie, mit Selbstbeherrschung und einer inneren Ausrichtung zu tun hatte.

★ ★ ★

Am Ende dieser Zeitreise bleibt mir zu hoffen, dass deren Verlauf und Inhalte Sie, liebe Leserin, lieber Leser, ebenso beeindruckt und inspiriert haben, wie sie mich an vielen Stellen der Recherche und des Schreibens beeindruckt haben. Ich wünsche mir, dass die gewonnenen Erkenntnisse Sie dazu anregen, Yoga in Ihren Alltag zu integrieren oder sich mit einzelnen Punkten und Aspekten intensiver auseinanderzusetzen und – letztlich – sich innerlich bereichern zu lassen: zum Wohle einer friedlichen Welt, zum Wohle eines friedlichen Miteinanders und zum Wohle des inneren Friedens.

Sarvesham Shantir Bhavantu – Möge allen Frieden beschieden sein!

ANHANG

YOGAZEITSCHRIFTEN

- Heft 1 des Magazins *Yoga Aktuell*, das alle zwei Monate erscheint, kam im April 2000 heraus. Die Auflage beträgt momentan 15 000 Exemplare, es ist inzwischen auch an den meisten Kiosken und in den Zeitschriftenabteilungen der Warenhäuser zu finden. Das Spektrum erfasst nahezu alle Yogabereiche sowie die Peripherie (Buddhismus, Satsang, Hinduismus, verschiedene Meditationsformen, gesunde Ernährung).

- Das Schweizer *Yoga Journal* gibt es seit 1997. Es erscheint alle sechs Monate und wird vom Yoga Journal Verlag Villeret herausgegeben, zu dem auch die Yoga Bibliothek Villeret gehört. Verantwortlicher Redakteur ist Reto H. Zbinden.

- Die Vierteljahreszeitschrift *Yoga und ganzheitliche Gesundheit* wurde 1996 gegründet. Der Umfang jeder Ausgabe beträgt 24 Seiten. Bei einem Großteil der Artikel handelt es sich um Erstübersetzungen aus einer englischsprachigen Monatsschrift, die im 48. Jahrgang von »The Yoga Institute« in Bombay herausgegeben wird. Das heißt, im Mittelpunkt steht stets die Person und Tradition von Sri Yogendra (1897–1989), der 1918 das Yoga Institute in Versova bei Bombay gründete. Beides, Institut und Zeitschrift, wird nunmehr von seinem Sohn Dr. Jayadeva Yogendra fortgesetzt.

- Seit 1991 erscheint in den USA jeden zweiten Monat das Magazin *Yoga International*. Es wird vom Himalayan International Institute (HII) herausgegeben, das in der Tradition des Institutsgründers Swami Rama steht. Die Auflage beträgt etwa 24 000 Exemplare.

- Die Zeitschrift *Deutsches Yoga-Forum* wird seit 1980 zweimonatlich vom Berufsverband der Yogalehrenden in Deutschland (BDY) herausgegeben. Die Auflage beträgt 4400 Exemplare; davon werden etwa 2500 Hefte von Mitgliedern des Verbandes bezogen, der Rest wird im Abonnement vertrieben. Bis zum Jahr 2000 war der Inhalt stark von Verbandsinterna, Seminarprotokollen und Jubiläen sowie längeren Abhandlungen zu einem Thema geprägt, in den letzten Jahren hat sich das *Yoga-*

Forum zu einer Fachzeitschrift für Yogalehrende verändert, zu einer Plattform für verschiedene Traditionen, mit einem wissenschaftlichen und selbstkritischen Ansatz. Den Vorläufer dieser Zeitschrift, *Yoga und unsere Welt*, gab es seit 1974; das Erscheinen wurde 1978 eingestellt.

- Das US-amerikanische, in Berkeley, Kalifornien, erscheinende *Yoga Journal* gibt es seit 1975, die Auflage liegt derzeit bei 93 000. Das Journal erscheint jeden zweiten Monat (siehe auch www.yogajournal.com). Profil und Inhalte sind sehr offen gehalten, Beiträge haben teilweise nur entfernt mit Yoga zu tun; oft werden Personen und Einrichtungen vorgestellt oder in den Mittelpunkt gerückt, die durch eine Vielzahl von Anzeigen präsent sind. Kommerzielle Anzeigen und aufwendig gestaltete Werbung für Seminare, Workshops und Kongresse machen etwa ein Drittel, mitunter auch mehr als die Hälfte des 150 bis 220 Seiten umfassenden Journals aus.

- 1975 ist das Gründungsjahr der Zeitschrift *Yoga and Health*, die monatlich in einer Auflage von 15 000 Exemplaren in Großbritannien erscheint. Bis 1988 erschien sie unter dem Titel *Yoga Today*.

- Das einmal im Quartal erscheinende *Integral Yoga* ist eine Publikation des Satchidananda Ashram Yogaville in Buckingham (Virginia). Das Gründungsjahr war 1969, die Auflage beträgt derzeit 800 Exemplare.

- 1966 entstand aus der seit 1964 publizierten Loseblattsammlung »Mitteilungen des DYI« (DYI = Deutsches Yoga-Institut) die Zeitschrift *Yoga im Westen*. Sie wurde von O. A. Isbert herausgegeben und korrigiert.

- Bereits seit 1962 erscheint monatlich der *International Yoga Guide*; die Auflage liegt momentan bei 2500 Exemplaren. Dieses Magazin wird von der Yoga Research Foundation herausgegeben, die ihren Sitz in Miami hat (www.yrf.org). Gründer und Ācārya[325] ist Swami Jyotirmayananda (geb. 1931), seinerseits Schüler von Swami Sivananda. Neben dem Ashram in Miami gründete Swami Jyotirmayananda ein Zentrum für Yoga und Vedanta in Loni bei New Delhi.

- Die Zeitschrift *Yoga Life* gibt es seit 1961. Sie wird vom Sivananda Yoga Vedanta Centre London herausgegeben, die Auflage beträgt zur Zeit 40 000. *Yoga Life* ist ganz den beiden Gurus Swami Sivananda und Vishnu-devananda verpflichtet; Yoga wird im Wesentlichen mit Neo-Hindusimus verbunden und bezieht sich stets auf das Yogaverständnis der beiden Gründer.

- Die erste Yoga-Zeitschrift in Deutschland erschien 1931 mit einer einzigen Ausgabe, sie hieß *Yoga – Internationale Zeitschrift für wissenschaftliche Yoga-Forschung*. Ihr Erscheinen wurde wegen des plötzlichen Todes des Herausgebers H. Palmié eingestellt.

Yoga praktizierende Prominente

- Abdul-Jabar, Kareem (am. Basketball-Star, L. A. Lakers) – Quelle: Feuerstein, Payne, *Yoga für Dummies*, 1999.
- Aniston, Jennifer (am. Schauspielerin) – Quelle: viviano.de, Yahoo-News, Yoga-Video.
- Atzorn, Robert (dt. TV-Schauspieler, unter anderem in »Unser Lehrer Doktor Specht«) – Quelle: *Journal für die Frau* 2/2002.
- Barrymore, Drew (am. Schauspielerin) – Quelle: *Cosmopolitan* 2/1998.
- Bauer, Ralf (dt. Schauspieler) – Quelle: DVD »Yoga mit Ralf Bauer«.
- Brook, Peter (brit. Regisseur) – Quelle: yogajournal.com, Juli/August 1999.
- Busse, Jochen (dt. Kabarettist) – Quelle: *Cosmopolitan* 2/1998.
- Cage, Nicolas (am. Schauspieler) – Quelle: yogajournal.com, Juli/August 1999.
- Craw, Sheryl (am. Musikerin) – Quelle: *Yoga Journal* 2000.
- Crawford, Cindy (am. Model & Schauspielerin) – Quelle: *TV-Spielfilm* 8/1997.
- Curtis, Allegra (dt.-am. Schauspielerin, Tochter von Toni Curtis und Christine Kaufmann) – Quelle: *Weserkurier Bremen* 1.7.2002.
- Dafoe, William (am. Schauspieler) – Quelle: *Yoga Journal*.
- Dehmelt, Hans (dt. Nobelpreisträger für Physik) – Quelle: »Autobiography« auf www.Nobelprize.org.
- Duchovny, David (am. Schauspieler, unter anderem »Akte X«) – Quelle: yogajournal.com Juli/August 1999.
- Elsner, Hannelore (dt. Schauspielerin) – Quelle: PRISMA-Interview 1996, *Rheinische Post* 9.11.1999.
- Fiennes, Ralph (brit. Schauspieler) – Quelle: *LEO* 14.2.2001.
- Fonda, Jane (am. Schauspielerin) – Quelle: Video »Jane Fondas Yoga-Programm«.
- Fromm, Erich (dt. Psychoanalytiker, Sozialphilosoph) – Quelle: persönlicher Brief von Rainer Funk, Herausgeber der Fromm-Gesamtausgabe.
- Furtwängler, Maria (dt. Schauspielerin) – Quelle: *Spiegel special* »Bewegung ist alles« 2006.

- Gabriel, Peter (brit. Musiker) – Quelle: Liz Lark, *Yoga*, Tibia Press 2003.
- Garbo, Greta (dt. Schauspielerin) – Quelle: Beate Cuson, *Bodyforming durch Yoga*, 2004.
- Glass, Philipp (am. Komponist, Musiker) – Quelle: persönliche Auskunft von Cyndi Lee, Yogalehrerin und Leiterin des OM-Yoga-Studios New York.
- Graham, Heather (am. Schauspielerin) – Quelle: *Prinz* 5/1998.
- Graf, Steffi (dt. Tennis-Profi) – Quelle: *Cosmopolitan* 2/1998.
- Growtowski, Jerzy (poln. Theaterregisseur und -reformer, Kunsttheoretiker) – Quelle: yogajournal.com Juli/August 1999.
- Gunzinger, Prof. Anton (schweiz. Computer-Erfinder) – Quelle: *NZZ-Folio* 7/1996.
- Hagen, Nina (dt. Sängerin) – Quelle: *Cosmopolitan* 2/1998.
- Halliwell, Geri (brit. Musikerin, Ex-Spice-Girl) – Quelle: *Mainpost* 1999, *WOM Journal* 5/2002.
- Harrelson, Woody (am. Schauspieler) – Quelle: Spielfilm.de 16.11.1998; »Go Further«, Dokumentarfilm, 2004.
- Harrison, Georg (Ex-Beatle, brit. Musiker) – Quelle: unter anderem Nancy Cooke de Herrera, *Die Weisen*, 1995.
- Hawn, Goldie (am. Schauspielerin) – Quelle: *Cosmopolitan* 2/1998.
- Haydeé, Marcia (dt. Ex-Primaballerina Stuttgarter Ballett) – Quelle: *Stuttgarter Zeitung* 26.4.1998; *Esotera* Juli 1999.
- Hemingway, Mariel (am. Schauspielerin) – Quelle: *LEO* 14.2.2001; *Yoga Journal*, Februar 2000
- Huber, Ellis, Dr. (dt. Arzt und langjähriger Präsident der Berliner Ärztekammer) – Quelle: Pressekonferenz B. K. S. Iyengar, Berlin, 10. Oktober 1997.
- Huxley, Aldous (brit. Schriftsteller) – Quelle: *Encarta 97 Enzyklopädie.*
- Isherwood, Christopher (brit.-am. Schriftsteller) – Quelle: *Encarta 97.*
- Janosch (dt. Kinderbuch-Autor, Illustrator) – Quelle: *Wohnen & Mehr* 1997.
- Jolie, Angelina (am. Schauspielerin, »Lara Croft«-Darstellerin) – Quelle: *Spiegel special* »Bewegung ist alles« 2006.
- Judd, Ashley (am. Schauspielerin, Musicalstar, zum Beispiel »Starlight Express«) – Quelle: *Cosmopolitan* 11/1998.
- Karajan, Herbert von (dt. Dirigent) – Quelle: *Der Spiegel* 27.1.1975.
- Karven, Ursula (dt. Schauspielerin) – Quelle: *Yoga für die Seele*, Wunderlich bei Rowohlt, 2003.
- Kaufmann, Christine (dt. Schauspielerin) – Quelle: *Rheinische Post* 27.2.1999.
- Keaton, Michael (am. Schauspieler) – Quelle: Feuerstein/Payne: *Yoga für Dummies* 2001.
- Kosslick, Dieter (Festivalchef Internationale Filmfestspiele Berlinale) – Quelle: dpa 4.4.2004.
- Longoria, Eva (am. Schauspielerin) – Quelle: *Spape* 7/05.

- Love, Courtney (am. Musikerin, Schauspielerin) Quelle: *WOM Journal* 1998.
- Love, Mike (am. Sänger der Beach Boys) – Quelle: Weltwoche.ch 02/2004.
- Lynch, David (am. Film-Regisseur) – Quelle: Spielfilm.de 24.10.2003.
- Maguire, Tobey (am. Schauspieler) – Quelle: *Der Spiegel* (Kultur) 01/2001.
- Madonna, (am. Musikerin, Schauspielerin) – Quelle: *Sonntag aktuell*, Beilage der *Stuttgarter Zeitung* 29.3.1998.
- McEnroe, John (am. Profi-Tennisspieler) – Quelle: *Neue Westfälische Zeitung* 17.2.2001.
- McCartney, Paul (brit. Musiker) – Quelle: unter anderem FOCUS online 5.9.2006.
- McGraw, Ali (am. Schauspielerin) – Quelle: Yoga-Video.
- McLaughlin, John (brit. Gitarrist) – Quelle: *Das neue Rock-Lexikon*, rororo 1998.
- Menuhin, Yehudi (Violin-Virtuose) – Quelle: 1964 verfasstes Vorwort zu *Licht auf Yoga* von B. K. S. Iyengar, ARD Talkshow Boulvard Bio, 19.2.1998.
- Monroe, Marilyn (am. Schauspielerin) – Quelle: Kathy Philipps, *Kunst des Yoga*, Collection Rolf Heyne, 2002.
- Moore, Demi (am. Schauspielerin) – Quelle: TV-Beilage *Prisma* 2.8.1996.
- Nair, Mira (ind. Filmemacherin) – Quelle: epd.de und NZZ online 7. Juli 2004.
- Nena, (dt. Sängerin) – Quelle: *Maxim*, 10. Oktober 2001.
- Paltrow, Gwyneth (am. Schauspielerin) – Quelle: Kathy Philipps, *Kunst des Yoga* 2002.
- Parker, Sarah Jessica, (am. Schauspielerin) – Quelle: *Spiegel special* »Bewegung ist alles« 2006.
- Pfeiffer, Michelle (am. Schauspielerin) – Quelle: *TV-Spielfilm* 8/1997.
- Pilates, Joseph H. (dt. Ausbilder bei Scotland Yard und der Hamburger Polizei, Konstrukteur von Trainingsgeräten und Begründer des nach ihm benannten Trainingsprogramms) – Quelle: *Leben & Genießen* 02/2001; Echo-online.de, August/September 2003.
- Quaid, Dennis (am. Schauspieler) – Quelle: *Rheinische Post* 30.8.2000, *TV-Sofort* 32/2001.
- Roberts, Julia (am. Schauspielerin) – Quelle: *TV-Movie* Nr. 17/1997.
- Ryan, Meg (am. Schauspielerin) – Quelle: *Rheinische Post* 30.8.2000, *TV-Sofort* 32/2001.
- Sager, Christa (dt. Politikerin, Grüne Alternative Liste) – Quelle: *taz* 8.10.1997.
- Schwabe, Manfred (dt. Schauspieler, unter anderem »Lindenstraße«) – Quelle: *Sonntag aktuell* 36/1998.
- Setlur, Sabrina (dt. Musikerin) – Quelle: *Spiegel special* »Bewegung ist alles«, 2006.
- Spears, Britney (am. Musikerin) – Quelle: Bild.de 02/06.
- Stanislavsky, Konstantin (russ. Schauspieler, Regisseur) – Quelle: yogajournal.com Juli/August 1999.
- Sting (brit. Musiker) – Quelle: *Das Magazin* 5/1993, *Yoga Journal*.
- Stone, Sharon (am. Schauspielerin) – Quelle: *Shape* 11.4.2006, Med-Magazin.de.

- Stockhausen, Karlheinz (dt. Komponist) – Quelle: *Der Spiegel*, 27.1.1975.
- Streisand, Barbara (am. Sängerin, Schauspielerin) – Quelle: *Neue Westfälische Zeitung* 17.2.2001.
- Thurman, Uma (am. Schauspielerin) – Quelle: *Spiegel special* »Bewegung ist alles« 2006.
- Turlington, Christy (am. Supermodel) – Quelle: *Living Yoga*, Ehrenwirth Verlag, 2003.
- Walser, Martin (dt. Schriftsteller) – Quelle: *Stuttgarter Zeitung* Beilage »Sonntag aktuell« 16.3.1997; *Die Bunte* November 1996.
- Weitzenböck, Katja (dt. Schauspielerin) – Quelle: www.katjaweitzenboeck.com; persönliches Gespräch.
- Yeats-Brown, Francis (brit. Schriftsteller) – Quelle: *Encarta 97 Enzyklopädie*.
- Zacher, Rolf (dt. Schauspieler) – Quelle: *Stuttgarter Zeitung* 15.11.1997.

Auf Yogatherapie
spezialisierte Institutionen

- American Viniyoga Institute, das von Gary Kraftsow geleitet wird, der es 1999 gründete;
- das 1995 von Marie Quail gegründete Yoga Therapy and Training Centre (YTTC) in Cabra, Nordirland;
- der von Dr. Robin Monro 1993 gegründete Yoga Biomedical Trust in London;
- das von der Ärztin Dr. Imogen Dalmann und dem Arzt Martin Soder geleitete Berliner Yoga Zentrum (BYZ). Imogen Dalmann und Martin Soder sind seit 1987 in niedergelassener Praxis therapeutisch mit Yoga tätig und haben 1990 das Berliner Yoga Zentrum (BYZ) gegründet; beide sind zudem Herausgeber und Autoren der Fachzeitschrift *Viveka – Hefte für Yoga*.
- die 1989 von Larry Paine und Richard Miller gegründete International Association of Yoga Therapists (IAYT) mit Hauptsitz in Prescott, Arizona;
- die Vivekananda Yoga Anusandhana Samsthana (Research Foundation), kurz VYASA genannt und im Internet unter www.vyasa.org zu finden, mit Hauptsitz in Bangalore, gegründet von Dr. H. R. Nagendra und hervorgegangen aus dem Vivekananda Kendra Cikitsa Yatha Anusandhana Samiti, das 1981 gegründet wurde und unter diesem Namen bis 1986 bestand;
- das von Dr. Daya Mullins 1977 gegründete Gesundheitszentrum »Weg der Mitte« in Berlin, das seit 1990 eine zweite Niederlassung im Kloster Gerode (Harz) hat;
- der von T. K. V. Desikachar und A. G. Mohan 1976 gegründete Krishnamacharya Yoga Mandiram (KYM) in Chennai (Madras);
- das von Dr. Shrikrishna geleitete Kaivalyadana in Mumbai (Bombay);
- das Kaivalyadhama Institute for Yoga and Cultural Synthesis in Lonavla;
- Das Australian Institute of Yoga Therapy in Gembrook, Victorya, Australien.

ANMERKUNGEN

1 An der Yoga-Schule Braunschweig (YSB) nach den Richtlinien BDY und des EYU.
2 Eichborn Verlag, Berlin 2000.
3 Chāndogya-Upanishad, Kap. 6, Abschnitt 8, Vers 5 u. 6.
4 Prof. Dr. Aagaard, dänischer Theologe, in einem Vortrag in der Berliner Urania am 1. Oktober 1996.
5 Augustinus, *Confessiones* (Bekenntnisse), XI, 18, 23.
6 Anne Cushman, »New Light on Yoga«, *Yoga Journal*, Juli/August 1999.
7 Yoga-News-Meldung auf *Traditional Yoga Studies Interactive* unter www.yrec.info. Der Gaiam Verlag erwirtschaftete im Jahr 2004 einen Umsatz von 97 Millionen US-Dollar.
8 Nr. 5, 29. Jahrgang.
9 Bhagavad Gītā 1992, Kap. 2, 71; S. 59.
10 II, 42, zitiert nach *Yoga-Sūtra*, Helmuth Maldoner, Raja Verlag 2002.
11 Marlen Köhler leitet seit 2001 das Hamburger Bikram-Studio.
12 Zur Hatha-Pradīpikā vgl. Kap. 6, Svātmārāma.
13 Claus Lutterbek: »Hals über Kopf«, *Stern Online*, April 2003.
14 Vgl. den unter TIMEasia.com publizierten Artikel »A Master Responds. Yoga in the West? It's a big joke« von Bharat Thakur.
15 In einem Artikel der Oktoberausgabe 1998.
16 *Das Yogabuch*, S. 97.
17 *GEO*, Ausgabe Nr. 9, September 1990, S. 136–152.
18 Padmāsana.
19 Shirshāsana.
20 Ūrdhva-Dhanurāsana.
21 Ende und Ziel des Veda, dazu gehören z. B. die Upanishaden und die Bhagavad Gītā. Siehe auch Kap. 8 und 9.
22 Wörtlich »Erhabener Gesang«, religiöser Text, Teil des indischen Volksepos Mahā-bhārata.

23 Im Anhang finden Sie eine Liste mit achtzig Prominenten, die nachweislich Yoga praktizieren. Die Liste erhebt natürlich keinen Anspruch auf Vollständigkeit.

24 Sanskrit: *sthairya,* zusammengesetzt aus *stha* für stehend und *irya* für tätig, energisch.

25 Hatha-Yoga-Pradīpikā, I,17, S. 52.

26 Hatha-Yoga-Pradīpikā, II,16, S. 64.

27 Von der Bedeutung des Namens Madhavadasaji her ein Diener oder Anhänger (*dāsa*) von Krishna und Vishnu (*mādhava*).

28 Gary Kraftsow, *Kraftquelle Yoga,* S. 348.

29 Zu den Begriffen Tamas, Rajas, Sattva vgl. S. 249.

30 Gary Kraftsow, *Kraftquelle Yoga,* S. 348.

31 www. PubMed.gov oder www.ncbi.nlm.nih.gov/entrez/query.fcgi

32 Insbesondere die Studie von Klaus Engel, Professor für Psychologie und Medizin, der an der Universität Bochum Psychosomatik unterrichtet und Projekte zu verschiedenen meditativen Wegen leitet, und die sozialwissenschaftliche Studie von Hans Deutzmann, Yogalehrer BDY/EYU, Gründer und Leiter der Yogaschule Wuppertal/Institut für Gesundheitsförderung.

33 Dr. Christian Fuchs gibt darin einen kurz gefassten Überblick über wissenschaftliche Arbeiten bis 1989 und stellt wissenschaftliche Arbeiten bis 1999 vor.

34 Verfasst von dem an der Universität Leipzig lehrenden Humanbiologen Dr. Dietrich Ebert; 1986 im Gustav Fischer Verlag erschienen.

35 *Yoga und unsere Medizin – Ärztliche Anleitungen zu Yogaübungen,* Stuttgart.

36 Ausgabe 2006, 1, S. 37-47.

37 Nicole Goldstein in ihrer Dissertation mit dem Titel *Körperzentrierte Übungen des klassischen Hatha-Yoga als Interventionsmaßnahme bei Schulkindern mit expansiven Störungen,* Dortmund, 2004.

38 Ebd.

39 GGF, BDY, EYU.

40 Im Rahmen ihrer Dissertation am Fachbereich Erziehungswissenschaften, Sport- und Bewegungswissenschaften der Universität Essen im Zeitraum von 1999 bis 2002.

41 »Yoga mit verhaltensauffälligen Kindern«, in *Yoga aktuell,* Nr. 24, 2004, S. 68.

42 Im Alfred Müller Verlag.

43 1976 Ausgabe 3 (4): Goeyche, J.: »Yoga as prevention and therapy for drug abuse« und 1977, Ausgabe 3 (4): Meltzer, Gloria: »Yoga as treatment for drug addiction«.

44 *Yoga und unsere Welt,* 1 (1976), S. 12.

45 Unter anderem von K. K. Datey, Soli Pavri und M. L. Gharote: »Yoga as remedy for addictions«, in: *Yoga and Your Heart* (1983); sowie von K. Sharma und V. Shukla: »Rehabilitation of drug-addicted persons: The experience of the Nav-Chetna Center in India«, in: *UN-Bulletin of Narcotics* 40 (1988/1), S. 43–49.

46 Dorling Kindersley, Starnberg 2001.

47 Iyengar, *Yoga. Der Weg zu Gesundheit und Harmonie*, S. 240 f.

48 Dr. Karel Nespor ist in einer Prager Klinik angestellt und hat mehr als zwanzig Fachbücher verfasst.

49 Der Erfahrungsbericht von Karel Nespor mit der Beschreibung des Übungskonzepts für Suchtkranke wurde im *Schweizer Yoga Journal* Nummer 10, 2001, S. 18 ff. veröffentlicht.

50 Gründungsjahr 1970.

51 »If you want to use yoga to heal emotional pain, you must find out where it resides in your body and learn to take your breath there. I don't teach yoga to help people to transcend. I want people's spirits to reside in their body. I literally want to help people embody their spirit. Not go through life fragmented.«

52 Harper Collins Publishers India 1995.

53 *Chandralekha*, S. 91.

54 *Sūrya Namaskār.*

55 Eine Haltung zur Mobilisierung der Wirbelsäule; auch Katzenhaltung und/oder Haltung einer Gänseart genannt.

56 In der Ausgabe 07/97.

57 In *ballett international/tanz aktuell* 7/1997.

58 Nordindischer Tanzstil mit persischen und islamischen Einflüssen, charakteristisch ist die ausgefeilte Fußarbeit.

59 19.8.2000.

60 Sehenswert und informativ: www.akramkhancompany.net

61 *Berliner Zeitung*, 30. August 1999.

62 Am 25. August 1999.

63 Für weitere Informationen siehe unter www.pahkinen.com.

64 www.yogagarden.org

65 »A high energy movement meditation to liberate your creative life force.«

66 »Fließender« Yoga.

67 Um selbst zu erfahren, was Shiva Rea beschreibt, muss niemand nach Kalifornien fliegen. Es gibt eine Doppel-CD »Yoga Dance Trance« mit ausführlichem Booklet, von Shiva Rea eingesprochener Anleitung auf der ersten CD und exklusiv für diese CD entstandener meditativer Trance-Musik von Geoffrey Gordon und Ben Leinbach, gleichermaßen inspiriert wie inspirierend. »Yoga Dance Trance« ist lohnenswert für alle, die offen sind für neue Anregungen, für alle, die sich gern bewegen und für all jene, die Yoga auch gern zu bestens geeigneter Musik praktizieren.

68 Auf ihrer Website www.shivarea.com

69 Siehe »Shiva as Natarāja – Dance and Destruction in Indian Art«, exoticindia.com.

70 Tandava ist der kosmische Tanz des Gottes Shiva, er symbolisiert auch den Sieg über den Dämon. Wird der Tanz mit Freude ausgeführt, wird er zum Ānanda-Tandava,

ist die Art der Aufführung eher aggressiv , wird er zum Rudra-Tandava. Insgesamt gibt es 16 verschiedene Arten dieses Tanzes. Die weibliche Form des Tandava wird durch Pārvatī repräsentiert und Lasya genannt.

71 Via Nova Verlag, Petersberg, 1991.

72 Aus seinem Buch *Mythen und Symbole in indischer Kunst und Kultur*, Zürich 1951, S.168.

73 Anneliese Keilhauer, Peter Keilhauer: *Bildsprache des Hinduismus,* Dumont 1983 (bedauerlicherweise vergriffen).

74 Gunturu, *Hinduismus*, S. 134.

75 Kriyā-Yoga bedeutet Yoga der (rituellen) Handlung. Im Hatha-Yoga sind damit Reinigungsübungen gemeint. Bei Patañjali bezieht sich Kriyā-Yoga auf eine religiös orientierte Praxis, die aus Askese (tapas), Selbststudium bzw. Studium der heiligen Schriften (svādhyāya) und Hingabe an Gott (īshvarapranidhāna) besteht.

76 Treppenanlage an einem Fluss, mitunter auch an einem Berg.

77 Rosenkränze aus 108 Glas- oder Sandelholzperlen zum Wiederholen der Mantras.

78 Indisches Fladenbrot.

79 Meist mit Harmonium und Zimbeln begleiteter Gesang zu Ehren eines Gottes oder mehrerer Götter.

80 Vermutlich Swami Dev Murti.

81 Erschienen 1969 im Schopfheimer Heinrich Schwab Verlag.

82 London.

83 Feuerstein, *Yoga – Sein Wesen und Werden*, S. 29.

84 Koautoren: David Frawley und Subash Kak, erschienen bei Quest Books (einer Einrichtung der Theosophical Society in America). Dieses Buch sollte 1998 in deutscher Übersetzung unter dem Titel »Der Anfang der Zivilisation. Unsere Frühgeschichte in neuer Sicht« im Umschau Verlag erscheinen, wurde jedoch bis heute nicht veröffentlicht.

85 Dieses wie auch die folgenden beiden Zitate stammen aus dem 4. Kapitel von *The Yoga Tradition*, S. 96.

86 »Seeing America's growing fascism he relocated ...«

87 Hohm Press, voraussichtlich 2007.

88 Alternative Center for Responsible Living, voraussichtlich 2007.

89 ACRL, voraussichtlich 2008.

90 Petersberg.

91 Petersberg.

92 Berlin.

93 Großvater.

94 Energieübertragung vom Meister auf den Schüler bzw. die Schülerin.

95 An der Basis der Wirbelsäule ruhende feinstoffliche »Schlangenkraft«.

96 Mit Andrew Cohen in *What is Enlightment* Nr. 4, (Oktober 2000).

97 Siehe www.peaceabbey.org

98 Man darf wohl davon ausgehen, dass sich seine Eltern zwischenzeitlich um die Anmeldung und die Formalitäten gekümmert haben.

99 Braunschweig.

100 München.

101 München.

102 Nachzulesen unter www.rickross.com/reference/swami-rama/swami-rama2.html

103 Ahrensburg.

104 Seit 1997 unter Obhut des Ministeriums für Gesundheit und Familie und in Morarji Desai National Institute of Yoga (MDNIY) umbenannt.

105 Beide im Hermann Bauer Verlag.

106 Eine Reaktion auf die von Indira Gandhi angeordnete Erstürmung des Goldenen Tempels von Amritsar.

107 Aufgabe irdischer Bindungen, der Welt entsagend.

108 Hergensweiler, 2. Auflage.

109 Hergensweiler, 2. Auflage.

110 *Yoga Journal* (Schweiz), Nr. 07, S. 26.

111 München, 6. Auflage.

112 München.

113 Paris.

114 André van Lysebeth, *Le Tantra – le Culte de la Féminité*, S. 455.

115 München.

116 München.

117 München.

118 Deutsche Ausgabe Hammelburg, 2001, 34. Auflage.

119 Savitrammas Großvater war Lehrer für Sanskrit und Philosophie bei dem letzten Shankarāchārya von Kanchi, Sri Chandrasekharendra Saraswati. Shankarāchārya (»Meister Shankara«) ist ein Ehrentitel für einen großen Lehrer der auf Shankara (788–820) aufbauenden Traditionslinie und wird von einigen Hindus mit dem Papst verglichen.

120 Dabei wird durch die Nase in den Brustkorb ein- und ausgeatmet, der Kehlkopfbereich wird ähnlich wie beim Flüstern verengt, wodurch ein kontrolliertes und gleichmäßiges Ein- und Ausströmen des Atems möglich wird. Während der Atem über die Stimmritze streicht, entsteht ein Reibelaut.

121 Obwohl Satchidananda eine Begegnung mit Aurobindo hatte und Ähnlichkeiten in ihren Lehren bestehen, unterscheidet sich der Integrale Yoga Satchidanandas doch erheblich vom Integral- oder Purna-Yoga von Sri Aurobindo.

122 www.yogaville.org (Satchidananda Ashram Yogaville).

123 Freiburg im Breisgau.

124 Hermann Bauer Verlag, Freiburg.

125 Freiburg.

126 »The Secret Life od Swami Muktananda«, *CoEvolution Quarterly*, Sausalito, CA, 1983.

127 Der Kaschmir-Shivaismus ist eine philosophisch-mystische Tradition, die sich primär auf das Vijñāna-Bhairava-Tantra gründet, in dem 112 Arten der Meditation beschrieben werden.

128 Swami Muktananda in »A Talk given in Ganeshpuri«, 1983; *Darshan Magazine*, Vol. 30131:162 (1989).

129 London.

130 Einer anderen Informationsquelle nach geriet er in die Bürgerkriegswirren zwischen Hindus und Moslems und wurde erschossen, seine Leiche in einen Fluss geworfen. Sein Verleger schrieb, gestützt auf eine Information, die an die Familie von Theos Bernard ergangen war: »Es ist uns bis heute nicht gelungen, irgendeine verbürgte Nachricht über die genauen Umstände seines Todes zu erhalten, ebenso wenig, wie wir etwas über die Sachen wissen, die Theos bei sich hatte. Diese Gegend von Tibet ist so entlegen, dass wir wahrscheinlich niemals die vollständigen Einzelheiten erfahren werden.«

131 Petersberg.

132 M. Eliade, *Erinnerungen*, S. 254.

133 Sehr wahrscheinlich der berühmte Tatawala Baba, ein aus dem Punjab stammender Asket, den Eliade im *Indischen Tagebuch* zwar nicht beim Namen nennt, aber folgendermaßen beschreibt: »Kräftig gebaut, ein schöner Mann, der die Ausstrahlung eines Heiligen besitzt und sich weder in Theologie noch in Moral oder Metaphysik, ja nicht einmal in Sanskrit auskennt.« Jeder einzelne Punkt trifft auf Tatwala Baba zu, der 1974 von einem ganz in der Nähe lebenden Sadhu erschossen wurde, der ihm die allgemeine Anerkennung und Verehrung missgönnte.

134 1933.

135 Herausgegeben von Macmillian Publishers.

136 Die Eranos-Tagungen wurden 1933 von Olga Froebe-Kapteyn begründet und in der Folgezeit berühmt für ihre Diversität und ihre humanistischen Themen. Philosophen, Wissenschaftler, Studenten disparater Disziplinen leben und diskutieren acht Tage lang gemeinsam in Ascona (Schweiz). Basierend auf den dort gehaltenen Reden erscheinen die anerkannten Eranos-Jahrbücher.

137 Der Starregisseur Francis Ford Coppola hat gerade die Erzählung *Tinerete fara Tinerete* von Eliade verfilmt. Der Film (engl. »Youth without youth«) handelt wie die Erzählung von einem siebzigjährigen Professor, der nach einem Blitzschlag jünger statt älter wird, was wiederum den Geheimdienst interessiert.

138 *Das Heilige und das Profane.*

139 Dasselbe gilt auch für den modernen und esoterischen Schamanimus. Eliade hatte als einer der ersten Europäer konstatiert, dass Schamanen in ihrer Trance den Kör-

per – tatsächlich oder scheinbar – verlassen und eine außerkörperliche Erfahrung machen. Interessanterweise sagt Eliade an keiner Stelle seines Hauptwerkes *Schamanismus und archaische Ekstasetechnik* expressis verbis, dass tatsächlich ein feinstofflicher Geist den Körper verlässt. Er lässt allerdings zwischen den Zeilen klar durchblicken, dass er von diesem Sachverhalt ausgeht. Mit seinem Werk über den Schamanismus wirkt Eliade der in Fachkreisen weit verbreiteten Meinung entgegen, es handele sich bei schamanischen Erfahrungen um pathologische Zustände.

140 »Gemeinschaft der Arier«, 1875 von Dayananda Saraswati in Bombay gegründete Religionsgemeinschaft, die sich auf »die reine Lehre« des Veda bezieht.

141 Kerneiz war ein Pseudonym, der eigentlich Name war Félix Guyot.

142 *Theorie und Praxis des Hatha-Yoga*, Petersberg 1995, S. 62.

143 Weisheit, Vernunft, Erkenntnis, Intelligenz.

144 Stuttgart/Wien.

145 München.

146 München.

147 Diese wie auch die weiteren Angaben entstammen dem von Sacharow selbst verfassten Lebenslauf, dessen Abschrift mir Christian Hell freundlicherweise zur Verfügung stellte.

148 Gelnhausen.

149 München/Engelberg.

150 München.

151 Stuttgart.

152 Argenbühl.

153 München/Engelberg, 1954, S. 240.

154 Erschienen im Yogendra Publications Fund.

155 Berlin.

156 Ein Wesenszug, der bei Yogalehrern des 21. Jahrhunderts eher die Ausnahme zu sein scheint. Gerade für prominente Yogalehrer scheint das primäre Ziel heutzutage oft zu sein, hohe Honorarforderungen durchzusetzen, erfolgreich zu sein und möglichst profitable Gewinne zu erwirtschaften.

157 Zit. n. Yoga-Vidya.de unter der Rubrik »Wissen«/Artikel/Swami Sivananda

158 Ebd.

159 Zit. n. Yoga-Vidya.de/Yogi/Biografie.html

160 Möglicherweise eine Sportschule.

161 The Teachings of Sri Aurobindo: The Integral Yoga – its Object and Method (Übers. d. A.).

162 Aurobindo, *Briefe über den Yoga*, Bd. 1.

163 Zit. n. Wikipedia.de

164 Ihre Mutter stammte aus Ägypten, ihr Vater war persisch-türkischer Herkunft.

165 Zit. n. Yoga-Vidya.de/Bilder/Galerien/Aurobindo.html

166 Ebd.

167 Ebd.

168 Gladenbach, 2001, 4. Auflage.

169 Aus »Die geheimen Dimensionen des Hatha-Yoga«, veröffentlicht auf www.weg-
     dermitte.de

170 *Philosophie und Religion Indiens*, S. 514 f.

171 In *Philosophie und Religion Indiens* von Heinrich Zimmer, S. 68.

172 G. Feuerstein, *Der Yoga*; S. 212.

173 Am Ende des Kapitels »Tantra – alle Götter in uns« seines Buches *Philosophie und
     Religion Indiens*, S. 516.

174 Georg Feuerstein, *Der Yoga im Lichte der Bewusstseinsgeschichte der indischen Kultur*,
     S. 211.

175 Phänomen Verlag 2004.

176 A. a. O., S. 113.

177 Wörtlich »Krug«, Anhalten des Atems.

178 Atemstillstand, der sich durch fortgeschrittene Prāṇāyāma-Praxis von selbst ein-
     stellt.

179 Synonym für Samādhi.

180 Klang, auch Ton, der nur innerlich wahrgenommen wird.

181 Hatha-Yoga-Pradīpikā 1.43; zit. n. H. Walter, *Swami Swâtmârâma: Hatha-Yoga-Pradî-
     pikâ*, S. 57.

182 H. Walter, a. a. O., S. 74.

183 A. a. O., S. 95.

184 Ein Synonym für Samādhi, Anm. d. A.

185 H. Walter, a. a. O., S. 113.

186 Zurückziehen der Sinne (von äußeren Eindrücken), die Aufmerksamkeit wird voll-
     ständig nach innen gelenkt.

187 Aufmerksamkeit, Konzentration.

188 Prāna des Atems, des Windes; Vāyu ist zugleich ein Synonym für Prāna.

188 Desikachar, *Yoga – Tradition und Erfahrung*, S. 222.

190 Frei nach Jyotishman Dam, dem es wiederum von Sri Chinmoy erzählt wurde.

191 Jyotishman Dam, *Shiva Yoga*, S. 84 und 86.

192 Skrt. für *Musa sapientum*, Bananenpflanze.

193 Traditionslinien mit 84 (in Nordindien) bzw. 18 (in Südindien) spirituellen Meis-
     tern, die über übernatürliche Kräfte verfügten und hoch angesehen waren.

194 Es sind also nicht die »Ohrläppchen«, von denen Jyotishman Dam in *Shiva Yoga* (auf
     Seite 93) schreibt, sondern der mittlere, aus elastischem Knorpel bestehende Teil
     der Ohrmuschel.

195 Skr.: Kathaka.

196 Von Georg Feuerstein mit »Track of the Doctrine of the Adepts« übersetzt. Die

deutsche Übersetzung des Textes bildet das Schlusskapitel des Buches *Shiva Yoga* von Jyotishman Dam.

197 Jyotishman Dam, *Shiva Yoga*, S. 224.

198 In der Übersetzung von Jyotishman Dam in *Shiva Yoga*, S. 255.

199 Skrt.: Goraksha-Shatakam.

200 Übersetzung des von Swami Kuvalyananda und S. A. Shukla ins Englische übersetzten Originaltextes durch Lore Tomalla, Osnabrücker Yoga-Gruppe e. V., 1985.

201 Skr.: Ashtānga.

202 Verschluss, Übungspraxis im Hatha-Yoga, bei der durch Kontraktion bestimmter Muskeln die Energie im Körper gehalten wird.

203 Das »Große Siegel«, spezielle Sitzhaltung.

204 So unter anderem in dem vom BDY herausgegebenen *Der Weg des Yoga – Handbuch für Übende und Lehrende*, S. 110.

205 Mikel Burley, *Hatha Yoga*, S. 92.

206 The Asian Society, Bibliotheca Indica, No 138, Calcutta, Pp. XII+65-138.

207 Von dem indischen Mystiker Abhinavagupta im 10. Jh. entwickelte Lehre; bekannteste Traditionslinie des Kaschmir-Shivaismus.

208 In einer im Oktober 1998 im *Journal of the American Society* veröffentlichten Buchkritik.

209 Genaueres über den Inhalt und die Struktur der Samhitā ist leider nicht zu erfahren, da Enrica Garzilli sich in seinem drei Seiten umfassenden Artikel vor allem dem Vorgang der Entdeckung und den kultur- und religionshistorischen Hintergründen der Matsyendra-Samhitā widmet.

210 Frei nach Jyotishman Dam, *Shiva Yoga*, S. 74.

211 In *The Yoga Tradition* von Georg Feuerstein wiedergegeben.

212 Nach G. Feuerstein, *The Yoga Tradition*, S. 386.

213 Die partiell auch von Mircea Eliade in *Yoga – Unsterblichkeit und Freiheit*, S. 317 f. mit dem Quellenhinweis Georg W. Briggs, *Gorakhnāth and the Kānpatā Yogis,* angeführt werden.

214 Hatha-Yoga-Pradīpikā, in der 1987 vom Sivananda Yoga Vedanta Zentrum herausgegebenen Ausgabe, S. 27.

215 Auch Ashtavakra-Samhitā.

216 Die bekanntesten Ausgaben sind jene von Bettina Bäumer mit dem Kommentar von P. Y. Deshpande, die von H. Maldoner, T. K. V. Desikachar und Iqbal K. Taimni; aktuelle Ausgaben stammen von R. Sriram, Raphael und Geshe Michael Roach.

217 Sriram, *Patañjali. Das Yogasutra*, S. 141.

218 1898–1978.

219 Fälschlicherweise auch »Arjunas Buße« genannt, obwohl der inhaltliche Bezug gänzlich fehlt.

220 Verlag Indoculture Stuttgart, 1984, S. 80.

221 Verbunden mit einem Hinweis auf die Veröffentlichung *L'Inde classique* des französischen Arztes Jean Filliozat (1906–1982).

222 Aus diesem Grund verweist Moldaver im vierten Kapitel seiner Yoga-Sūtra-Ausgabe mehrfach auf die Kommentare zu den entsprechenden Sūtren im zweiten Kapitel, und Stoler Miller, ehemals Professorin für Asiatische und Mittelöstliche Kulturen am Barnard College, New York, stellt fest: »Dieser Abschnitt rekapituliert Vorstellungen, die in früheren Abschnitten des Textes schon dargestellt worden waren.«

223 BDY, *Der Weg des Yoga*, S. 19.

224 Yoga-Sūtra 2.50.

225 Yoga-Sūtra 2.53.

226 Wenn der »Power-Yogi« Brian Kest im Interview sagt, er hätte das Yoga-Sūtra zwar »streckenweise« gelesen, aber es würde ihn »irgendwie langweilen« (*Yoga aktuell* 5/2005, S. 51), so klingt das sehr nach einer Schutzbehauptung, weil er wohl ahnt oder gar weiß, dass sein »Power-Yoga« mehr mit Zirkus und narzisstischer Selbstdarstellung zu tun hat als mit Yoga.

227 Yoga-Sūtra 2.16.

228 Leiter des Instituts für Indologie an der Universität Zürich.

229 Schweizer *Yoga Journal* Nummer 20, Winter 2004/05, S. 6 f.

230 Yoga-Sūtra 2.3.

231 Taimni, S. 123.

232 So übersetzt Barbara Stolen Miller in *Yoga – Der innere Weg zur Freiheit* den Begriff nahe am eigentlichen Gehalt des Wortes.

233 *Vedic Chant & Yoga Sutra von Patañjali*, Begleitheft zur gleichnamigen CD von R. Sriram.

234 www.iyengar-yoga-deutschland.de

235 Eliade, *Yoga*, S. 125.

236 Deussen, S. 558.

237 Türstig, S. 37.

238 Türstig, S. 137.

239 Vanamali.

240 B. Bäumer.

241 Mylius.

242 Deussen.

243 Mittwede.

244 Sanskritwort (n) für Geist, Seele; Verstand; Gedanke, Vorstellung; Absicht, Wunsch, Wille; Stimmung, Gesinnung.

245 Nach Deussen, S. 645.

246 Deussen, S. 292.

247 Nach Deussen, Kap. 3, 2.

248 Nach Deussen, Kap. 6, 10.

249 5. Kap. Vers 6, nach Türstig, S. 118.

250 Siehe hierzu auch die Ausführungen zum Umgang mit dem Yoga-Sūtra des Patañ-jali in Kapitel 7 dieses Buches und den hervorragenden Essay »Geschichte und Tradition. Vom Umgang mit alten Texten« von Anna I. Boskamp in *Deutsches Yoga-Forum* 5/06 und 6/06.

251 Ein Beispiel hierfür ist *Upanishaden – Die heiligen Schriften Indiens meditieren* von Bettina Bäumer, Kösel-Verlag 1997; siehe hierzu meine Rezension unter www.amazon.de

252 Katha-Upanishad 2.1, 2.

253 Maitri-Upanishad 1.2-4 und 3.4.

254 3.10,4.

255 Svensson, *Fünf Upanishaden*, S. 13.

256 1891–1963.

257 *Upanishaden,* Diederichs Gelbe Reihe 2003, S. 9.

258 1.3.

259 7,8.

260 Nach Türstig, S. 158.

261 Freude, Wonne, Seligkeit.

262 Die Ānandavalli ist das zweite Kapitel, die Bhriguvalli das dritte Kapitel der Taitti-rīya-Upanishad; *valli* ist unter anderem die Bezeichnung für den Abschnitt eines vedischen Textes.

263 Deussen, S. 239.

264 Türstig, S. 106.

265 Türstig, S. 126.

266 Ein Vers aus dem Rigveda (3.26.10), der seit jeher von den Hindus am Morgen rezitiert wird.

267 Wörtlich: Vermutung, Erwägung.

268 Türstig, S.143.

269 Türstig, S. 147.

270 Türstig, S. 148.

271 Deussen, S. 350.

272 Türstig, S.121, 6, 7.

273 5,7.

274 5.13.

275 Nach Türstig.

276 Vers 11.

277 Vers 12.

278 Vers 13.

279 Wenn man sich die gegenwärtige, rapide wachsende Yogaszene mit zunehmender

Tendenz zur Kommerzialisierung und Ökonomisierung ansieht, möchte man einigen Lehrenden und Yogaschulen diesen Vers in Stammbuch schreiben.

280 C. Svensson, *Fünf Upanishaden*, S. 42.

281 Eckard Wolz-Gottwald, *Yoga Philosophie-Atlas*, S. 47.

282 Frankfurt 1985, S. 368 f.

283 Desikachar, *Yoga – Gesundheit von Körper und Geist*, S. 60.

284 Allen voran die im Industal arbeitenden Archäologen G. F. Dales jr., J. M. Kenoyer, R. H. Meadow, Gregory L. Possehl, Ute Franke-Vogt.

285 Professor für Anthropologie an der Universität von Wisconsin, spezialisiert auf die Induskultur; Grabungsleiter des Harappa Archeological Research Project.

286 Siehe *Spektrum der Wissenschaft* (02/2004, S. 43-50).

287 Desikachar, *Yoga – Gesundheit von Körper und Geist*, 2000, S. 62.

288 Siehe *Bild der Wissenschaft* (7/1999). Bislang galten die in Ägypten gefundenen Zeichen (3300–3200 v. Chr.) als früheste Zeugnisse menschlichen Schreibens.

289 Um den Indologen und Experten für die Indus-Schrift Prof. Asko Parpola.

290 Siehe *Bild der Wissenschaft*, Juli 2003.

291 Ebd.

292 Pigott, *Die Welt aus der wir kommen*, S. 240.

293 Zitiert nach Jansen, *Die Indus-Zivilisation*, 1986, S. 128.

294 Rigveda II, 12, zit. nach Paul Thieme, *Gedichte aus dem Rig-Veda*.

295 Auch im heutigen Indien begegnen uns immer wieder Menschen, die fließend zwei oder mehr Sprachen beherrschen, aber nicht oder nur eingeschränkt lesen und schreiben können. Die Analphabetenrate Indiens liegt derzeit bei 34 Prozent bei den Männern und 62 Prozent bei den Frauen.

296 Gunturu, *Hinduismus*, S. 27.

297 In seinem Buch *We or the Nationhood defined*; zitiert nach Bergunder, S. 166.

298 Siehe *The Search of the Cradle of Civilisation*, *The Yoga Tradition,* und auf seiner Homepage *yrec.info* in dem Artikel *Why the Aryans Invasion of India Never happened.*

299 Schwab Verlag.

300 In einem mit »Ur-Yoga« betitelten Abschnitt zitiert Feuerstein eine Passage aus Hauers Werk wie folgt: »Wir haben Grund anzunehmen, dass schon in der den ›Ariern‹ gemeinsamen indoiranischen Epoche des dritten bis zweiten Jahrtausends v. Chr. religiöse Übungen eine Bedeutung hatten, die in den ursprünglichen Yoga übergingen. Ja es fehlen sogar die Gründe nicht für die Ansicht, dass schon die frühindogermanische Völkergemeinschaft dem ›Sinnen‹ sehr zugetan war …« (Feuerstein, *Yoga – sein Wesen und Werden*, S. 29). Welche Gründe dies sein sollen, belegen beide Autoren nicht.
Georg Feuerstein bezieht sich auch in jenem frühen Text bereits auf den Rigveda, ohne jene Verknüpfung von ursprünglichem Yoga und kultischer Praxis darzulegen, die er als »eindeutig« bezeichnet. Doch worin sollte die Gemeinsamkeit zwischen

magischer Machtmaximierung, Opferkult, Zauberritualen und Yoga bestehen, zumal der Begriff Yoga oder ein sinnverwandtes Wort in den vedischen Texten nirgendwo auftaucht?

301 Unter anderem in *The Search of the Cradle of Civilisation – New Light on Ancient India*, Quest Books Theosophical Publishing House 1996; für 1998 war die deutsche Ausgabe unter dem Titel *Der Anfang der Zivilisation. Unsere Frühgeschichte in neuer Sicht* im Umschau Verlag angezeigt, die jedoch nicht erschien. Der Grund hierfür war nicht zu ermitteln, da der Verlag nicht mehr existiert.

302 Vgl. Michael Witzel, Professor für Sanskrit an der Harvard Universität, in seinem Buch *Das alte Indien*, München, 2003.

303 Der Finne Asko Parpola und der Inder Iravathan Mahadevan.

304 Mahadevan räumt ein, dass sämtliche Thesen und Deutungsversuche (einschließlich seiner eigenen) noch vage sind, sich aber feststellen lässt, dass »die Sprache der Harappaner nicht mit der indoeuropäischen Sprachfamilie verwandt« ist. (Jansen, 1986, S. 211).

305 S. Klaus Mylius (Professor für Sanskrit und indische Altertumskunde), *Geschichte der Literatur im alten Indien*, S. 31.

306 Auch der Anthropologe Walter Ashlin Fairservis kommt in seinen Veröffentlichungen (unter anderem *The Harappan Civilization and its Writing. A Model for the Decipherment of the Indus Script*) zu dem Ergebnis, dass es zwischen der Symbolik der Harappa-Schrift und Frühformen der Drawidensprache eine Verwandtschaft gibt. Eine Einschätzung, die der Historiker Michael Wood teilt. Im zweiten Kapitel seines Buches *Babylons Vermächtnis* schreibt er zu den drawidischen Dialekten und sprachlichen Bindegliedern, dass diese – zusammen mit anderen Belegen – »es praktisch sicher erscheinen lassen, dass zur Zeit von Mohendscho-daro und Harappa im Industal eine Vorform des Drawidischen … gesprochen wurde.« (S. 60) Wood verweist zudem auf das »Überleben der drawidischen Verwandtschaftsterminologie im heutigen Gudscherat bis hin zur Bewahrung drawidisch geprägter Bräuche in der Indus-Region.« Interessant auch sein Hinweis auf das Symbol der Stadtgöttin Minakshi an Pilgerstätten im südindischen Madurai: ein Fisch mit Sternen, Zeichen der Göttlichkeit, die genau in dieser Kombination auch auf Siegeln der Induskultur und auf Harappa-Keramik abgebildet sind.

307 S. 99 f.

308 Rigveda I-32, Verse 1+5+13; Rigveda II, Vers 12, 3+11; Rigveda III-33, Vers 7.

309 Rigveda II-12, Vers 3.

310 Bergunder/Das in ihrer Einführung zur Aufsatzsammlung »Arier« und »Drawiden«, S. 10.

311 In *Prehistoric India*, S. 203.

312 Yama, niyama.

313 Ahiṃsā.

314 Samtosha.

315 Dhāranā.

316 Dhyāna.

317 Samādhi.

318 Griech. *glyptiké* = »Steinschneidekunst«.

319 Desikachar, *Yoga – Gesundheit von Körper und Geist*, S. 61 f.

320 DK 12050/NMK 50296.

321 S. Alexandra Ardeleanu, »Die Kunst der Indus-Zivilisation«, in: Michael Jansen (1986), S. 235.

322 Von den Archäologen *Meadow* und *Kenoyer*.

323 S. Iyengar, *Licht auf Yoga*, S. 323.

324 Von Ajiit Mookerjee und Madhu Khanna, München, 1990; vgl. Einführung , S. 12

325 Lehrer und Gelehrter, dem besondere Verehrung entgegengebracht wird.

Glossar

Zur Aussprache der Sanskrit-Begriffe siehe S. 8.
Allgemein bekannte Bezeichnungen und Namen werden
großgeschrieben und zum Teil eingedeutscht.

abhinivesha (m) Zuneigung, Lebenslust, Am-Leben-Hängen, bestehen (auf)

abhyāsa (m) Übung, Wiederholung

ācārya (m) (spiritueller) Lehrer

adavu Tanzelement

ādhāra (m) Stütze, Inhaber

adhishthāna (n) Fundament, Grundlage

advaita (n) Nicht-Zweiheit, Nicht-Dualität

ahamkāra (m) Ich-Macher, Ich-Bewusstsein

ahimsā (f) Gewaltlosigkeit, eine der fünf Tugenden der ersten Stufe des Ashtānga-Yoga
und des klassischen Yoga nach Patañjali

ākāsha (m) Raum, Äther

amanaska undenkbar, ohne Sinneseindrücke

amrita (adj und n) unsterblich; Nektar der Unsterblichkeit, Lebenselixier

anāhata (n) das Nicht-Angeschlagene, eines der sechs Energiezentren (cakra), das dem
Herz zugeordnet wird

ānanda (m) Glückseligkeit

anga (n) Glied

anirvacanīya unausdrückbar (durch Sprache); das Höchste, Absolute, kann nicht durch
sprachliche Aussagen erfasst werden

anta (m) Ende

anta–anga (n) innerer Teil (die letzten drei Glieder bei Patañjali)

antarāya (m) Hindernis

anushthāna (n) Praxis, Verhalten

aparigraha (adj und m) Nicht-Besitzergreifen, ohne Begierde sein, frei von Verlangen
nach materiellen Besitztümern

artha (m) Gegenstand, materieller Nutzen und Wohlstand, Ziel, Zweck

ārya (adj und m) edel (geboren), ehrbar, arisch; Arier; im Vokativ: Herr!

ās sitzen, verharren, sich setzen, ausführend, dauernd tun

āsana (n) Sitzen, Sitzhaltung, Thron; im übertragenen Sinne inzwischen für alle Körperhaltungen des Yoga, Liege-, Stand- und Sitzposition

ashakti (f) Schwäche, Kraftlosigkeit

Ashram Einsiedelei, Kloster, Zentrum für religiöse Studien oder spirituelle Praxis

ashta acht

Ashtānga-Yoga (ashta-anga-yoga) (m) sich aus acht (ashta) Stufen zusammensetzender Yoga

ashva (m) Pferd; Reittier der Indoarier, in den Veden häufig mit entsprechender Symbolik (für Kraft und Schnelligkeit) verwendet, Zugtier des Sonnenwagens

asmitā (f) Ich-Sinn, Egoismus

asteya (n) Nichtstehlen, Überwindung des Verlangens nach Besitz

asura (adj und m) lebendig, göttlich; Dämon, böser Geist

atha (adj) jetzt, nun; häufig erstes Wort in heiligen Sanskrittexten

ātman (n) Seele, Wesen; Selbst; im übertragenen Sinn: das dem Menschen innewohnende Göttliche, die wesentliche Wirklichkeit hinter dem äußeren Schein

avatāra (m) Herabsteigen, Inkarnation; die Verkörperung des Göttlichen auf Erden, mitunter Selbstbezeichnung von Gurus

avidyā (f) Unwissenheit, ohne Bewusstsein für das Wesentliche; erstes Hindernis (klesha), das im Yoga-Sūtra 2.4 und 5 definiert wird

ayāma (m) Regelung, Hemmung

ayatna (m) ohne Mühe, Mühelosigkeit

ayoga (m) Trennung, Unangemessenheit

Ayurveda (m) Lebenslehre und Medizin, wörtlich: »Wissen vom Leben«; traditionelle indische Heilkunst, zu der auch die Anwendung von Yoga gehört. Sie basiert auf dem System der drei dynamischen Grundprinzipien (*dosha*), die im Gleichgewicht sein (oder ins Gleichgewicht gebracht werden) sollten.

bahir-anga (n) äußerer Teil (die ersten fünf Stufen bei Patañjali)

bāhya (adj) außen

bandha (m) Bindung, Kontraktion; spezifische Muskelkontraktion des Hatha-Yoga, auch als Körperverschluss bezeichnet, die Energie (oder auch Hitze) wird im Körper gehalten.

Bhagavad Gītā klassischer indischer Text, Teil des Volksepos Mahābhārata, wörtlich »Gesang des Erhabenen«, philosophisches Lehrgedicht, das aus 700 Versen besteht und in dem der göttliche Wagenlenker Krishna den verzagten Kriegshelden Arjuna über die Wege, die zur höchsten Wirklichkeit führen, belehrt, wozu verschiedene Yogarichtungen gehören.

bhajan (bhajana) vokale Verehrung einer Göttin oder eines Gottes, oft im Wechselgesang zwischen Vorsänger und Gruppe, oft begleitet von Zimbeln und Harmonium, meist Bestandteil des Bhakti-Yoga; bekannte Vertreter im Westen: Krishna Das, Bhagawan Das, Hare-Krishna-Bewegung

bhakti (f) religiöse Hingabe, Liebe zu Gott

bhakti-yoga (m) Yoga der liebenden Hingabe; wichtigste Schrift ist die Bhagavad Gītā, deren zwölftes Kapitel allein dem Bhakti-Yoga gewidmet ist. Liebe und Hingabe beziehen sich auf Krishna, eine Inkarnation des Hindu-Gottes Vishnu.

bhāvanā (f) Herbeiführen, Vorstellen, Einbildung; die Imagination während der Kontemplation, Vorstufe zur der Meditation

bhoga (m) sinnliche Freude; spiritueller Genuss, Aspekt des Tantra und einiger Yogastile

bhujangāsana (n) Kobra-Āsana

bhukti (f) Genuss, Bequemlichkeit

bīja (n) Samen, Ursprung, Wurzel

bindu (m) Tropfen, Punkt

brahma (m) Priester

brahma-carya (n) Schülerschaft bei einem Brahmanen, Keuschheit

brahma-dvāra (n) Tor zum Absoluten (brahman)

brahman (n) Frömmigkeit, heiliger Spruch, Gebet, Brahmanenkaste, Absolutes, höchstes Wesen

Buddha (m) der Erwachte, der Befreite, Erleuchteter; zumeist auf die historische Person Gautama Siddhārta bezogen

buddhi (f) Einsicht, Vernunft, Ansicht, Wahrnehmung

cakra (n) wörtlich: Kreis, Rad, Scheibe, Diskus, Bezirk, Heer, Ölmühle; feinstoffliche Energiezentren im Körper; überliefert und dargestellt werden stets sieben Haupt-Cakras (Mūlādhāra, Svādhishthāna, Manipūra, Anāhata, Vishuddha, Ājna und Sahasrāra). Sechs Cakras werden entlang der Wirbelsäule lokalisiert, das siebente Cakra befindet sich über dem Scheitelpunkt des Kopfes; mit entsprechenden Übungen sind sie erfahrbar, jedoch nicht mess- oder nachweisbar.

candra (m) Mond

carya (adj) so zu üben, auszuführen

cikitsā (f) Therapie

cit (f) Geist, Intellekt, reines Wissen

citta (adj und n) gedacht, begehrt, Denken, Bewusstsein, Vernunft

dakshinā (adj) tüchtig, geschickt, rechts; (m) rechte Hand

daksinācāra (m.) von rechtschaffenem Wandel; zudem Synonym für den rechten Pfad des Tantra, bei dem keine (sexuelle) Praktiken eingesetzt werden

darshana (n) Sehen, Ansicht, Anschauung, Erkenntnis, Lehrmeinung; philosophische Weltsicht und Bezeichnung der sechs klassischen Philosophiesysteme Indiens

dasha (adj) zehn

deva (m) Gott, König, Priester, Höchster

devanāgarī (f) Bezeichnung für die Sanskrit-Schrift

dhāranā (f) Halten, Bewahren, Aufmerksamkeit, geistige Konzentration (sechste Stufe des Ashtānga-Yoga)

dharanī/dharani (f) Erde; worauf sich die Konzentration stützt

dharma (m) Gesetz, Sitte, Pflicht, Eigenart; im Einklang mit den Veden, kosmische Ordnung

dharma-kriyā (f) Pflichterfüllung

dhyāna (n) Sinnen, Versenkung, Meditation (siebente Stufe des Ashtānga-Yoga); das transzendentale Bewusstsein erwacht, wenn sämtliche Aktivitäten ruhen.

dīkshā (f) Hingabe, Einweihung; ursprünglich auf das Somaopfer bezogen

drashtri (m) Seher, das Selbst als Zeuge (bei Patañjali Synonym für den Purusha)

drishya (adj und n) Gesehenes, Wahrnehmbares, äußere Welt; (bei Patañjali Synonym für die ? Prakriti)

duhkha (adj und n) unangenehm; traurig, mit Mühe, Leid, Kummer

dvaita (n) Dualismus, Zweiheit; philosophische Auffassung, wonach die Gegensätze der Welt real sind

dvandva (n) (Gegensatz) Paar, Zweikampf; im Yoga gilt es, zwischen den Polaritäten (oder: den Extremen) einen Ausgleich zu schaffen, eine Balance zu erreichen.

dvāra (n) Tür, Tor, Ausweg, Körperöffnung

dvesha (m) Hass, starke Ablehnung

eka (adj) allein; ein, einzig, einer (von)

eka-agratā (f) aufmerksam auf einen Punkt konzentriert, der Geist ist auf eine Sache ausgerichtet.

ekatva-bhāva (m) das Bewusstsein der Einheit

gāyatrī (f) 1. Sanskrit-Metrum mit 3 x 8 Silben; 2. einer der heiligsten Verse des Rigveda, ein wichtiges Mantra

ghatastha (m) auf den physischen Körper bezogen

granthi (m) Knoten (auch im Bereich der Medizin), Glocke; eine wichtige Aufgabe des Yoga ist es, vorhandene granthi wahrzunehmen und durch geeignete Übungen aufzulösen, damit das freie Fließen der Vitalenergie gewährleistet ist.

grihastha (m) Haushälter; im Hinduismus zweite Stufe des Lebenszyklus, der zusammen mit den anderen drei Stufen Brahmacarya, Vānaprastha und Samnyāsa traditionell allein den Männern vorbehalten ist. Aus Sicht emanzipierter Yogis lässt sich spirituelle Vervollkommnung durchaus mit einem Leben in Verantwortung für Familie und Gesellschaft vereinbaren, dies wird mitunter als »Haushälteryoga« bezeichnet.

guna (m) Faden; Multiplikator; Qualität; Grundeigenschaft

guru (adj und m) schwer, wichtig; Ehrwürdiger (insbesondere Lehrer), Dozent, Handwerksmeister, spiritueller Meister

ha ja, eben; tötend, vernichtend

hatha (m) Zwang, Gewalt, Notwendigkeit; kraftvolle, unumgängliche Anstrengung

Hatha-Yoga (m) Yogatradition, in der insbesondere unterschiedliche Körperhaltungen, Atem- und Reinigungstechnikern eine wichtige, vorbereitende Rolle spielen

Hindu-Yoga (m) die Verbindung von universeller Yogapraxis und einzelnen Elementen des Vedānta und/oder des Hinduismus, der von den Hindus selbst als Sanātana Dharma (»unvergängliche Ordnung«) bezeichnet wird; auffallende Merkmale sind regelmäßige Ritualpraxis wie Opferfeuer (*homa*) und Opferzeremonie (*pūjā*), Rezitieren aus Veden, Upanishaden und Bhagavad Gītā, Karma- und Moksha-Lehre.

hritpratishtha (adj) im Herzen wohnend

idā (f) die Erquickliche, Name eines Energiekanals

indriya (n) Fähigkeit, Kraft

Induskultur frühe Hochkultur des 3. und 2. Jahrtausend v. Chr. im Industal (überwiegend auf dem Gebiet von Pakistan gelegen); wichtigste Ausgrabungsorte: Harappa und Mohenjo-Daro, mehrere Funde von Steinsiegeln, auf denen »Yogis« bzw. Meditierende dargestellt sind.

ishta-devatā (f) geliebte, gewünschte Gottheit

īshvara (adj und m) vermögend, Besitzer(in), Herr, Gebieter, persönlicher Hochgott

īshvara-pranidhāna (n) Hingabe an den Willen des Herrn bzw. an den persönlichen Gott

japa (m) Murmeln

jīva/jīva-ātman (m) individuelle Seele

jīvan-mukta (m) zu Lebzeiten Befreiter

jñāna (m) Wissen, Erkenntnis, Weisheit

Jñāna-Yoga (m) Yoga der Erkenntnis; Ziel ist, die Unwissenheit (avidyā) zu überwinden

jyotis (n) Licht, Glanz

kaivalya (n) Ausschließlichkeit, Freiheit, Einzigkeit, vollkommene Erlösung

kaliyuga (n) schlechtes Zeitalter (in dem wir aktuell leben)

kāma (m) Begierde

kārana Übungsfolgen, miteinander verbundene Āsanas

Karma (karman) (n) Handlung

Karma-Yoga (m) Yoga des (selbstlosen) Tuns; die Handlung und deren Resultate als Gottesdienst

kāya (m)　Körper

kāya-sādhana (m n)　Weg des Körpers (im Hatha-Yoga)

kevala (adj)　allein; absolut

kīrtana (n)　Lobpreis, Lobgesang

klesha (m)　Leiden, Plage, Übel, Trübung, Anhaftung, Schmerz; Sammelbegriff für die möglichen Hindernisse auf dem Weg respektive der Praxis des Yoga; im Yoga-Sūtra 2.3 werden die Klesha benannt, in den folgenden zwölf Sūtren werden die die Ursachen und Umstände des Entstehens und Wirkens der Klesha beschrieben.

kosha (m)　(körperliche) Behälter, Hüllen bzw. Gefäße, die sich gegenseitig durchdringen und aufeinander einwirken; dies sind nach indischer Auffassung der grobstoffliche Nahrungskörper, der Energiekörper, der Mentalkörper, der Unterscheidungskörper und der Glückseligkeitskörper.

kriyā (f)　Handlung, Opferritual, Therapie

kula (n)　Familie, Wohnung

kumbhaka (Skt.»topfähnlich«; m oder n)　Atempause, Anhalten des Atems zwischen Ein- und Ausatmen

Kundalini (kundalinī) (f)　Energie (kosmische oder Schöpfungsenergie), auch sinnbildlich als Schlangenkraft dargestellt, eine Form der Shakti

laya (m)　Auflösung, Tod, Untergang; Ruhe, Rast; Konzentration

linga (n)　Merkmal; Phallus; feiner Körper; Götterbild

Mādhava　Krishna, Vishnu

mahā-samādhi (m)　die Erfahrung der absoluten Wirklichkeit, der Tod

maithunā (f)　Geschlechtsverkehr, ritueller Sex im linkshändigen Tantra

maitrī (f)　Güte, Freundschaft, Freundlichkeit

manas (m)　Geist, das Denken, Verstand, Wille

mandala (m und n)　Kreis; Bogen; Gebiet

mani (m.)　Edelstein

mantra (m)　Silbe, Wort, heilige Formel; »Denkwerkzeug«, Gebet, Klang

mārga (m)　Weg, Pfad; insbesondere spiritueller Natur

marman (n)　Gelenk, Verbindung, schwache Stelle

matsyendrāsana (n)　Drehsitz

mauna (n)　Schweigen; Gelübde des Schweigens

māyā (f)　Illusion, der äußere, täuschende Schein; die Tendenz, Vergängliches für ewig zu halten

Meru (m)　Götterberg, auch Synonym für die Wirbelsäule des Menschen

moksha (m)　Befreiung, Freiheit, Erlösung (von der Bindung an die Welt)

mudrā (f)　Hand- oder Körpergeste, Übungstechnik im Hatha-Yoga und im indischen Tanz

mukti (f) Befreiung, Freiheit, Erlösung, Seligkeit, Ablegen

mūla (n) Wurzel, Basis, Grund

mūrti (f) Körper, Gestalt

nāda (m) Laut, Ton, Gebrüll

nādi/nādī (f) Röhre, anatomisches Gefäß, Ader; feinstoffliche Energiekanäle im Körper

nāga (m) Schlange, Schlangendämon

nāman (n) Name, Form, Gestalt

namaskār (Hindi)/**namaskāra** (Skt.) (m) Verehrung, Huldigung; Grußform

natarāja/nāta-rāja (m) »tanzender König«; eine ikonographische Darstellungsform Shivas: Shiva-Natarāja

natarājāsana (n) Tänzerhaltung

nātha (m) Herr, Beschützer; Zuflucht

neti neti Nicht, nicht; es ist nicht dies, es ist nicht das

nirmala (adj) rein, fleckenlos, unberührt (von Wunsch, Stolz, Zorn, Zuneigung)

nirodha (m) Kontrolle, Hemmen, Zur-Ruhe-Kommen

nivritti (f) Nicht-Tätigkeit, Sich-Enthalten

niyama (m) Notwendigkeit, Zwang, Gelübde; Regeln, die sich auf innere Qualitäten beziehen (zweite Stufe im Ashtānga-Yoga bei Patañjali)

nyāya (m) Regel, Prinzip, Methode; Wissenschaft der Logik (eines der sechs orthodoxen Philosophiesysteme Indiens)

nyāsa (m) Niederlegen; Einpflanzen; das Visualisieren von Buchstaben, sog. Keimsilben, und Gottheiten im Körper

OM der Klang des Absoluten

Om-kāra (m) Singen, Rezitieren, das OM zur Schwingung bringen

pada (n) Schritt, Kapitel

padma (n) Lotos

padmāsana (n) Lotossitz

pañca fünf

parama (adj) höchster, höchstes

paramahamsa (m) höchste Seele; hervorragender Asket

parama-ānanda (m) höchste Seligkeit

parama-ārtha (adj und m) höchstes Ziel, höchste Wirklichkeit , absolutes Sein,

pashu (m) Vieh, Tier, Kuh; Lebewesen

pashupati Beiname Shivas

pāta (m) Flug, Fall

Patañjali (m) legendärer Verfasser des Yoga-Sūtra, der damit einen komplexen Leitfaden (sūtra) schuf, in dem der Ashtānga- oder Rāja- bzw. der klassische Yoga in prägnanten Versen dargelegt ist.

pingalā (f) die Rotbraune; Name eines Energiekanals

pradīpikā (f) Leuchte

prajnā (f) Bewusstsein, Weisheit

prakāsha (adj und m) hell, scheinend; Glanz

prakriti (f) Natur, Ursprung, Materie, Urnatur

prāna (m) Atem, Hauch, Lebenskraft, Lebensenergie, Intellekt; die den Körper durchdringende kosmische Energie

prānāyāma (m) Atemregulierung bzw. Atemtechniken des Hatha-Yoga; vierte Stufe des Ashtānga-Yoga); Ziel ist es, den Atem lang, langsam, tief und gleichmäßig fließen zu lassen, um die Blockaden, die eine klare Wahrnehmung verhindern, aufzulösen oder zu verringern

pranidhāna (n) Hingabe

prasāda (m) Klarheit

pratyāhāra (m) Zurückziehen der Sinne (von äußeren Eindrücken); fünfte Stufe des Ashtānga-Yoga; die Aufmerksamkeit wird vollständig nach innen gelenkt.

pravritti (f) Tätigkeit, Handeln

pūjā (f) Anbetung, Verehrung, Zeremonie; zumeist werden einem Gott Früchte, Blumen und Räucherwerk geopfert.

purāna (n) uralte Sage, Legende; Literaturgattung, deren Texte zu den klassischen heiligen Texten Indiens zählen.

purusha (m) Mensch, Mann; höchstes Wesen

pārva (adj) vorderer, früher

rāga (m) Färbung, Bindung, Liebe, Stimmung

rāja (m) König

rajas (n) Staub, Leidenschaft, Begierde; der zweite der drei Gunas

recaka (adj) Entleerung, Ausatmung

rishi (m) Seher, Heiliger

rita (n) ewige Ordnung

rūpa (m) Form, Gestalt

sad-guru (m) der wahre Lehrer oder Meister

sādhaka (m) jemand, die bzw. der regelmäßig und langfristig Yoga und/oder Meditation praktiziert; auch Schüler eines Guru; jemand, der Sādhana ausführt; ein stetig auf dem Übungsweg Wandelnder, ein nach Vervollkommnung Strebender mit regelmäßiger spiritueller Praxis

sādhana (n) Weg, Durchführung , Werkzeug, spiritueller Weg

sādhu (m) heiliger Mann, Pilger

sahasra (n) (das) Tausend

samādhi (m) Erleben der Einheit, achte Stufe und Zielpunkt des Ashtānga-Yoga; es bedeutet, ganz eins zu sein mit sich selbst und der Welt, ohne sich darum explizit zu bemühen oder dafür zu kämpfen.

samatva (n) Ausgeglichenheit, Gleichmut

samhitā (f) Sammlung von Texten

samkalpa (m) Entschlossenheit

sāmkhya (n) 1. eines der sechs orthodoxen Philosophiesysteme Indiens; 2. Anhänger der Sāmkhya-Philosophie

samnyāsa (m) Niederlegen, Entsagung

samnyāsin (m) Asket, der Welt Entsagender

samsāra (m) Kreislauf der Wiedergeburten

samskāra (m) Eindruck, Nachwirkung

samtosha (m) [innere] Zufriedenheit, Freude aus innerer Gelassenheit

samyama (m) Zusammenhalten, Zügeln

samyoga (m) Einheit, Verbindung, Gebundenheit

sanskrit eigentlich Samskrita, wörtlich: »vollendet, zusammengesetzt, Zubereitung«, Gelehrtensprache, klassische altindische (heilige) Sprache Indiens, vergleichbar mit dem Latein des Okzidents

sat (adj und n) seiend, wirklich; Sein, reale Welt

sat-karman (n) tugendhafte Aktivität

sat-kriya (f) sechs Reinigungsübungen

satsanga (m) Zusammensein (mit dem Lehrer)

sattva (n) Sein, Gutes, Reines, Vollkommenheit

satya (adj und n) wahr, ehrlich; Wahrheit

satyagraha (m) Wahrheit ergreifen, Wahrhaftigkeit

sevā (f) Dienst, Verehrung; Gebrauch

shakti (f) Kraft, Potenz, Macht, Stärke, göttliche (auch weibliche) Energie, Gattin Shivas

shāstra (n) Belehrung, Lehrbuch

shirshāsana (n) Kopfstand

Shiva (adj und m) wörtlich: »freundlich, segensreich«; einer der höchsten Götter innerhalb des Hinduismus, Herr des Yoga (Yogeshvara) und kosmischer Tänzer (Natarāja), Zerstörer der Unwissenheit, reines Bewusstsein

shraddā (f) Glaube, Vertrauen

Shrī (Sri) (f) Pracht, Majestät, Anmut; Ehrentitel, der einer Person Heiligkeit und höhere Erkenntnis zuschreibt

shruti (f) das Gehörte, Offenbarung

siddha (adj und m) vollkommen, vollendet; Vollendeter (jemand mit außergewöhnlicher Fähigkeit, Zauberer)

siddhāsana (n) perfekter Sitz

Simhāsana (n) Löwenhaltung

smriti (f) das Erinnerte, Lehre, autoritative Tradition, Gesetzbücher (z. B. Manu)

so-ham »Er (ist) ich«; die begrenzte Persönlichkeit geht auf im ewigen Selbst.

Soma (m) Nektar, Unsterblichkeitstrank, berauschendes Getränk

sthira (adj) fest, unbeweglich, dauerhaft, permanent

stira-sukha stabil und bequem, Vorgabe bei Patañjali, wie Āsanas sein sollten

sūkshma (adj) fein, kunstvoll, feinstofflich

sūrya (m) Sonne; Name des Sonnengottes

sūrya-namaskāra (m) Sonnengruß, Verneigung vor der aufgehenden Sonne, Übungs-
zyklus des Yoga

sūtra (n) Faden, Leitfaden

sva (adj und m) selbst, eigen; (Selbst, Seele)

sva-dharma (m) eigenes Gesetz, Bestimmung, Pflicht

svādhyāya (sva-adhyāya) (m) eigenes Studium, Selbststudium, Rezitieren

svāmin (m) Herr, (Mönch)

svarūpa (adj und n) ähnlich, gleich; Wesensidentität

Swami (deutsche Schreibweise von svāmin) spiritueller Meister; Anrede, die hinduistischen Mönchen vorangestellt wird, jemand, der der Welt entsagt hat

tadāsana (n) aufrechter Stand, Berghaltung

tamas (n) Finsternis, Verblendung, Unwissenheit; drittes der drei Gunas

tantra (n) Gewebe, Geflecht; Grundlage, System, Lehrbuch. Die im frühen indischen
Mittelalter entstandenen religiös orientierten Tantra-Traditionen entwickelten sich
sowohl im Zusammenhang buddhistischer als auch hinduistischer Lehren, sie sind
von einer positiven Einstellung zum Körper geprägt; Lust, Freude und göttliche
Energie stehen im Mittelpunkt.

tapas (n) Hitze, Glut; Schmerz, Qual, Askese

tapasvin (m) Person, die Tapas praktiziert; asketisch

tāraka (adj) hinüberführend, rettend, der Retter; Beiname Shivas

tat-tvam asi »Dieses/das bist du«; Grundaussage des Vedānta

tattva (n) wahres Wesen, Realität, Essenz, Grundprinzip

trātaka (n) Fixieren des Blickes auf einen Punkt

trikonāsana (n) Dreieckshaltung

turīya (adj und n) der Vierte, vierter Bewusstseinszustand, erwachter Zustand des Menschen, das Eintauchen in das Selbst

ujjāyī (f) die Siegreiche; Atemtechnik mit Reibelaut in der Kehle

upanishad (f) wörtlich: »nahebei (*upa*) nieder (*ni*) sitzen (*shad*)«; ursprünglich Geheimlehre; philosophische und religiöse Texte, die zwischen 800 v. Chr. und 1600 n. Chr.
in Indien entstanden; sie sind die Basis des Vedānta und beinhalten philosophische
und religiöse Anschauungen. Oft sind sie als Dialog zwischen Lehrer und Schüler
aufgezeichnet.

upāsana (n) Dienst, Verehrung

ūrdhva (adj) hoch, aufrecht, nach oben gerichtet; Teil einiger Āsana-Bezeichnungen

uttana (adj) gestreckt, ausgebreitet, in der Rückenlage; Teil einiger Āsana-Bezeichnungen

uttanāsana (n) Vorbeuge

vāhana/vahana (n) Fahrzeug, Tragetier (der Götter)

vairāgya (n) Loslösung, Nicht-Anhaften, ohne Leidenschaft, Gelassenheit

Vajra (m) Diamant, Donnerkeil

vāmācāra (m) linkshändiger Weg des Tantra, zu der die tatsächliche physische Vereinigung von Frau und Mann gehört (*maithunā*)

vana (n) Wald

vānaprastha (m) Waldeinsiedler (drittes Lebensstadium eines Hindu)

vāsanā (f) Gedanke, Vorstellung, Wunsch, Begehren, latente Ambitionen

veda (m) (theologisches) Wissen, Empfindung; religiöse Texte, die um 1200 bis 1000 v. Chr. in Indien entstanden, aus vier Traditionslinien bestehend: Rigveda (Veda der Verse), Sāmarveda (Veda der Lieder), Yajurveda (Veda der Opfersprüche) und Atharvaveda (Veda, der Formeln für die Gesundheit und die Sicherheit des Körpers enthält); die vier Veden-Abteilungen als Einzeleinträge.

vedānta (m) das Ende (*anta*) des Veda, womit zum einen die Upanishaden gemeint sind und zum anderen die Vedānta-Sūtras

vibhūti (f) Macht, außergewöhnliche Fähigkeit; heilige Asche

vidyā (f) Wissen, Wissenschaft, Lehre, Zauberkunst

vikalpa (m) Vorstellung, Einbildung, Phantasie

vikshepa (m) Zerstreuung

viniyoga (m) individuelle Anwendung, Gebrauch der Yogaübung je nach Alter, Konstitution, Erwartung, persönliches Anpassen der Praxis an die Gegebenheiten

vinyāsa-krama (m) Methode, Prozess der richtigen Reihenfolge

viparita (adj) umgekehrt

vīra (adj und m) mutig; Held

vitarka (m) Vermutung, Reflektieren, Beurteilen, Zweifel

viveka (m) Unterscheidung, Trennung, Kritik, Verstand; die Fähigkeit, Wichtiges und Unwichtiges, Sehendes und Gesehenes, Realität und Illusionen auseinanderzuhalten

vrikshāsana (n) Baumhaltung

vritti (f) Ereignis, Aktivität, Eifer, Tätigkeit

yama (n) Zügel, Hemmung, Gebote; Regeln, die sich auf das Verhalten und die Handlungen anderer gegenüber beziehen; erste Stufe im Ashtānga-Yoga

yantra (n) Stütze, Instrument, mystisches Diagramm

Yoga (m) Anschirren, Gespann, Fahrt, Anwendung; Name eines Systems zur Selbstverwirklichung; effiziente Methode, um eine von permanenten Denkbewegungen ge-

trübte Wirklichkeit klar zu erkennen; eines von sechs philosophischen Systemen Indiens

yoga-nidrā (f) Yogaschlaf, höchster Bewusstseinszustand im Yoga, Zustand der Tiefenentspannung, wobei der Körper bei wachem Geist schläft

Yoga-Sūtra (n) einer der wichtigsten Quellentexte des (klassischen) Yoga, vermutlich
im 2. Jh. von Patañjali verfasst

yogin (adj und m) jemand, der Yoga praktiziert und/oder in diesem Sinne lebt, Yoga-
anhänger

yoginī (f) weibliche Form von Yogī/Yogin

yuga (m) Joch, Paar, Lebensdauer; Weltperiode, kosmisches Zeitalter

BIBLIOGRAFIE

Baier, Karl: *Yoga auf dem Weg nach Westen.* Würzburg: Königshausen & Neumann, 1998.

Bäumer, Bettina: *Patañjali − Die Wurzeln des Yoga. Die klassischen Lehrsprüche des Patañjali. Mit einem Kommentar von P.Y. Deshpande,* Frankfurt/M.: O.W. Barth 1997 (9. Auflage).

Bäumer, Bettina: *Upanishaden − Die heiligen Schriften Indiens meditieren.* München: Kösel, 1997.

Bergunder, Michael und Rahul Peter Das (Hg.): *Arier und Draviden − Konstruktionen der Vergangenheit als Grundlage für Selbst- und Fremdwahrnehmungen Südasiens.* Halle/Saale: Verlag der Franckeschen Stiftungen, 2002.

Bharucha, Rustom: *Chandralekha. Woman, Dance, Resistance.* New Delhi: HarperCollins Publishers, 1995.

Borneman, Ernest: *Das Patriarchat. Ursprung und Zukunft unseres Gesellschaftssystems.* Frankfurt am Main: Fischer Taschenbuch Verlag 1986.

Boyd, Doug: *Swami Rama. Erfahrungen mit den heiligen Männern Indiens.* München: Th. Knaur Verlag, 1985.

Chinmoy, Sri: *Veden, Upanishaden, Bhagavadgita. Drei Äste am Lebensbaum Indiens.* München: Diederichs, 1994.

Choudhury, Bikram: *Bikram Yoga. Das Praxisbuch.* München: Lotos Verlag, 2005.

Clerc, Roger: *Grundlagen des Yoga der Energie. Eine Lebenskunst.* Petersberg: Via Nova, 1990.

Dam, Jyotishman: *Shiva-Yoga. Indiens großer Yogi Gorakshanata.* München: Diederichs Gelbe Reihe 1998.

Desikachar, T. K.V.: *Yoga − Tradition und Erfahrung.* Petersberg: Via Nova, 1991.

Desikachar, T. K.V.: *Über Freiheit und Meditation. Das Yoga Sûtra des Patañjali. Eine Einführung.* Petersberg: Via Nova 1997.

Desikachar, T. K.V.: *Yoga − Gesundheit von Körper und Geist. Leben und Lehren Krishnamacharyas.* Berlin: Theseus Verlag, 2000.

Deussen, Paul: *Sechzig Upanishad's des Veda*. Leipzig: F. A. Brockhaus, 1905.

Deutzmann, Hans: *Yoga als Gesundheitsförderung*. Norderstedt: Books on Demand, 2002

Ebert, Friedrich: *Physiologische Aspekte des Yoga und der Meditation*. Stuttgart: Gustav Fischer Verlag, 1986.

Eliade, Mircea: *Der Yoga des Patanjali*. Freiburg: Herder, 1999.

Eliade, Mircea: *Yoga. Unsterblichkeit und Freiheit*. Frankfurt am Main: Suhrkamp, 1985.

Eliade, Mircea: *Indisches Tagebuch*. Freiburg: Herder, 1998.

Feuerstein, Georg: *Yoga – sein Wesen und Werden*. Schopfheim: Schwab Verlag, 1969.

Feuerstein, Georg: *Der Yoga im Lichte der Bewußtseinsgeschichte der indischen Kultur*. Schaffhausen: Novalis Verlag, 1981.

Feuerstein, Georg: *Encyclopedic Dictionary of Yoga*. London: Unwin Paperbacks 1990.

Feuerstein, Georg: *The Yoga Tradition. Its History, Literature, Philosophy and Practice*. Prescott, Arizona: Hohm Press 2001.

Fuchs, Christian: *Yoga in Deutschland – Rezeption, Organisation, Typologie*. Stuttgart: Kohlhammer 1990.

Gesellschaft für Geisteswissenschaftliche Fortbildung (GGF): *Wegweiser zur Quelle – Beiträge zur Yogatradition*. GGF Verlag 1998.

Gharote, Dr. M. L.: *Wege des Yoga – Anwendung in Therapie und Alltag*. Düsseldorf: GGF Verlag, 2001.

Gunturu, Vanamali: *Hinduismus. Die große Religion Indiens*. Kreuzlingen/München: Hugendubel, 2000.

Hillebrandt, Alfred: *Upanishaden. Die Geheimlehre der Inder*. (Mit einem Vorwort von Helmuth von Glasenapp), Diederichs Gelbe Reihe, München: Hugendubel, 2003.

Huchzermeyer, Wilfried: *Das Yoga-Wörterbuch. Sanskrit-Begriffe, Übungsstile, Biographien*. Karlsruhe: Edition Sawitri, 2006.

Iyengar, B. K. S.: *Der Baum des Yoga. Yoga Vriksha*. München: O. W. Barth, 2001.

Iyengar, B. K. S.: *Yoga. Der Weg zu Gesundheit und Harmonie*. München: Dorling Kindersley, 2001.

Jansen, Michael: *Die Indus-Zivilisation. Wiederentdeckung einer frühen Hochkultur*. Köln: DuMont, 1986.

Keilhauer, Anneliese und Peter: *Die Bildsprache des Hinduismus. Die indische Götterwelt und ihre Symbolik*. Köln: DuMont, 1983.

Kraftsow, Gary: *Kraftquelle Yoga. Das Praxisbuch des Viniyoga*. Petersberg: Via Nova, 2006.

Lysebeth, André van: *Yoga. Klassische Hatha-Übungen für Menschen von heute.* München: Heyne, 1981.

Lysebeth, André van: *Tantra für Menschen von heute.* München: Mosaik, 1989.

Mittwede, Martin: *Spirituelles Wörterbuch Sanskrit – Deutsch.* Bonn: Sathya Sai Vereinigung e.V., 1992.

Mode, Heinz: *Das frühe Indien.* Berlin – Darmstadt – Wien: Deutsche Buch-Gemeinschaft, 1963.

Mookerjee, Ajit/Khanna, Madhu: *Die Welt des Tantra.* München: Wilhelm Heyne Verlag, 1978.

Mylius, Klaus: *Geschichte der altindischen Literatur,* 2., überarbeitete und ergänzte Auflage, Wiesbaden: Harrassowitz, 2003.

Mylius, Klaus: *Langenscheidts Handwörterbuch Sanskrit – Deutsch.* Leipzig, Berlin, München, Langenscheidt, 1999.

Nayak, Anand: *Die innere Welt des Tantra.* Freiburg: Herder, 2001.

Nehru, Jawaharlal: *Endeckung Indiens.* Berlin: Rütten & Loening, 1959.

Osho: *Das Yogabuch. Die Geburt des Individuums.* Köln: Osho Verlag, 2002.

Piggott, Stuart: *Prehistoric India to 1000 B.C.* Middlesex: Penguin Books, 1952.

Piggott, Stuart: *Die Welt, aus der wir kommen. Die Vorgeschichte der Menschheit.* München/Zürich: Droemerische Verlagsanstalt Th. Knaur, 1961.

Prakash, Prem/Stoler Miller, Barbara: *Yoga. Der innere Weg zur Freiheit.* Frankfurt am Main: Krüger, 1999.

Prabhavananda, Swami/Isherwood, Christopher: *Gotterkenntnis. Die Yoga-Sutras des Patanjali.* Berlin: Ullstein, 1998.

Radha, Sivananda Swami: *Kundalini-Praxis.* Freiburg: Hermann Bauer Verlag, 1998, 2. Auflage.

Rama, Swami: *Unter Meistern im Himalaya. Autobiographie.* München: Goldmann, 2000.

Sacharow, Yogi-Raj Boris: *Das große Geheimnis. Die verborgene Seite der Yoga-Übungen.* München/Engelberg: Drei Eichen Verlag, 1954.

Sriram, R.: *Yoga – Neun Schritte in die Freiheit.* Berlin: Theseus, 2001.

Sriram, R.: *Patañjali – Das Yogasutra. Von der Erkenntnis zur Befreiung.* Berlin: Theseus 2006.

Stoler Miller, Barbara (siehe unter Prakash, Prem)

Strasser, Robert: *Südindien. Land der Dravidas und tausend Tempel.* Stuttgart: Verlag Indoculture, 1988.

Svatmarama: *Hatha-Yoga-Pradipika*. München: Sivananda Yoga Vedanta Zentrum, 1987.

Svensson, Camille (Hrsg.): *Fünf Upanishaden*. Dietzenbach: Sathya Sai Vereinigung e.V., 2004.

Taimni, I. K.: *Die Wissenschaft des Yoga. Die Geheimnisse der Yoga-Sutras entschlüsselt*. Grafing: Aquamarin, 2006.

Tatzky, Boris/Trökes, Anna/Pinter-Neise, Jutta: *Theorie und Praxis des Hatha-Yoga*. Petersberg: Via Nova, 1995.

Thapar, Romila: *Indien. Von den Anfängen bis zum Kolonialismus*. Zürich: Kindler, 1966.

Tharoor, Shashi: *Indien. Zwischen Mythos und Moderne*. Frankfurt am Main und Leipzig: Insel Verlag, 2000.

Thieme, Paul: *Gedichte aus dem Rig-Veda*. Stuttgart: Ph. Reclam Verlag, 1993.

Türstig, Hans-Georg: *Die Weisheit der Upanischaden. Klassiker indischer Spiritualität*. Frankfurt/M.: Fischer Taschenbuch Verlag, 1996.

Varenne, Jean: *Yoga und die Tradition des Hinduismus*. Aachen: ein-FACH-verlag, 1996.

Vergessene Städte am Indus. Hrsg. Günther Urban und Michael Jansen (Ausstellungskatalog). Mainz: Verlag Philipp von Zabern, 1987.

Walter, Hermann (Hrsg. u. Übers.): *Swami Swâtmârama: Hatha-Yoga-Pradipika – Die Leuchte des Hatha-Yoga*. Neuenkirchen: Phänomen Verlag, 2004. (Nachdruck des Originals von 1893)

Witzel, Michael: *Das alte Indien*. C. H. Beck München, 2003.

Wood, Michael: *Babylons Vermächtnis. Auf der Suche nach den Ursprüngen unserer Kultur*. Darmstadt: Wissenschaftliche Buchgesellschaft, 1997.

Wolz-Gottwald, Eckard: *Yoga-Philosophie-Atlas. Erfahrung ursprünglicher Bewusstheit*. Petersberg: Via Nova, 2002.

Yoga Darshana/BDY (Hrsg.): *Yoga – Begegungen, Erfahrungen, Perspektiven. Erster gesamtdeutscher Yoga-Kongress, Leipzig, November 1993*. Berlin: Logos Verlag, 1995.

Yoga Vasishta Sara – Die Essenz der Yoga-Lehre. Wien: Yantra Verlag, 2000.

Yogayājñavalkya-Samhitā. The Yoga Treatise of Yājñavalkya. Translated by T. K. V. Desikachar, Chennai: Krishnamacharya Yoga Mandiram, 2000 (Reprint 2004).

Zerling, Clemens und Bauer, Wolfgang: *Lexikon der Tiersymbolik – Mythologie, Religion, Psychologie*. München: Kösel Verlag, 2003.

Zimmer, Heinrich: *Mythen und Symbole in indischer Kunst und Kultur*. Zürich: Rascher Verlag, 1951.

Zimmer, Heinrich: *Philosophie und Religion Indiens*. Frankfurt/M.: Verlag Suhrkamp, 1988.

DANK

Mein Dank gilt insbesondere Ursula Richard, die beim Theseus Verlag für die Programmleitung verantwortlich ist. Ausgehend von meinem Vorschlag, Reiseimpressionen aus Indien zu veröffentlichen, kristallisierte sich in Gesprächen mit ihr ein Konzept heraus, das zunächst als Handbuch gedacht war, sich dann aber zu jenem Stammbaum des Yoga entwickelte, wie er jetzt vorliegt. Auf Veränderungen und Verzögerungen, die sich im Verlauf der Recherchen und des Schreibens ergaben, reagierte Frau Richard stets gelassen und auch verständnisvoll. Ohne sie wäre dieses Buch nicht zustande gekommen.

Ausgesprochen dankbar bin ich auch der Lektorin Claudia Seele-Nyima, die das Manuskript einfühlsam und kompetent in Richtung Lesbarkeit mitformte und dabei stets offen für Kompromisse und Alternativen war. Ihre strukturierende Vorgehensweise wusste ich von Beginn an zu schätzen. Durch ihr Lektorat hat *Der Stammbaum des Yoga* deutlich an Profil gewonnen.

Danken möchte ich des Weiteren all jenen, die mich während des vierjährigen Schreibprozesses auf unterschiedliche Weise inspiriert, konstruktiv kritisiert und unterstützt haben:

meiner Lebensgefährtin Susanne Venker für die von ihr geschaffenen Freiräume und übernommenen Büroarbeiten,

Anna Boskamp für ihre Hinweise und kritischen Anmerkungen,

Hartmut Weiß für seinen anerkennenden Kommentar nach Lektüre des Schlusskapitels,

der österreichischen Fotografin Cornelia Kaufmann für die Bereitstellung einer Fülle von Indienfotos,

Gabriela Rosa da Silva und Philippe de Fallois für die Lebensdaten und Fotos von Nil Hahoutoff,

Sukadev Volker Bretz von Yoga Vidya e. V. für die CD-ROM mit zahlreichen Fotos von Swami Sivananda und Swami Vishnu-devananada,

Omar Khan von Harappa.com für die zur Verfügung gestellten Fotos von Siegeln und Terrakotta-Figuren des Industals,

Dr. N. Murugesan vom Archiv des Institut Français de Pondichéry für die Fotosammlung mit Patañjali-Skulpturen,

Vipin K. von ExoticIndia.com für das Einverständnis, Abbildungen von Miniaturen und Hindu-Skulpturen verwenden zu dürfen,

Prof. Dr. Dr. Klaus Mylius für seine detaillierten Ausführungen zu einzelnen Sanskritbegriffen sowie

Bruno Galasek vom Indologischen Seminar der Universität Bonn für die Überarbeitung des Glossars und die Vereinheitlichung der Schreibweise der darin enthaltenen Begriffe.

Ganz herzlich bedanken möchte ich mich zu guter Letzt bei Ingeburg Zoschke, die für die Typografie und die Gestaltung des Buches verantwortlich war, sowie bei Dr. Christian Fuchs, der kurzfristig ein Vorwort verfasste.

Kontaktadressen

Berufsverband der Yogalehrenden in Deutschland e.V. (BDY)
D–37073 Göttingen, Bürgerstr. 44
Telefon: +49-(0)551/79 77 44-0, E-Mail: info@yoga.de
www.yoga.de

Schweizer Yogaverband
CH–3011 Bern, Seilerstr. 24
Telefon: +42-(0)31/382 18 10, E-Mail: info@swissyoga.de
www.swissyoga.ch

Berufsverband der Yogalehrenden in Österreich e.V.
A–1070 Wien, Neustiftgasse 14/ST. 2/II
Telefon: +43-(0)1/505 36 95, E-Mail: office@yoga.at
www.yoga.at

Verband der Yogalehrenden im Kneipp-Bund (VYLK)
D–81671 München, Gögginger Straße 43
Telefon: +49-(0)174/315 83 33
www.vylk.de

Iyengar®-Yoga Vereinigung Deutschland e.V.
D–10437 Berlin, Pappelallee 24
Telefon: +49-(0)30/54 71 40 30, E-Mail: info@iyengar-yoga-deutschland.de

Yoga Vidya e.V.
D–32805 Bad Meinberg, Yogaweg 7
Telefon +49-(0)5234/87-0, E-Mail: info@yoga-vidya.de
www.yoga-vidya.de

Berliner Yoga-Zentrum (BYZ)
D–10825 Berlin, Meraner Str. 6
Telefon: +49-(0)30/21 47 89 95, E-Mail: info@byz.de
www.byz.de

Yoga Akademie Boll
D–73087 Bad Boll, Ankenbronnen 8
Telefon: +49-(0)7164/800 89 42, E-Mail: Dr.Christian.Fuchs@t-online
www.yoga-akademie.de

Mathias Tietke
D–13187 Berlin, Florastr. 10
Telefon: +49-(0)30/486 98 31, E-Mail: MathiasTietke@web.de
www.yogidas.de

Bildnachweis[*]

Sämtliche Cover laut Abbildung; **Kap. 1:** S. 41 © Mathias Tietke; S. 40 © Shape; **Kap. 2:** S. 44 © The Yoga Institute; S. 46 © BDY/Mathias Tietke; S. 53 © Anke Suhnel; S. 55 © Alignment.org; **Kap. 3:** S. 61 © Tripsichore Yoga Theatre/Andrew Clark; **Kap. 4:** S. 82, 100 © Mathias Tietke; **Kap. 5:** S. 104, 106 © Yoga aktuell; S. 108, 109 © Bikramyoga; S. 111 © Mathias Tietke; S. 114, 116 © Amrityoga.Org; S. 117 © Sikhnet.com; S. 120, 121 © Yoga Vidya e.V.; S. 123, 124 © Goldmann Verlag; S. 127 © Tantrayoga.Pro.Br; S. 130 © Ananda Verlag/Swami Prakashananda; S. 132, 133 © Heyne Verlag; S. 135 © Mathias Tietke; S. 138 © Yoga Journal Schweiz; S. 140 © Ashtanga.com; S. 143 © Iynyc.org; S. 145 © Timeless Books/Timeless.Org; S. 146, 147 © HomeATT.Net; S. 148 © Yoga Journal Schweiz; S. 150 © Columbia.Edu; S. 152 © Yoga-Energie.Org; S. 154, 155 © Suhrkamp Verlag; S. 159, 160 © Icyer.com/Dr. Ananda Bhavanani; S. 161, 162 Yoga-Energie.org; S. 163 © Philippe de Fallois; S. 166 © Roswitha Maria Gerwin; S. 167, 168 © Fundacion Indra Devi Argentina; S. 170 © Drei-Eichen-Verlag; S. 172 © The Yoga Institute; S. 175 © Self-Realization Fellowship, Los Angeles, USA; S. 178 © Tazoo.hp.jap; S. 182, 185 © Yoga Vidya e.V.; S. 188 © Kaivalyadhama Yoga Institute; S. 190 © Satprem.chat.ru; **Kap. 6:** S. 198 © Mathias Tietke; S. 210, 211 © KYM, Chennai; S. 213 © Database.org; S. 221 © ShivaShakti.com; **Kap. 7:** S. 245 © Kyoga.com; **Kap. 9:** S. 273 © Wikipedia.de; S. 275 © Harappa.com; S. 283 (oben) © Harappa Archaeological Research Project, Courtesy Dept. of Archaeology and Museums, Govt. of Pakistan; (unten) © J. M. Kenoyer, Courtesy Dept. of Archaeology and Museums, Govt. of Pakistan; S. 284 © Harappa Archaeological Research Project, Courtesy Dept. of Archaeology and Museums, Govt. of Pakistan; S. 285, 287 © Katalog *Vergessene Städte am Indus*; S. 286 © Harappa Archaeological Research Project, Courtesy Dept. of Archaeology and Museums, Govt. of Pakistan; S. 288 © Ignca.nic.in; S. 289 © Scherz Verlag; S. 290, © Harappa.com; S. 293 © Pascale Wowak/Fotolia

[*] Trotz unserer Bemühungen war es leider nicht in allen Fällen möglich, den jeweiligen Rechteinhaber ausfindig zu machen. Für Hinweise sind wir dankbar. Rechtsansprüche bleiben gewahrt.